astrojildo pereira

interpre—
tações

astrojildo pereira

interpre—
tações

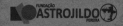

© desta edição, Boitempo e Fundação Astrojildo Pereira, 2022

Conselho editorial da coleção Astrojildo Pereira
Fernando Garcia de Faria, Ivana Jinkings, Luccas Eduardo Maldonado, Martin Cezar Feijó

Fundação Astrojildo Pereira

Conselho Curador
Presidente: Luciano Santos Rezende
Diretoria Executiva
Diretor-geral: Caetano Ernesto Pereira de Araújo
Diretor financeiro: Raimundo Benoni Franco

Fundação Astrojildo Pereira
SEPN 509, bloco D, Lojas 27/28, Edifício Isis
70750-504 Brasília DF
Tel.: (61) 3011-9300
fundacaoastrojildo.org.br
contato@fundacaoastrojildo.org.br
facebook.com/FundacaoAstrojildoFap
twitter.com/FAPAstrojildo
youtube.com/FundacaoAstrojildoPereira
instagram.com/fundacaoastrojildo

Boitempo

Direção-geral: Ivana Jinkings
Edição: Tiago Ferro
Coordenação de produção: Livia Campos
Assistência editorial: Luccas Maldonado, Fernando Garcia, Frank de Oliveira e Pedro Davoglio
Preparação de texto: Ronald Polito
Revisão: Carmen T. S. Costa
Diagramação e tratamento de imagens: Mika Matsuzake
Capa: Maikon Nery
Equipe de apoio: Camila Nakazone, Elaine Ramos, Erica Imolene, Frederico Indiani, Higor Alves, Isabella Meucci, Ivam Oliveira, João Cândido Maia, Kim Doria, Lígia Colares, Luciana Capelli, Marcos Duarte, Marina Valeriano, Marissol Robles, Maurício Barbosa, Raí Alves, Thais Rimkus, Tulio Candiotto, Uva Costriuba

Jinkings Editores Associados Ltda.
Rua Pereira Leite, 373
05442-000 São Paulo SP
Tel.: (11) 3875-7250 / 3875-7285
editor@boitempoeditorial.com.br
boitempoeditorial.com.br | blogdaboitempo.com.br
facebook.com/boitempo | twitter.com/editoraboitempo
youtube.com/tvboitempo | instagram.com/boitempo

CIP-BRASIL. CATALOGAÇÃO NA PUBLICAÇÃO
SINDICATO NACIONAL DOS EDITORES DE LIVROS, RJ

P489i
2. ed.

Pereira, Astrojildo, 1890-1965
Interpretações / Astrojildo Pereira. 2. ed. - São Paulo : Boitempo ; Brasília [DF] : Fundação Astrojildo Pereira, 2022.
Apêndice
ISBN 978-65-5717-142-4

11. Pereira, Astrojildo, 1890-1965. 2. Literatura brasileira. 3. Brasil - Política cultural. 4. Ensaios brasileiros. I. Fundação Astrojildo Pereira. II. Título.

22-76832

CDD: 869.4
CDU: 82-4(81)

Meri Gleice Rodrigues de Souza - Bibliotecária - CRB-7/6439

É vedada a reprodução de qualquer
parte deste livro sem a expressa autorização das editoras.
1ª edição: março de 2022

A Otávio Tarquínio de Sousa

Reúnem-se neste volume estudos e ensaios de natureza diversa, elaborados e redigidos entre 1929 e 1944. Cada um deles se encontra devidamente datado, não se devendo perder de vista que as diferenças de data explicam obviamente as diferenças de tom porventura observadas entre uns e outros. Diferenças de tom, ou diferenças de forma, ou diferenças de palavras na maneira de exprimir coisas idênticas: essas diferenças resultam muito naturalmente das diferenças de tempo. Haverá também mais de uma diferença no modo de encarar certos problemas — e ainda aí aparece igualmente a influência do tempo.

Todavia, o autor acredita caber-lhe algum direito de reclamar, em meio a tantas diferenças, pelo menos uma razão de unidade, que possa apresentar como justificativa da homogeneidade que é hábito se exigir na composição de um livro: a unidade do ponto de vista, para não dizer pretensiosamente unidade de linha doutrinária ou filosófica.

Junta-se por fim essa presunção de unidade ao justo significado que tem o título atribuído ao livro: eis o que o autor ambiciona ter realizado como contribuição sincera e de possível atualidade.

I Congresso de Escritores no Teatro Municipal de São Paulo, em janeiro de 1945, quando Astrojildo é homenageado por Oswald de Andrade. De pé, com o microfone, Jorge Amado. Arquivo ASMOB/IAP/CEDEM.

SUMÁRIO

Nota da edição 11

Astrojildo Pereira: a caminhada espantosa, *por Flávio Aguiar* 13

ROMANCES BRASILEIROS

Machado de Assis, romancista do Segundo Reinado 25

Romancistas da cidade: Manuel Antônio, Macedo e Lima Barreto 51

Confissões de Lima Barreto 95

A máscara do dr. Bogoloff 109

Espelho da família burguesa 117

A propósito de *Vidas secas* 121

HISTÓRIA POLÍTICA E SOCIAL

Sociologia ou apologética? 129

Rui Barbosa e a escravidão 141

Uma biografia do padre Feijó 171

GUERRA E APÓS-GUERRA

A guerra, a Bíblia e Hitler 177

Posição e tarefas da inteligência 193

APÊNDICE

As tarefas da inteligência, *por Florestan Fernandes* 229

Meu amigo Astrojildo Pereira, *por Nelson Werneck Sodré* 235

Sobre o autor 271

Astrojildo Pereira na biblioteca de sua casa na rua do Bispo, Rio de Janeiro, década de 1960. Arquivo ASMOB/IAP/CEDEM.

NOTA DA EDIÇÃO

No ano do centenário de fundação do Partido Comunista Brasileiro (PCB), a Boitempo e a Fundação Astrojildo Pereira relançam um autor fundamental de nossa cultura: Astrojildo Pereira (1890-1965). Militante comunista e crítico literário, Astrojildo publicou em vida cinco livros — alguns esgotados há décadas — que voltam agora à circulação, em novas edições: *Crítica impura*; *Formação do PCB*; *Interpretações*; *Machado de Assis*; e *URSS Itália Brasil*.

A obra que o leitor tem em mãos, *Interpretações*, é provavelmente o trabalho menos conhecido do autor. O título apareceu pela primeira vez em 1944 pela Casa do Estudante do Brasil (CEB), editora vinculada ao órgão de classe dos estudantes universitários brasileiros que então publicava importantes autores como Fernando de Azevedo (1894-1974), Gilberto Freyre (1900-1987), Manuel Bandeira (1886-1968) e Sérgio Buarque de Holanda (1902-1982). Há mais de 75 anos *Interpretações* não ganhava uma nova edição, embora alguns dos seus textos tenham reaparecido em distintos livros de Astrojildo, como a sua conhecida análise da obra de Machado de Assis (1839-1908): "Machado de Assis, romancista do Segundo Reinado".

Esta edição de *Interpretações* recupera a integridade da obra original de Astrojildo Pereira, estabelecendo o texto conforme escrito pelo autor, realizando também a atualização gramatical e a padronização editorial. Novos ensaios, no entanto, foram incorporados visando enriquecer a experiência de leitura: o prefácio, assinado por Flávio Aguiar, professor aposentado do Departamento de Letras Clássicas e Vernáculas da Universidade de São Paulo (USP); e a orelha de Pedro Meira Monteiro, professor de literatura da Universidade de Princeton.

Dois textos foram incluídos como anexos. No ensaio intitulado "Meu amigo Astrojildo Pereira", Nelson Werneck Sodré (1911-1999) relata sua conexão de várias décadas com o escritor comunista. Publicado originalmente como abertura da segunda edição de *Formação política de Astrojildo Pereira*, de Martin Cezar Feijó, foi lançado pela Oficina de Livros em 1990. Já "As tarefas da inteligência", de Florestan Fernandes (1920-1995), saiu em 1º de março de 1945, na *Folha da Manhã*, logo após o lançamento de *Interpretações*. O artigo debate o conceito de intelectual como exposto por Astrojildo em sua obra. Trotskista vinculado ao Partido Socialista Revolucionário (PSR), Florestan demonstra pensamento aberto e posição não sectária sobre o tema que agitava o debate de então, influenciado pela realização do I Congresso de Escritores, em janeiro daquele ano, no qual Astrojildo teve papel destacado.

A editora agradece a José Luiz Del Roio e Renata Cotrim pela cessão das imagens do Archivio Storico del Movimento Operaio Brasiliano/Instituto Astrojildo Pereira, hoje abrigadas no Centro de Documentação e Memória da Unesp. Seguem creditadas neste livro como "Arquivo ASMOB/IAP/CEDEM".

ASTROJILDO PEREIRA: A CAMINHADA ESPANTOSA

O título deste prefácio — "a caminhada espantosa" — deriva de observação feita pelo autor a propósito da trajetória de Fabiano, Sinhá Vitória, os meninos e a cadela Baleia em *Vidas secas*, de Graciliano Ramos, um dos livros comentados neste *Interpretações*.

Assim como no passo dos retirantes do sertão, tudo no livro de Astrojildo Pereira é espantoso, e espantosamente bom. A prosa é extremamente saborosa, e isso é bem mais do que uma rima, é uma solução feliz que o autor encontrou para seu exercício de crítica literária e de reflexão histórica. O livro é erudito, sem ser exibido nem pedante. A reflexão é sempre translúcida, sem ser superficial; e profunda, sem ser pesada nem difícil de seguir. O estilo e as observações são marcadamente pessoais, mas a crítica é muito bem fundamentada, nada tem de impressionista. Em seu modo de escrita ressalta a combinação entre a veemência e a economia da expressão, característica que talvez tenha desenvolvido graças a seus anos de militância política de esquerda, dividida entre o anarquismo na juventude e a posterior adesão ao comunismo. O autor, enfim, é um brilhante ensaísta.

O livro foi publicado em 1944, quando o autor já fora alijado da direção do Partido Comunista do Brasil, que passaria a se chamar Partido Comunista Brasileiro a partir de 1960-1961. Tem três partes: "Romances brasileiros", "História política e social" e "Guerra e após-guerra".

A primeira parte, que ocupa mais da metade da composição, aborda, como diz o nome, a obra de diversos romancistas nacionais. A segunda faz minuciosa análise de vicissitudes históricas de nossa formação, onde avulta o longo debate parlamentar sobre o tema da abolição da escravatura, durante o Segundo Reinado. Na terceira, o ângulo de visão se amplia para Hitler, o nazismo e quais são os deveres do intelectual brasileiro que preze o nome durante e depois do conflito mundial em que o Brasil já era parte beligerante e que caminhava para seu final, com a derrota do Eixo.

Ao longo de toda a obra fica patente a existência de uma personagem onipresente: a cidade do Rio de Janeiro, na passagem de sede da Corte de início importada da metrópole portuguesa e que se "abrasileira" durante o Segundo Reinado, para a Capital Federal da Primeira República. Ao lado da documentação sobre os temas e obras que examina, o autor revela excepcional conhecimento sobre a história e os meandros da cidade em que vivia, seus bairros e sua história social e cultural.

Logo no primeiro ensaio, datado de 1939, depara-se com um dos temas centrais de toda a reflexão de Astrojildo: a importância de Machado de Assis como cronista ímpar da evolução da cidade do Rio de Janeiro, como palco da ascensão de uma burguesia urbana em meio ao patriarcalismo do Brasil dominado por uma elite rural. Tal ascensão transparece pelo inevitável motivo das complicações amorosas em meio à atmosfera de "vingança", que caracterizaria o olhar literário do "Bruxo do Cosme Velho". "Vingança" do autor contra uma sociedade que deveria desprezá--lo por sua origem humilde, mas que teve de engoli-lo como seu maior e melhor escritor.

Na visão de Astrojildo, sem nada ter de épico ou de militante ostensivo, Machado foi o escritor que melhor espelhou, a partir de sua observação sobre os dramas amorosos, urbanos e por vezes suburbanos de suas personagens, as transformações por que passava a sociedade brasileira na transição do Império para a República, sob a batuta do latifúndio oligárquico que tornava submersa a luta das demais classes sociais em busca de seu próprio espaço de aspirações e mesmo de respiração.

Investe o autor decisivamente contra a pecha pejorativa de *absenteísta* que pesava sobre Machado. Mostra de modo inapelável como, na verdade, Machado se mostrou sempre atento aos grandes temas sociais que atravessavam a sociedade brasileira no século XIX, até seu falecimento nos primeiros anos do seguinte. Tudo lá está, anotado de modo discreto: "[...] toda a inumerável multidão de gente bem brasileira que vai empurrando o Brasil para a frente, avançando em zigue-zague, subindo montanhas e palmilhando vales, ora puxando, ora sendo puxada pelo famoso carro da história"[1].

Quem era aquela "inumerável multidão"? Diz Astrojildo: "[...] barões e coronéis, citadinos e provincianos, nhonhôs e sinhás, escravos e mucamas, deputados e magistrados, médicos e advogados, rendeiros e comerciantes, padres e sacristães, empregados e funcionários, professores e estudantes, agregados e parasitas, atrizes e costureiras, e as donas de casa, e as moças namoradeiras, e as viúvas querendo casar de novo [...] Gente rica, gente remediada, gente pobre, gente feliz e gente desgraçada [...]".

Emoldurados por esta armação social, desfilam os dramas familiares, e... "Ora, quem diz família, diz casamento, e quem diz casamento diz amor, e quem diz amor diz complicação [...] É nos conflitos suscitados por esta complicação que Machado de Assis vai buscar os elementos necessários à tessitura de quase toda sua obra de ficção", dentro desta nossa sociedade em que "todo o sistema econômico, político e social de então é que estava escravizado ao negro"[2].

Haverá descrição ao mesmo tempo mais completa e sucinta do que esta, sobre toda a flora e a fauna social que povoam a obra de Machado, flora e fauna despidas de qualquer veleidade heroica, pelo contrário, quase sempre entregue às vicissitudes de sua implacável mediocridade?

Ao mesmo tempo Astrojildo evidencia de que forma, no pano de fundo das tragédias e tragicomédias pessoais, desfilam discretamente todos os grandes dramas da sociedade brasileira do Segundo Reinado, da abolição às questões religiosas, das mesquinharias políticas e econômicas às guerras civis e à Guerra do Paraguai, sem que nada escape ao olhar arguto do narrador machadiano, seja no romance, seja no conto. E ressalta ainda

---

[1] Astrojildo Pereira, *Interpretações* (Rio de Janeiro: CEB, 1944), p. 18-9.

[2] Ibidem, p. 27.

16 | Interpretações

que sem ter a militância ostensiva de um Nabuco, de um Patrocínio, de um Rui Barbosa, de um Castro Alves e outros, Machado não esconde sua simpatia pela causa da abolição.

Perfilou-se, assim, Astrojildo Pereira, ao lado de Augusto Meyer e Lucia Miguel Pereira, entre outros, como um dos críticos que a partir da primeira metade do século XX anotou sem restrições toda a grandeza universal de Machado de Assis e sua obra, bem como sua fina e empenhada análise da sociedade brasileira, através da paisagem humana de sua então capital. Mais para o fim de seu livro ele chegará ao ponto de esgrimir frases de Engels em nota de rodapé para louvar o empenho social discreto, mas decidido, da obra de Machado[3], lembrando também que "[...] mais vale um escritor honesto sem partido do que um escritor partidário até a raiz dos cabelos, mas desonesto como escritor e como homem, o que vem a ser a mesma coisa"[4].

Nas páginas seguintes desta primeira parte de seu livro, Astrojildo Pereira vai se debruçar, primeiro, sobre as obras de Manuel Antônio de Almeida, Joaquim Manuel de Macedo e Lima Barreto, enquanto cronistas da cidade do Rio de Janeiro, desde "o tempo do Rei", com a vinda da família real para o Brasil, até os primeiros anos da República. Não esconde seu entusiasmo diante da prosa de Almeida, que compara, seguindo a lição de Mário de Andrade, ao vigor pictórico de Goya e Dürer, e de Lima Barreto. Sobre Macedo, a quem elogia por seus retratos da vida fluminense, registra ferinamente que aquilo que ele deixou "de melhor", em matéria de romance, deveria, na verdade, ser classificado como "menos mau", "assim mesmo vazado em geral nos moldes do mais delambido romantismo"[5].

De Lima Barreto, entre outras características, sublinha sua crítica aos burgueses, uma classe que vê como "sempre rapinante", e sua fidelidade ao mundo suburbano do Rio de Janeiro, focalizando, inclusive,

---

[3] Ibidem, p. 281-2.

[4] Ibidem, p. 278.

[5] Ibidem, p. 52.

o que chama de uma "alta sociedade do subúrbio". Assinala igualmente que em sua literatura, segundo o autor sempre de natureza confessional, transparece a transformação da sociedade estritamente patriarcal descrita por Macedo, para outra, já nos primeiros tempos da República, em que personagens como a Olga de *Triste fim de Policarpo Quaresma* demonstram que, "Entramos, pois, num tempo que se caracterizará, entre outras coisas, pelo movimento de ascensão social da mulher. Tempo em que o casamento tende a se tornar um problema de solução livre, social, igualitária, e não mais a saída única e obsessiva para uma libertação no fim de contas ilusória"[6].

Debruçando-se sobre o calvário pessoal e o precoce e triste fim de Lima Barreto aos 41 anos, entregue a excessos por vezes degradantes, mas sempre protestando contra o preconceito de que se via alvo e vítima, diz que, "Devemos reconhecer que havia nesta autoflagelação qualquer coisa de heroico — do heroico desespero de um homem que afronta e atravessa os abismos da própria degradação física, mantendo sempre intacta a dignidade da sua inteligência"[7].

Astrojildo vai ainda examinar o que chama de dissolução moral de uma família burguesa na obra de Gastão Cruls, *Vertigem*, e a miséria da família nordestina de *Vidas secas*, miséria que vê como o "mais inadiável dos problemas que reclamam solução neste país", assinalando que esta precariedade não se restringe ao Nordeste, embora nesta região pudesse ter tonalidades mais dramáticas: "Vidas secas, vidas brutas, vidas limitadas, vidas de cristãos e de bichos misturados no mesmo plano de sofrimento e abandono"[8].

Defende de modo veemente o caráter especificamente literário dessa obra, repudiando os que pensassem que a miséria social não fosse tema digno de "se elevar" ao nível da literatura. Graciliano, afirma Astrojildo,

[6] Ibidem, p. 113.

[7] Ibidem, p. 132.

[8] Ibidem, p. 154.

18 | Interpretações

ao empreender essa trajetória, está nada mais nada menos que cumprindo com seu dever de intelectual empenhado. E o faz ainda com maestria inigualável, recusando igualmente a deformar seus personagens através do recurso ao caricatural, como sublinha no caso da cadela Baleia, uma "criação admirável", antecipando as cenas antológicas do então futuro filme de Nelson Pereira dos Santos. O ensaio termina com um chamado pungente à consciência dos leitores: "Fabiano foge da miséria da seca e vem ao nosso encontro, com a mulher e os filhos. Como vamos recebê-los? Eis aí todo o problema da miséria brasileira suscitado pelo romance do sr. Graciliano Ramos"[9].

A partir daí mergulha-se na segunda parte do livro, a da história política e social do nosso país. Ela se abre com uma crítica do livro de Oliveira Viana, *Populações meridionais do Brasil*. São páginas notáveis, de uma finíssima ironia. Diz Astrojildo que um dos esforços principais de Viana é o de demonstrar que a luta de classes teve papel absolutamente secundário na nossa história, se é que teve algum. A ironia está no argumento de Astrojildo no sentido exatamente contrário, usando para tanto todos os dados e afirmações que Viana mobiliza em defesa de sua tese negacionista. Dentre os muitos que há, é um dos momentos mais prazerosos da leitura deste livro inteligente e arejado, demonstrando que há os pensadores que estão "ao serviço dos latifundiários e fazendeiros que ainda dominam o Brasil".

A seguir adentra-se o espaço labiríntico da vida parlamentar ao final do Segundo Reinado. Um aspecto central dessa parte é a descrição detalhada, através do estudo da participação do jovem deputado Rui Barbosa, do debate parlamentar sobre as leis relativas ao estatuto da escravidão e seu fim.

Há algo também espantoso nessa caminhada pelos meandros parlamentares do Segundo Reinado. É sua dramática atualidade, neste começo de século XXI. A semelhança semântica é extraordinária. Ali se dá a pugna

---

[9] Ibidem, p. 157.

tenaz da "esperança" (sic!) dos abolicionistas contra a ferocidade do "ódio" (sic!) dos escravocratas. Estes, que intuem e temem ser a escravidão uma instituição condenada ao desaparecimento, tudo fazem para protelar o seu fim, querendo manter seus privilégios. Nem mesmo falta ali o argumento de que a abolição é um instrumento de quem visa "a naturalização do comunismo entre nós", ou para entronizar no Brasil "o navio pirata, a Internacional", como consta em nota de rodapé à página 201, conforme argumento de deputado escravista nos debates de 1871, ano, como assinala Pereira, da Comuna de Paris. Nem faltam nesse debate, afirmações, mesmo entre os abolicionistas menos "exaltados" (para usar um termo da época), de que em se tratando do fim da escravidão não se deveria "recuar", mas que também nada se deveria "precipitar", o que lembra, *mutatis mutandis*, aquelas célebres frases sobre uma distensão "lenta, segura e gradual" quando a ditadura civil-militar de 1964 começava sua longa e protelada agonia, embora arrisque renascer de suas cinzas neste nosso começo de século.

De qualquer modo, as candentes páginas de Astrojildo sobre o não menos candente debate sobre a escravidão mostra como este foi importante e central na nossa história política, social, cultural e econômica, ao contrário do que muitas vezes se afirma um tanto levianamente hoje em dia, a pretexto de se fazer uma crítica radical de nosso passado e presente. E não falta nem mesmo, nessa discussão, a conclusão melancólica de Rui. Defendia este que a abolição não seria um fim, mas um começo, pois a ela deveriam se seguir a liberdade religiosa, a democratização do voto, a desenfeudação (sic) da propriedade e a desoligarquização (sic) do Senado, conforme também as propostas de André Rebouças, defensor do fim do latifúndio através de uma reforma agrária que estabilizasse, com dignidade, o ex-escravo no campo. Nada disso aconteceu. Sem a abolição do latifúndio, conclui a melancolia de Rui, e "executada assim, a abolição era uma ironia atroz"[10].

[10] Ibidem, p. 218.

20 | Interpretações

Segue-se um estudo sobre a biografia do Padre Feijó escrita pelo historiador Octavio Tarquínio de Sousa, a quem Astrojildo dedica seu livro, e depois a parte final, onde estão o curioso e também irônico ensaio sobre o messianismo em moldes bíblicos de Adolf Hitler, e o ensaio final sobre a "Posição e tarefas da inteligência".

O primeiro é um texto provocativo traçando um paralelo entre Hitler, Moisés e Josué, o chefe militar que sucedeu ao profeta no comando das tribos de Israel. O objetivo do ensaio não é o de chamar Moisés e Josué de nazistas, embora Astrojildo mostre, com muita razão, toda a violência que está presente na narrativa bíblica, cheia de massacres que hoje reputaríamos como crimes contra a humanidade. O objetivo é demonstrar a inconsistência e o absurdo do antissemitismo dos nazistas e de seu líder máximo.

No segundo e alentado ensaio, Astrojildo examina os desafios postos para a intelectualidade no mundo do pós-guerra que já se anuncia em 1944, com a consigna de "extirpar da face da terra o nazi-nipo-fascismo e promover a reorganização do mundo sobre as mais amplas bases democráticas". Sublinha que os desafios econômicos, políticos e sociais que se anunciam só chegarão a bom termo ao se levar em conta também o desafio da democratização cultural[11]. E antecipa uma realidade que ainda é a nossa: "Aí estão os meios modernos de comunicação e divulgação conferindo à palavra escrita e falada, e bem assim à imagem e ao som, um poder de penetração e influenciação entre as massas populares como não se viu nunca em nenhum período anterior da história"[12].

Este é o "admirável mundo novo" em que Astrojildo viveu e é também o que, embora com sinais diferentes na paisagem, mas idêntico nas esperanças dos abolicionistas de hoje e também no ódio dos escravistas que permanecem tenazes, nos é dado viver.

---

[11] Ibidem, p. 256.

[12] Idem.

A partir dessa constatação Astrojildo mergulha numa prolongada recensão de nossa vida literária e intelectual, desde os tempos do barroco, com Gregório de Matos Guerra, até os seus "tempos modernos", ressaltando, no caminho, o paralelismo entre a ocorrência da Semana de Arte Moderna, hoje centenária, e a Revolta do Forte de Copacabana, em 1922, inaugurando o movimento tenentista, a que poderíamos acrescentar a fundação do Partido Comunista do Brasil nesse mesmo ano, acontecimento em que o autor teve papel central.

Nessa sua "espantosa caminhada", pode-se, eventualmente, discordar de uma ou outra afirmação. Dou como exemplo minha ousadia de discordar de sua avaliação geral do movimento literário simbolista na passagem do século XIX para o XX, como quase exclusivamente "reacionário" e "retrógrado", obliterando uma figura exponencial como Cruz e Sousa, para dizer o mínimo.

Mas são detalhes. No geral, o que predomina é a percepção de seu acendrado amor por nossa literatura, pelo conhecimento de nossa história em todos os seus aspectos, pelo nosso povo, por sua emancipação em todos os sentidos. E não podemos senão concordar com suas palavras finais neste livro: "A uma campanha assim, movimentada por homens de fé ardente e ativa e nutrida de ilimitada confiança nas massas populares, poderíamos em boa vontade chamar de luta pela democratização dos meios de instrução e cultura. Não faltaria de certo quem sorria superiormente a tudo isso, alvejando com ironias ferinas o impenitente utopista... Peço desculpas mui respeitosas aos senhores céticos e pessimistas; mas não é a eles que eu me dirijo"[13].

Flávio Aguiar

---

[13] Ibidem, p. 301.

Meu caro Astrojildo:
Esta poeira foi
reeditada por causa das
filas, da Light, etc.
Tenha paciência.
Abraços.

CAETÉS

Graciliano

Rio – 1947

Dedicatória de Graciliano Ramos ao amigo Astrojildo, em 1947.

Romances brasileiros

Caricatura de Machado de Assis, por Cassio Loredano.

MACHADO DE ASSIS, ROMANCISTA DO SEGUNDO REINADO

Machado de Assis realizou, na sua obra, e na sua vida também, uma singular conjunção de contrastes. Nascido de pais humildes, órfão desde cedo, menino afeito ao trabalho, fez-se pelas próprias mãos o maior escritor brasileiro. Tímido até ao excesso, pacato e comedido, ele era, no entanto, um autêntico homem forte, no melhor sentido do termo: tendo em si essa força que faltava a um dos seus personagens — "a força indispensável a todo o homem que põe a mira acima do estado em que nasceu"[1]. Solitário, encaramujado, pessimista, andava sempre metido em sociedades e cenáculos literários, desde as rodinhas de Caetano Filgueiras e Paula Brito até à Academia de Letras, da qual foi não só o fundador mais eminente, o chefe incontestado, como ainda um animador perseverante e um dos sócios mais ativos. Os seus biógrafos e exegetas são acordes em incluí-lo na classificação dos indivíduos de tipo sensual; mas a sua vida privada era notoriamente um modelo de bons costumes, em matéria de amores como no resto. Ele era um enfermo constitucional; mas a sua existência decorreu toda ela normalmente, com a saúde equilibrada, tendo chegado sem outras complicações até quase setenta anos.

O escritor é um desdobramento do homem. Em Machado de Assis, coexistem e completam-se o analista rigoroso e frio e o criador empolgante. O seu método de composição é um misto de cálculo e de espontaneidade: a trama da ficção, o desenvolvimento das situações, o encadeamento

---

[1] Machado de Assis, *Obras completas*, v. II: *A mão e a luva* (Rio de Janeiro, W. M. Jackson Inc., 1955), p. 29. Desta mesma edição de *Obras completas*, salvo indicação em contrário, são as demais citações de obras de Machado de Assis neste livro.

dos episódios, o desenho dos caracteres, a reação psicológica dos personagens, o desenlace dos conflitos — tudo isso se processa obedecendo a cálculos minudentes e seguindo ao mesmo tempo uma linha de absoluta espontaneidade na fixação da narrativa no papel. Era o que ele próprio chamava o método de palavra-puxa-palavra; mas palavra-puxa-palavra dentro de limites dispostos com exatidão. Labieno já notava o feliz efeito que essa conjunção de contrastes produzia na estrutura da sua frase — "às vezes notável pela força da expressão, não tanto pela imagem, como pela aliança insólita ou pelo contraste das palavras"[2]. A mesma coisa se verifica no que concerne ao conteúdo substancial, ao sentido humano e filosófico da sua obra. A negação e a afirmação aparecem e andam de braço dado em todos os seus livros — ainda quando parece negar demais ou negar somente, sabido que a negação de uma negação anterior equivale em regra a uma afirmação posterior.

Já se tem dito e repetido bastante — e com razão evidente — que Machado de Assis é o mais universal dos nossos escritores; estou que falta acentuar com igual insistência que ele é também o mais nacional, o mais brasileiro de todos[3]. Eu acrescentaria, sem querer fazer jogo de palavras, que uma qualidade resulta precisamente da outra: que ele é tanto mais nacional quanto mais universal e tanto mais universal quanto mais nacional. Outros escritores terão mostrado mais paisagem brasileira; nenhum mostrou mais profundamente o homem brasileiro. Na sua obra, melhor do que em qualquer outra, encontramos uma imagem de conjunto mais expressiva do fenômeno brasileiro normal, isto é, da gente e da terra em suas manifestações normais, quotidianas, correntes. O seu regionalismo

---

[2] Labieno, *Vindiciae* (Rio de Janeiro, Livraria Cruz Coutinho, 1899), p. 34.

[3] Referindo-se a José de Alencar, disse Machado de Assis, em 1897: "Nenhum escritor teve em mais alto grau a alma brasileira. E não é só porque houvesse tratado assuntos nossos. Há um modo de ver e de sentir, que dá a nota íntima da nacionalidade, independente da face externa das coisas" (*Páginas escolhidas*, Rio de Janeiro, Garnier, 1899, p. 279). Na verdade, estas palavras se ajustam mais ao próprio Machado de Assis do que a José de Alencar. Ainda quando procurava analisar os outros, ele acabava sempre analisando-se a si mesmo.

carioca não o limita, pelo contrário: porque a capital do país sempre foi o ponto de convergência, a súmula, o índice de todo o país.

*

Existe uma consonância intima e profunda entre o labor literário de Machado de Assis e o sentido da evolução política e social do Brasil[4]. A sua atividade de escritor começou pouco antes de 1860 e só terminou às vésperas da sua morte, em 1908. Mas o tempo durante o qual se formou e se desenvolveu a sua personalidade coincide quase todo ele com o período histórico do Segundo Reinado. Ao proclamar-se a República, já o escritor havia atingido a plenitude da sua maturidade. Esta coincidência de tempo possui naturalmente muita importância para a caracterização e compreensão da obra de Machado de Assis.

Bem feitas todas as contas, o longo reinado de Pedro II marcou em bloco um período de transição no desenvolvimento da nacionalidade brasileira. A sua aparente estabilidade de superfície não infirma esta característica fundamental. A própria existência da Monarquia, como regime político, resíduo que era da efêmera Monarquia joanina imprevistamente e apressadamente transplantada de Portugal para o Brasil, trazia em si mesma o signo da transitoriedade histórica inevitável. Não seria talvez difícil encontrar nesse mútuo ajustamento de transitoriedades a melhor explicação da sua relativa durabilidade em terras americanas...

A massa de trabalhadores escravos movimentando a monocultura dos latifúndios, na base; a multidão heterogênea de agregados e artesãos, de comerciantes e de intermediários, no meio; por fim, no alto, a reduzida camada de proprietários de terras, que integrava a chamada "aristocracia rural" dirigente — tal a configuração da pirâmide que refletia a estrutura social do país nos primeiros anos do Segundo Reinado. A maioridade de Pedro

---

[4] Com acerto observou Labieno que Machado de Assis "luta, pensa e escreve como um homem do seu tempo" (Labieno, *Vindiciae*, cit., p. 12).

28 | Interpretações

II data de 1840, e assinala de certo modo o fastígio daquela "aristocracia rural". Mas já o ano de 1843, que trouxe no seu bojo a tarifa Alves Branco, assinala por sua vez o aparecimento da burguesia querendo, senão ainda disputar, pelo menos partilhar com os senhores territoriais da governação da coisa pública. Está visto que o aparecimento da burguesia como tal na arena política não significava apenas o "desejo" de partilhar do poder; significava principalmente o início da ascensão histórica de uma nova classe dirigente, que subia do meio para o ápice da pirâmide, impulsionada pela força de novos interesses acumulados em consequência do deslocamento subterrâneo que se operava na estruturação econômica do país[5]. Ora, este fenômeno de deslocamento — portanto de transição — lastreou toda a evolução social do Brasil a partir de então, e as suas etapas decisivas podem ser assim demarcadas: extinção do tráfico de escravos, protecionismo, estradas de ferro, usina Mauá, lei de 28 de setembro, abolicionismo, questão religiosa, questão militar, 13 de Maio, primeira República, encilhamento, Floriano, etc. etc. etc. (o último etc. é dos nossos dias: outubro de 1930).

*

Evidentemente, a obra de Machado de Assis nada possui de panorâmico, de cíclico, de épico. Não há nela nenhuma exterioridade de natureza documentária, nenhum sistema rapsódico ou folclórico, nenhum plano objetivo elaborado de antemão. Os seus contos e romances[6] não abrigam heróis extraordinários, nem fixam ações grandiosas e excepcionais. Eles são constituídos com o material humano mais comum e ordinário,

---

[5] "Iniciava-se uma grande época da história nacional, a partir do meado da era dos quarenta." João Pandiá Calógeras, *Formação histórica do Brasil* (Rio de Janeiro, Pimenta de Melo & Cia., s.d.), p. 281.

[6] A natureza e o intuito deste trabalho explicam por que limitei aqui o campo das minhas pesquisas aos contos e romances, os quais de resto formam a parte mais importante da obra de Machado de Assis.

com as miudezas e o terra a terra da vida vulgar de todos os dias. Mas que poderosa vitalidade vibra no interior da gente que povoa os seus livros! É a gente bem viva — barões e coronéis, citadinos e provincianos, nhonhôs e sinhás, escravos e mucamas, deputados e magistrados, médicos e advogados, rendeiros e comerciantes, padres e sacristães, empregados e funcionários, professores e estudantes, agregados e parasitas, atrizes e costureiras, e as donas de casa, e as moças namoradeiras, e as viúvas querendo casar de novo... — gente que se move, que se agita, que trabalha, que se diverte, que se alimenta, que dorme, que ama, que não faz nada, que morre... Gente rica, gente remediada, gente pobre, gente feliz, e gente desgraçada — toda a inumerável multidão de gente bem brasileira que vai empurrando o Brasil para a frente, avançando em zigue-zague, subindo montanhas e palmilhando vales, ora puxando ora sendo puxada pelo famoso carro da história...

É coisa mais que sabida que a família, seja qual for a sua forma, constitui sempre o centro e a base da vida em sociedade. Ora, quem diz família diz casamento, e quem diz casamento diz amor, e quem diz amor diz complicação — "complicação do natural com o social"[7]. É nos conflitos suscitados por esta complicação que Machado de Assis vai buscar os elementos necessários à tessitura de quase toda a sua obra de ficção. Eterna complicação, conflitos eternos. Sem dúvida; mas as criaturas envolvidas na complicação e nos conflitos, que ele explorou nos seus livros, são a réplica literária de outras criaturas de carne e osso, que viveram em dado momento histórico num dado meio social. Criaturas humanas, na realidade e na ficção, de essência igual a todas as criaturas humanas de todas as épocas e de todos os quadrantes da Terra, mas ao mesmo tempo criaturas brasileiras que viveram durante um determinado período da história brasileira. Daí por que a vida criada pelo ficcionista espelha, nas páginas dos seus livros, com igual intensidade e de modo inseparável, o humano e o brasileiro, o natural e o social, o permanente e o contingente. Ainda neste

---

[7] Machado de Assis, *Crônicas*, v. XXVI, cit., p. 22.

30 | Interpretações

ponto encontramos Machado de Assis realizando, com arte suprema, uma harmoniosa conjunção de contrastes.

Cabe aqui notar a circunstância, certamente fortuita, mas em todo caso muito significativa, de ter Machado de Assis escrito a maioria dos contos da sua primeira fase literária (entre 1864 e 1878) para o *Jornal das Famílias*. O título define a qualidade e a finalidade do periódico — órgão literário e recreativo das famílias fluminenses da época. O contista havia forçosamente de adaptar a escolha e a apresentação dos seus assuntos ao gosto dos leitores ou, melhor, das leitoras, moças românticas, lânguidas viúvas, matronas saudosas de amores irrealizados. Engendrou, assim, dezenas de contos que eram variações infinitas em torno do mesmo tema: o amor do coração contrariado e quase sempre vencido, dolorosamente vencido pelo amor da conveniência. Mas a passividade do autor ficava só no tema: ele mantinha-se intransigente no seu ponto de vista moral. Intransigente — e vingativo, poder-se-ia acrescentar. Um dos seus personagens escrevia em carta o seguinte: "Tudo isto é singular: a maior parte dos casamentos fazem-se independentemente do amor. Mas, que quer? Eu, profundamente cético, a respeito de tudo, tenho a veleidade de crer no amor, ainda que raro, e quero que o amor seja a única razão do casamento"[8]. Evidencia-se aí não apenas a opinião de um personagem, porém o próprio ponto de vista moral do autor. E era deste ponto de vista que ele condenava, com veemência então, as uniões conjugais de interesse, quando, por exemplo, se referia a um de tais casamentos: "Nem mais nem menos tratava-se de um desses mercados a que, por cortesia, se chama — casamento de conveniência — dois vocábulos inimigos que a civilização aliou"[9]. Ou quando, não mais com a veemência anterior, mas com uma

---

[8] Idem, *Histórias românticas*, v. XI, cit., p. 324.

[9] Ibidem, p. 260. Fora das suas normas, obedecidas desde os primeiros tempos da sua carreira de escritor, Machado de Assis chega em certa ocasião a empregar um tom violento de panfletário, ao fustigar o sistema do matrimônio sem amor: "O casamento é a perfeita união de duas existências; e mais do que a união, é a fusão completa e absoluta. Se o casamento não é isto, é um encontro fortuito de hospedaria; apeiam-se

dose de *humour* já bem no tom da sua maneira definitiva, observava, em outro conto, que entre os parentes da jovem Mafalda "havia um primo, pálido, esguio e magro, que nutria em relação a Mafalda uma paixão, correspondida pelo pai"[10].

Ainda em outro conto dos mais antigos, intitulado "Frei Simão", publicado primeiro no *Jornal das Famílias*, em 1864, e depois incluído no volume *Contos fluminenses*, Machado de Assis nos oferece uma imagem, de corte violento e extremado, de como se resolviam naquele tempo as questões de amor e de casamento, isto é, as questões relativas à constituição da família. Simão era filho único de abastado comerciante da corte. Ele ama sua prima Helena, órfã de pai e mãe, menina pobre, que vive de favor sob o mesmo teto que Simão. Os pais deste último "davam de boa vontade o pão da subsistência a Helena; mas lá casar o filho com a pobre órfã é que não podiam consentir. Tinham posto a mira em uma herdeira rica, e dispunham de si para si que o rapaz se casaria com ela"[11]. Para o afastarem da presença da prima, remeteram Simão para a província, a trabalhar na casa comercial de um amigo. Passam-se meses, e um dia o pai lhe escreve comunicando o falecimento repentino de Helena. Simão, desesperado, resolve fugir do mundo, e ingressa num convento. Mais tarde, anos passados, indo pregar numa solenidade religiosa que se realizava em certa cidadezinha do interior, Frei Simão encontra-se na Igreja — com quem havia de ser? — com Helena em pessoa, viva e casada com outro. O frade não resistiu a tamanho choque e ficou meio maluco.

Aí temos uma história bem sentimental, de inspiração cem por cento romântica, talhada ao sabor do tempo. O seu conteúdo moral, no entanto, equivale ao mais terrível libelo formulado contra o patriarcalismo que regulava a constituição da família e legitimava a intervenção

---

à mesma porta, escolhem o mesmo aposento, comem à mesma mesa, nem mais, nem menos [...]" (Ibidem, p. 277).

[10] Idem, *Contos fluminenses II*, v. XXI, cit., p. 306.

[11] Idem, *Contos fluminenses I*, v. XX, p. 331.

32 | Interpretações

discricionária dos pais no casamento ou nos projetos de casamento dos filhos. Compreende-se que essa concepção patriarcal corresponde a determinado estágio da evolução social do país, e por isso a encontramos tão frequentemente na trama dos contos e dos romances de Machado de Assis, é claro que perdendo terreno com o correr dos anos. Note-se que ele desde cedo começou a investir contra semelhante concepção não na qualidade de reformador social — qualidade completamente estranha ao seu temperamento e à sua formação intelectual — mas porque, indivíduo que emergia de uma camada social oprimida pelas condições dominantes, ele exprimia, instintivamente pelo menos, uma nova concepção moral relativa ao triângulo amor, casamento e família, em consonância com o novo tipo de civilização que se ia elaborando, lentamente, nas entranhas da sociedade brasileira.

O sr. Manuel Bandeira, no prefácio tão bem-feito e tão lúcido que escreveu para a *Antologia dos poetas brasileiros da fase parnasiana*, observou com inteira razão como e quanto as transformações sociais da época influíram na superação histórica do romantismo pelo parnasianismo, relativamente à expressão poética das relações entre os dois sexos: "O lirismo amoroso dos parnasianos foi de resto condicionado pelas transformações sociais. Com a extinção da escravidão, acabou-se também em breve o tipo da 'sinhá', que era a musa inspiradora de lirismo romântico, e a moça brasileira foi perdendo rapidamente as características adquiridas em três séculos e meio de civilização patriarcal"[12]. Machado de Assis, que vinha da fase já em começo de decadência do romantismo, e impregnado ainda, forçosamente, da sua influência, trazia também dentro de si mesmo o germe do antirromantismo, que se desenvolvia e não podia deixar de se desenvolver ao calor das condições de vida antipatriarcais em elaboração. Assim é que podemos acompanhar, através da sua obra de ficcionista (a qual, sendo obra de criação, melhor exprime as reações mais íntimas

[12] Manuel Bandeira, *Antologia dos poetas brasileiros da fase parnasiana* (Rio de Janeiro, Ministério da Educação e Saúde, 1938), p. 17.

suscitadas pelo meio ambiente na sensibilidade do escritor), as modificações operadas na mentalidade reinante em seu tempo, paralelamente ao desenvolvimento econômico, político e social do país.

Enorme, nos assuntos de amor e de família, foi o caminho percorrido entre "Frei Simão" e o *Memorial de Aires*. Aqui, a união conjugal é determinada exclusivamente pelo amor e pela livre escolha. Fidélia casou a primeira vez com o dr. Noronha contra a vontade expressa do pai; viúva e órfã, o seu segundo casamento se fez igualmente por amor e por livre escolha. O fazendeiro Santa-Pia, pai de Fidélia, homem ainda do passado, opôs-se, intransigentemente, ao casamento com o dr. Noronha, e chegou a romper com a filha; já o seu irmão desembargador Campos, homem de profissão liberal, tio e tutor moral de Fidélia, em cuja casa de Botafogo ela vivia, nenhuma interferência teve no segundo noivado, nem lhe cabia intervir, pois "nada tinha que opor a dois corações que se amam"[13].

Mas entre "Frei Simão" e o *Memorial* mais de quarenta anos se passaram, no decorrer dos quais o ficcionista compôs muitas outras histórias, debulhando as complicações amorosas e conjugais de centenas de outros personagens que viveram durante o período do Segundo Reinado. Dentre eles, para citar os mais importantes, apontaremos os casos capitais de Brás Cubas-Virgília-Lobo Neves, Rubião-Sofia-Palha, Bentinho-Capitu-Escobar. Do ângulo em que estamos tentando compreender o sentido social da obra de Machado de Assis, estes três casos marcam momentos culminantes. Eles revelam a mais completa decomposição moral — a decomposição que minava e deteriorava a própria base sobre a qual assentava a concepção patriarcal da família. É na sua "execução" — notemos de passagem — que o espírito de "vingança"[14] atingiu no escritor o máximo de virtuosismo, de vigor e de crueldade.

[13] Machado de Assis, *Memorial de Aires*, v. IX, cit., p. 217.

[14] Não sei se me faço compreender. Emprego este vocábulo "vingança" num sentido meramente conjetural de interpretação psicológica. Machado, vindo de uma camada social que a sociedade timbra em colocar num plano inferior, "vinga-se" da sociedade, submetendo-a às experiências do seu laboratório de analista, como uma espécie de sadismo muito semelhante ao sadismo patético de Fortunato em "A causa secreta".

34 | Interpretações

Até *Iaiá Garcia*, as complicações, se bem que produzindo quase sempre os resultados mais desastrosos, desenrolam-se geralmente numa certa atmosfera de pureza mais ou menos convencional. E mesmo aí já aparece o tipo de Procópio Dias, amostra do moralismo que viria depois. Com o trio Brás Cubas-Virgília-Lobo Neves acabaram-se as concessões convencionais. O analista inexorável molhou a pena nos mais irreverentes corrosivos, e a devastação começou. Divertida, deliciosa, sutil devastação — mas devastação. Virgília é um símbolo da "imponente ruína" a que ficou reduzida a moral patriarcal. Em *Quincas Borba* continua a devastação, personificada pela maliciosa Sofia, cuja fidelidade mal e mal consegue escapar aos botes do desejo pecaminoso, que já é uma traição potencial, porque o romance acaba: mas a sua alma, senão o seu corpo, não é mais monopólio do marido. *Dom Casmurro*, finalmente, nos apresenta Capitu, tipo de extraordinária vitalidade, soma e fusão de múltiplas personalidades, espécie de supermulher toda ela só instinto metida na pele de uma pervertida requintada e imprevisível. A sua dissimulação arrasa tudo, e o desfecho do seu caso vem a ser uma consolação bem melancólica de um mundo arrasado.

Com *Esaú e Jacó* entramos no limiar de um mundo diferente, de configuração ainda indecisa, onde a contradição entre o velho e o novo domina a situação; mas trata-se realmente de um mundo diverso, que se vai levantando em meio aos destroços do mundo antigo arrasado. Não é por acaso que a ação do *Esaú e Jacó* começa na Monarquia e só termina nos primeiros anos da República. Com este romance o escritor faz a liquidação dos saldos do Segundo Reinado e estabelece o divisor das águas entre o tipo patriarcal e o tipo burguês de civilização, representados no terreno da organização política respectivamente pela Monarquia e pela República.

*

A existência da escravidão e a luta abolicionista constituem as duas faces do mesmo fator dominante na caracterização social da vida brasileira durante o Segundo Reinado. Tudo, naquele período, mas absolutamente tudo, tudo girava em torno do negro escravo. Este era, na verdade, o senhor de tudo e de todos, e todo o sistema econômico, político e social de então é que estava de fato escravizado ao negro. A luta pela abolição se processou sob o signo da decadência do sistema, e o fim da escravidão foi também o fim do sistema.

Em Machado de Assis não encontramos nenhum acento panfletário que o possa colocar entre os combatentes da longa batalha abolicionista. Naturalmente, ele era partidário da abolição; mas nunca foi propriamente um abolicionista no sentido militante e apostolar do termo. Excetuando-se o conto "Pai contra mãe", que tem por motivo um dos aspectos mais atrozes do regime escravocrata, não há na sua obra nenhuma intenção reformista imediata a favor da emancipação dos escravos. Isto não quer dizer que ele não condene nem combata a escravidão. Condena e combate, mas a seu modo, indiretamente. Com efeito, em quase todos os seus contos e romances aparecem escravos, na maioria empregados no serviço doméstico, moleques, criados e mucamas. Os negros cativos são personagens inevitáveis, que estão por toda parte, que enchem as suas páginas como enchiam as casas e as chácaras senhoriais onde se passam as suas histórias. Personagens muitas vezes importantes, por sua significação episódica, embora desempenhando papéis secundários de meros comparsas. É o caso, por exemplo, do pajem de Helena, o negro Vicente, "nobre espírito de dedicação" no "corpo vil do escravo"[15]. Outro negro bom como Vicente era o criado de Estêvão Soares, no conto "A mulher do preto" — "mais irmão do que escravo, na dedicação e no afeto"[16]. Mas os escravos por serem escravos não se tornavam homens à parte, todos eles forçosamente bons. Eram também criaturas humanas, uns bons e outros maus, como todos os homens de todas as raças e condições. No *Brás Cubas* o memorialista descreve uma cena que presenciou no Valongo: o liberto Prudêncio vergalhando

[15] Machado de Assis, *Helena*, v. I, cit., p. 104.
[16] Idem, *Contos fluminenses I*, v. XX, cit., p. 104.

36 | Interpretações

um irmão de raça, comprado e castigado pelo próprio ex-escravo, que assim se "desfazia" das pancadas que recebera outrora. A cena dá motivo a uma interpretação psicológica em que o tom zombeteiro e displicente mascara muito machadianamente o mais amargo desalento íntimo. Vale a pena citar:

> Exteriormente, era torvo o episódio do Valongo; mas só exteriormente. Logo que meti mais dentro a faca do raciocínio[17] achei-lhe um miolo gaiato, fino, e até profundo. Era um modo que o Prudêncio tinha de se desfazer das pancadas recebidas – transmitindo-as a outro. Eu, em criança, montava-o, punha-lhe um freio na boca, e desancava-o sem compaixão; ele gemia e sofria. Agora, porém, que era livre, dispunha de si mesmo, dos braços, das pernas, podia trabalhar, folgar, dormir, desagrilhoado da antiga condição, agora é que ele se desbancava: comprou um escravo, e ia-lhe pagando, com alto juro, as quantias que de mim recebera.[18]

Outra cena não menos degradante é a do cortejo do negro criminoso que ia ser enforcado no largo do Moura, narrada no *Quincas Borba*. O carrasco oficial era também um preto[19]...

Machado de Assis não via na escravidão apenas o aspecto sentimental, mas sim o fenômeno social em seu conjunto — e sobre este fenômeno é que incidia a sua lente de analista, servindo-se dos indivíduos como componentes e como expressão de um todo complexo.

Estender-me-ia demasiado se fosse apontar, já não digo um por um, porém mesmo as figuras mais personalizadas e os episódios mais típicos, relacionados com o fenômeno da escravidão e que enchem os seus contos e romances. Limitar-me-ei a mais algumas citações colhidas nos romances principais, para o fim de mostrar — é o que mais me interessa

---

[17] Atente-se bem neste passo, no qual transparece o processo mental interior de refreamento e esmagamento do primeiro ímpeto caloroso pelo domínio obstinado do analista sem entranhas.

[18] Machado de Assis, *Memórias póstumas de Brás Cubas*, v. V, cit., p. 215.

[19] Idem, *Quincas Borba*, v. VI, cit., p. 94 e 97. Também aí o sadismo do analista machuca e deixa estraçalhada a alma do pobre Rubião.

aqui — o seu paralelismo com o sentido que ia tomando o desenvolvimento histórico do embate entre a escravidão e a abolição.

Nas suas reminiscências da meninice, Brás Cubas recorda a conversa que ouvira de traficantes de escravos: "Um sujeito, ao pé de mim, dava a outro notícia recente dos negros novos, que estavam a vir, segundo cartas que recebera de Loanda, uma carta em que o sobrinho lhe dizia ter já negociado cerca de quarenta cabeças, e outra carta em que [...] Trazia-as justamente na algibeira, mas não as podia ler naquela ocasião. O que afiançava é que podíamos contar, só nessa viagem, uns cento e vinte negros, pelo menos"[20]. Isto se passava em 1814. Cerca de quarenta anos depois, refere Brás Cubas que os inimigos do seu cunhado Cotrim acusavam este último de bárbaro. Bárbaro por quê? "O único fato alegado neste particular — escreve o memorialista — era o de mandar com frequência escravos ao calabouço, donde eles desciam a escorrer sangue; mas além de que ele só mandava os perversos e os fujões, ocorre que, tendo longamente contrabandeado em escravos, habituara-se de certo modo ao trato um pouco mais duro que esse gênero de negócio requeria"... e aqui Brás Cubas procura justificar o procedimento do cunhado, acrescentando que "não se pode honestamente atribuir à índole original de um homem o que é puro efeito de relações sociais"[21]. Este argumento, que me parece perfeitamente justo, é de uma importância capital na determinação do paralelismo e da consonância que procuramos estabelecer entre a obra de Machado de Assis e a evolução das condições sociais do seu tempo. Repare-se nas datas. As "relações sociais" existentes em 1814 permitiam encarar como honesto e moral o tráfico de escravos e as suas consequências lógicas; por volta de 1850 existiam outras "relações sociais", que já não permitiam encarar como honesto e moral maltratar os escravos e fazer negócio com o tráfico de negros: e é de 1850 que data exatamente a Lei Eusébio de Queirós.

---

[20] Idem, *Memórias póstumas de Brás Cubas*, v. V, cit., p. 56.
[21] Ibidem, p. 339-40.

38 | Interpretações

De 1850 a 1870 vão mais vinte anos, e 1871 assinala nova etapa na luta pelo abolicionismo: nesse ano, a 28 de setembro, é sancionada a lei Rio Branco. Pois aqui temos no *Quincas Borba* a repercussão e a apreciação do acontecimento: Camacho, político e jornalista em oposição ao governo, "declarou pela sua folha que a lei dos ingênuos absolvia a esterilidade e os crimes da situação"[22]. Tais palavras não poderiam ser escritas por um Camacho vinte anos antes. As "relações sociais" existentes em 1850 não poderiam fazer brotar semelhante ideia na cabeça dos Camachos de então.

No *Dom Casmurro* aparecem numerosos escravos e escravas, durante o curso da narrativa, que abrange os anos de 1857 a 1871. Aparecem como simples figurantes, sem nenhum relevo especial, mas aparecem naturalmente, como fato ordinário, aceito sem repugnância pelo consenso geral da gente que povoa o romance. Gente, não esqueçamos, cuja culminância social é representada por uma mulher, d. Glória, viúva de fazendeiro rico, pessoa de boa índole, mas mentalidade conservadora e rotineira.

Os dois romances derradeiros de Machado de Assis, o *Esaú e Jacó* e o *Memorial de Aires*, alcançam o 13 de Maio, e em ambos o fato repercute profundamente. Já no início do *Esaú e Jacó*, o banqueiro Santos, certo dia de 1871, em caminho de Botafogo para o centro da cidade, refestelado no seu cupê de homem importante, ia pensando em várias coisas, entre elas, precisamente, a "lei Rio Branco, então discutida na Câmara dos Deputados; o banco era credor da lavoura"[23]. Ele seria, com toda a certeza, adversário da lei, porque a lei, ferindo os interesses dos fazendeiros, devedores do banco, ia por tabela ferir os seus próprios interesses... Nesse tempo, os filhos de Santos eram dois pirralhos: em 1888, porém, um era médico e o outro advogado; o médico — conservador e monarquista, e o advogado — revolucionário e republicano. Brigavam por tudo, sempre às turras; pois o 13 de Maio os colocou por instantes na mesma posição de aplauso — se bem que inspirado cada qual em motivo diverso:

---

[22] Idem, *Quincas Borba*, v. VI, cit., p. 403.

[23] Idem, *Esaú e Jacó*, v. VIII, cit., p. 43.

"Desacordo no acordo", põe Machado de Assis no alto da página como título do episódio. E conta: "[...] em 1888, uma questão grave e gravíssima os fez concordar também, ainda que por diversa razão. A data explica o fato: foi a emancipação dos escravos. Estavam então longe um do outro, mas a opinião uniu-os. — A diferença única entre eles dizia respeito à significação da reforma, que para Pedro era um ato de justiça, e para Paulo era o início da revolução"[24].

A maior parte do tempo de ação do *Memorial de Aires* compreende exatamente todo o ano de 1888. Dois dos personagens principais do livro — Fidélia e seu pai, o fazendeiro barão de Santa-Pia — são pessoas cujos interesses estão diretamente ligados à existência da escravidão e sofrem, também, diretamente, as consequências da abolição. O conselheiro Aires, por sua vez, anotador cuidadoso de tudo quanto a eles se refere, registra não só o acontecimento, isoladamente, mas ainda os antecedentes imediatos do mesmo, em correlação com o que vai ocorrendo na sua vida e na vida dos seus amigos. Assim, com a data de 10 de março, alude o memorialista à organização do gabinete João Alfredo: "Afinal houve sempre mudança de gabinete. O Conselheiro João Alfredo organizou hoje outro"[25]. Dez dias depois, a 20 de março, uma curta referência aos rumores correntes então: "Ao Desembargador Campos parece que alguma coisa se fará no sentido da emancipação dos escravos — um passo adiante, ao menos. Aguiar, que estava presente, disse que nada corre na praça nem lhe chegou ao Banco do Sul"[26]. Em 27 de marco, chegando Santa-Pia da fazenda, Aires anota esta suposição, que reforça aqueles rumores: "Parece que ele veio por causa do boato que corre na Paraíba do Sul acerca da emancipação dos escravos"[27]. Duas semanas mais tarde confirma-se a suposição: "Grande novidade! O motivo da vinda do Barão é consultar o Desembargador sobre a

[24] Ibidem, p. 136.
[25] Idem, *Memorial de Aires*, v. IX, cit., p. 52.
[26] Ibidem, p. 53.
[27] Idem.

40 | Interpretações

alforria coletiva e imediata dos escravos de Santa-Pia. Acabo de sabê-lo, e mais isto, que a principal razão da consulta é apenas a redação do ato"[28]. Devemos acentuar que o barão de Santa-Pia é um autêntico fazendeiro bem fazendeiro, conservador, escravista, mais barão de alma que de título. Como é homem de gênio violento e mandão, o seu propósito não obedece a nenhum sentimento humanitário, nem tampouco a qualquer preocupação idealista. Ele está indignado contra o governo João Alfredo, contra o próprio regime monárquico, e o seu gesto representa antes um protesto desesperado e uma espécie de desfeita prévia contra o 13 de Maio que se aproxima: "— Quero deixar provado — explica ele ao irmão Desembargador — que julgo o ato do Governo uma espoliação, por intervir no exercício de um direito que só pertence ao proprietário, e do qual uso com perda minha, porque assim o quero e posso"[29]. Em 19 de abril, o velho diplomata faz a seguinte anotação, muito importante porque também opinativa:

> [...] dizem que, abertas as Câmaras, aparecerá um projeto de lei. Venha, que é tempo. Ainda me lembro do que lia lá fora, a nosso respeito, por ocasião da famosa proclamação histórica de Lincoln: "Eu, Abraão Lincoln, presidente dos Estados Unidos da América..." Mais de um jornal fez alusão nominal ao Brasil, dizendo que restava agora que um povo cristão e último imitasse aquele e acabasse também com os seus escravos. Espero que hoje nos louvem. Ainda que tardiamente, é a liberdade, como queriam a sua os conjurados de Tiradentes.[30]

Sabe-se que o projeto de lei da abolição foi apresentado à Câmara dos Deputados de então no dia 7 de maio. Machado de Assis timbrou em salientar o fato no *Memorial*, registrando-o no próprio dia 7 e isolando-o de outros fatos ou comentários, como para lhe emprestar maior significação: "O Ministério apresentou hoje à Câmara o projeto de Abolição. E a Abolição pura e simples.

---

[28] Ibidem, p. 56.

[29] Ibidem, p. 57.

[30] Ibidem, p. 60.

Dizem que em poucos dias será lei"[31]. O 13 de Maio enche toda uma página movimentada, quase transbordante, do *Memorial*, relatando a agitação e a alegria geral que se apoderaram da cidade naquele dia, e ainda ocasiona esta preciosa confissão posta na pena de Aires: "Nunca fui, nem o cargo me consentia ser propagandista da Abolição, mas confesso que senti grande prazer quando soube da votação final do Senado e da sanção da Regente"[32].

As consequências imediatas de ordem econômica e política, que o 13 de Maio provocou ou acelerou, são igualmente mencionadas pelo romancista. Em mais de uma passagem do *Memorial* é anotado o fato do abandono da fazenda Santa-Pia por parte dos libertos, desorganizando-se o trabalho e arruinando-se o fazendeiro. Este último, em carta escrita ao irmão desembargador, mostra-se irritadíssimo, falando "muito mal do Imperador e da Princesa"[33]; e, "desgostoso da vida política", segundo o testemunho de Fidélia, "mandou dizer aos chefes daqui [da corte] que não contem mais com ele para nada"[34]. O barão de Santa-Pia morreu pouco depois. Morta a instituição, não podia o seu beneficiário subsistir. Como não podia subsistir por muito tempo o regime político que se apoiava sobre a classe dos beneficiários da escravidão. O 13 de Maio teria de acarretar o 15 de Novembro. Mais que uma ideia revolucionária, isto era um imperativo histórico, que Paulo, do *Esaú e Jacó*, exprimiu com exaltação num discurso demagógico pronunciado a 20 de maio: "A abolição é a aurora da liberdade; esperemos o sol; emancipado o preto, resta emancipar o branco"[35]. A mãe de Paulo, mais temerosa pelo filho do que pelo regime, percebeu a medo o que semelhante frase significava: "uma ameaça ao Imperador e ao Império"[36].

---

[31] Idem.

[32] Ibidem, p. 61.

[33] Ibidem, p. 64.

[34] Ibidem, p. 79.

[35] Idem, *Esaú e Jacó*, v. VIII, cit., p. 136.

[36] Ibidem, p. 137.

42 | Interpretações

*

A guerra do Paraguai repercute com frequência nos escritos posteriores a 1864. O drama narrado em *Iaiá Garcia* começa justamente em plena campanha: a viúva Valéria instigando o seu filho Jorge a alistar-se como oficial voluntário e a seguir para o campo de batalha. Valéria pretendia, com isso, não tanto que o filho contribuísse com a sua parcela de bravura para matar muitos inimigos invasores da pátria; o que ela queria principalmente era matar uma paixão a seu ver inconveniente que havia invadido o coração do rapaz. Jorge acabou cedendo aos rogos da senhora sua mãe, movido por sua vez menos por terríveis sentimentos bélicos do que pelo desejo de sagrar-se herói aos olhos da moça que ele amava. Motivos, em ambos os casos, completamente desprovidos de senso, conforme opinou Luís Garcia, amigo da família e mais amigo ainda da vida sossegada e plácida: "Um desacordo por motivos de namoro — dizia ele — não é o Porto Alegre nem o Polidoro, é um padre que lhe deve pôr termo"[37]. A guerra prevaleceu sobre o bom senso e o ceticismo de Luís Garcia — felizmente para nós, pois foi desse modo que teve início a "complicação do natural com o social" em que se viram envolvidos Valéria, Jorge, Stela, Luís Garcia, Iaiá Garcia, Antunes, etc., e de onde resultou todo o romance... Quatro anos permaneceu Jorge no Sul, participando de vários combates, e ao cabo regressou coberto de louros — tudo isso resumido num só capítulo, a fim de mostrar que a guerra servira apenas para complicar ainda mais o que já começara complicado.

No *Quincas Borba* poucas referências, todas incidentais, são feitas ao conflito com o Paraguai: como assunto passageiro de conversa entre Rubião e o indiscreto major Siqueira; como assunto de discussão política entre Rubião e o periodista Camacho; como elemento para caracterizar a natureza de certos lucros fabulosos ganhos pelo negocista Palha em dois fornecimentos feitos ao governo; e finalmente como assunto noutra conversa do mesmo Siqueira com o Rubião já de miolo mole.

---

[37] Idem, *Iaiá Garcia*, v. IV, cit., p. 33.

No *Esaú e Jacó* anotamos somente duas referências retrospectivas e sem maior importância. O *Memorial de Aires* contém uma única referência, também retrospectiva: a comemoração da batalha de Tuiuti pelos jornais do dia 24 de maio. Mas esta referência fornece ao conselheiro Aires matéria para algumas recordações da carreira, seguidas de algumas reflexões corrosivas bem típicas:

> Isto me lembra que, em plena diplomacia, quando lá chegou a notícia daquela vitória nossa, tive de dar esclarecimentos a alguns jornalistas estrangeiros sequiosos de verdade. Vinte anos mais, não estarei aqui para repetir esta lembrança; outros vinte, e não haverá sobrevivente dos jornalistas nem dos diplomatas, ou raro, muito raro; ainda vinte, e ninguém. E a Terra continuará a girar em volta do Sol com a mesma fidelidade às leis que os regem, e a batalha de Tuiuti, como a das Termópilas, como a de Iena, bradará do fundo do abismo aquela palavra da prece de Renan: "Ó abismo! tu és o deus único!".[38]

No conto "O diplomático", aquele estupendo tipo, que é Rangel, "quando rompeu a guerra do Paraguai, teve ideia muitas vezes de alistar-se como oficial de voluntários; não o fez nunca; mas é certo que ganhou algumas batalhas e acabou brigadeiro"[39]. Numa das cartas que compõem o "Ponto de vista", Raquel escreve da corte para a amiga de Juiz de Fora que "a cidade está hoje muito alegre; andam bandas de músicas nas ruas; chegaram boas notícias do Paraguai"[40]. Outros três contos, "Uma noite", "Um capitão de voluntários", "Troca de datas"[41], fazem da guerra do Paraguai, não propriamente o tema ou o cenário, mas como que o pretexto ou o ambiente para a narrativa. Muito interessante, em todos três, é o fato de que os seus heróis — heróis do conto e dentro do conto heróis da guerra — alistaram-se como voluntários e partiram como oficiais levados por motivos

---

[38] Idem, *Memorial de Aires*, v. IX, cit., p. 71.

[39] Idem, *Várias histórias*, v. XIV, cit., p. 181.

[40] Idem, *Histórias da meia-noite*, v. X, cit., p. 231.

[41] Incluídas, respectivamente, em *Páginas recolhidas*, v. XV, *Relíquias de casa velha*, primeiro volume, v. XVI, e *Relíquias de casa velha*, segundo volume, v. XVII, cit.

44 | Interpretações

semelhantes aos do Jorge, de *Iaiá Garcia*: complicações de amor. Complicações que em dois casos ("Uma noite" e "Um capitão de voluntários") só encontraram fim na morte dos heróis por bala inimiga.

Felizmente a guerra também teve um fim. Vamos pois a outros sucessos históricos e a outras ocorrências de natureza diversa.

*

O nosso conhecido Santos, banqueiro e figura de proa no *Esaú e Jacó*, era um pobre indivíduo quando veio de Maricá para a corte. O romancista fixa com precisão o momento que lhe deu a oportunidade de enriquecer: "Vindo para o Rio de Janeiro, por ocasião da *febre das ações* (1855), dizem que revelou grandes qualidades para ganhar dinheiro depressa. Ganhou logo muito, e fê-lo perder a outros"[42]. Aí temos o tipo situado no tempo e qualificado como perito na especulação. Outro especulador de boa marca era o antigo zangão da praça Cristiano de Almeida e Palha, marido feliz da bela Sofia do Quincas Borba. Quando começou ele a encher-se de dinheiro? Foi por ocasião da crise de 1864. O jovem espertalhão, "apesar de recente no ofício, adivinhou — não se pode empregar outro termo — adivinhou as falências bancárias"[43]. Bom adivinho, não há dúvida, que bem adivinhou para si…

Quem leu o *Brás Cubas* não esquece o capítulo VI, em que o defunto memorialista conta como lhe apareceu Virgília, estando ele às portas da morte, estirado na cama… Justo naquele momento, encontrava-se ao pé do leito em que ele jazia um certo cavalheiro, cuja identidade não foi revelada. Seria provavelmente um homem de negócios, ou algum inveterado patriota preocupadíssimo com os problemas econômicos do tempo: "Era um sujeito que me visitava todos os dias para falar do câmbio, da colonização e da necessidade de desenvolver a viação férrea…"[44]. Isto se passava

---

[42] Idem, *Esaú e Jacó*, v. VIII, cit., p. 24. O grifo e a data entre parênteses são do autor.

[43] Idem, *Quincas Borba*, v. VI, cit., p. 70.

[44] Idem, *Memórias póstumas de Brás Cubas*, v. V, cit., p. 25.

em meados de 1869, já no fim da guerra do Paraguai, quando as questões relativas ao câmbio, aos transportes e à colonização estavam na ordem do dia, pejadas de gravidade.

Essa preocupação de vários personagens pelos problemas nacionais fornece mesmo o tema de todo um conto, "Evolução", que é ao mesmo tempo uma deliciosa sátira política. Aparecem nele dois tipos, Inácio e Benedito, que se conheceram numa viagem a Vassouras, pouco tempo depois de inaugurada a estrada de ferro que partia da corte. Conversaram sobre o assunto obrigatório: o progresso que representavam as estradas de ferro. A certa altura, Inácio exprimiu a seguinte ideia: "Eu comparo o Brasil a uma criança que está engatinhando; só começará a andar quando tiver muitas estradas de ferro"[45]. Benedito achou a ideia do interlocutor uma "bonita ideia". Fizeram-se amigos e encontraram-se frequentes vezes, mais tarde, na corte. Benedito, ingressando na política, apresentou-se candidato a deputado. Inácio por essa ocasião embarcou para a Europa, em busca de capitais ingleses, a fim de levar por diante o seu projeto de organização de uma grande empresa ferroviária. Benedito foi derrotado nas eleições e seguiu também para o Velho Mundo, a espairecer a derrota. Viram-se os dois em Paris, novamente. A conversa entrou logo no terreno da política e dos negócios públicos. Algum tempo depois, já de regresso ao Brasil, Benedito conseguiu finalmente entrar para a Câmara dos Deputados. "Fui visitá-lo (conta Inácio); achei-o preparando o discurso de estreia. Mostrou-me alguns apontamentos, trechos de relatórios, livros de economia política, alguns com páginas marcadas, por meio de tiras de papel rubricadas assim: — Câmbio, Taxas das terras, Questão dos cereais em Inglaterra, Opinião de Stuart Mill, Erro de Thiers sobre caminhos de ferro, etc."[46].

Como esses, muitos são os personagens criados por Machado de Assis, políticos militantes, deputados, candidatos, publicistas, os quais expõem

---

[45] Idem, *Relíquias de casa velha*, primeiro volume, v. XVI, cit., p. 127.
[46] Ibidem, p. 133.

46 | Interpretações

e debatem os problemas de mais agudo interesse para a opinião pública, em cada etapa do desenvolvimento geral do país, problemas cuja solução é exigida pelo próprio sentido social desse desenvolvimento. Muitos são, do mesmo modo, os casos e os episódios que refletem os costumes políticos da época, o monopólio da máquina eleitoral nas mãos dos privilegiados da fortuna, os métodos de velha politicagem e de intriga partidária, quer nos arraiais governistas, quer nos arraiais oposicionistas.

Camacho, que envolveu Rubião nas suas tramoias, é bem o tipo brasileiro do politicastro profissional. Foi numa roda em que se conversava acerca dos acontecimentos políticos do dia que ele se aproximou de Rubião e lhe fisgou o anzol traiçoeiro:

> Falava-se de chamada dos conservadores ao poder, e da dissolução da Câmara. Rubião assistira à sessão em que o ministério Itaboraí pediu os orçamentos. Tremia ainda ao contar as suas impressões, descrevia a Câmara, tribunas, galerias cheias que não cabia um alfinete, o discurso de José Bonifácio, a moção, a votação... Toda essa narrativa nascia de uma alma simples; era claro. A desordem dos gestos, o calor da palavra tinham a eloquência da sinceridade. Camacho escutava-o atento. Teve modo de o levar a um canto da janela, e fazer-lhe considerações graves sobre a situação. Rubião opinava de cabeça, ou por palavras soltas e aprobatórias.[47]

O pobre Rubião estava perdido nas unhas de Camacho... Admirável caracterização, na galeria dos políticos machadianos, é a do casal Batista-d. Cláudia, no *Esaú e Jacó*, a mulher mandona, desescrupulosa, gozando e sofrendo a volúpia do poder, e o marido, grave e passivo, contaminado até os ossos do vírus politicante. "Nele a política era menos uma opinião que uma sarna; precisava coçar-se a miúdo e com força."[48] Brás Cubas foi deputado, colega do marido de Virgília, o tragicômico Lobo Neves, e as suas memórias consignam a "impressão vária" causada na Câmara pelo seu grande discurso sobre a questão relativa ao tamanho da barretina da guarda nacional.

---

[47] Idem, *Quincas Borba*, v. VI, cit., p. 126.
[48] Idem, *Esaú e Jacó*, v. VIII, cit., p. 114.

Sem dúvida, boa parte de tudo isso pertence já ao domínio da sátira, como ao domínio da sátira — da pura sátira política em grande estilo — pertencem os episódios desenrolados na modorrenta vila de Itaguaí e narrados no conto "O alienista". Mas a sátira é apenas um processo literário de que o escritor se utiliza muitas vezes, não para mascarar, senão justamente para desmascarar a fisionomia de determinado momento ou de determinado meio. Ela se torna mesmo indispensável como elemento corretivo na verificação de certas versões demasiado bonitas da história oficial. Eu diria então que tais e tais passagens da obra de Machado de Assis acrescentam os direitos incontestáveis, que os seus livros possuem, de ocupar um lugar adequado em qualquer biblioteca onde pontifiquem os tomos da veneranda revista do Instituto Histórico e Geográfico Brasileiro.

A chamada questão religiosa, que tamanha agitação produziu no cenário político brasileiro durante anos da década de 1870 e que acabou marcando um momento importante no processo de liquidação do regime monárquico, não podia deixar de repercutir na obra de ficção de Machado de Assis. Dela há uma referência muito significativa no conto "Fulano", das *Histórias sem data*. O herói da história, homem arredio, modesto, apagado até aos quarenta anos de idade, transformou-se de repente, a essa altura, em homem de trepidante atividade social e política. Foi uma espécie de sezão que lhe pegou e não mais o largou até a hora da morte. Atacado desta febre é que ele se meteu no conflito suscitado entre os bispos e a maçonaria. Narra o contista:

> Deixara-se estar quedo, a princípio; por um lado, era maçom; por outro, queria respeitar os sentimentos religiosos da mulher. Mas o conflito tomou tais proporções que ele não podia ficar calado; entrou nele com o ardor, a expansão, a publicidade que metia em tudo; celebrou reuniões em que falou muito da liberdade de consciência e do direito que assistia ao maçom de enfiar uma opa; assinou protestos, representações, felicitações, abriu a bolsa e o coração, escancaradamente.[49]

---

[49] Idem, *Histórias sem data*, v. XIII, cit., p. 209.

48 | Interpretações

A proclamação da República encontra-se registrada num capítulo do *Esaú e Jacó*; mas é um registro cheio de desencantada indiferença, tão cara ao conselheiro Aires. Cabe aqui observar que na realidade Machado de Assis se mostrou sempre mais ou menos insensível à propaganda republicana. Ele era um liberal confesso, militante das hostes liberais nos seus primeiros tempos de jornalismo, seguindo um rumo lógico e natural na sua condição e na sua formação; mas, fosse por insuficiência de visão ou antes de temperamento, ou fosse mesmo por conveniência e comodismo, o caso é que ele nunca tomou partido, pelo menos no que deixou escrito, entre a Monarquia e a República. Num dos seus contos já compostos depois de 1889, intitulado "Maria Cora", há um diálogo entre Corrêa e Maria Cora, durante o qual esta última se declarou partidária das ideias republicanas e aquele confessou "que não as professava de espécie alguma"[50]. Semelhante confissão pode ser igualmente atribuída ao próprio contista. Seja como for — e isto é o que nos importa aqui —, o fato da revolução de 15 de novembro, como acontecimento histórico, se acha devidamente consignado na sua obra de ficção. Além da página em que anotou a reação por assim dizer pessoal que lhe produziu o 15 de Novembro, no *Esaú e Jacó*, há outra referência direta ao acontecido, no conto "Mariano", também posterior a 1889. O herói do conto, Evaristo, residia em Paris fazia quase vinte anos, já desinteressado das coisas brasileiras, nem sequer lendo mais as folhas que lhe remetiam do Brasil. "Senão quando, em novembro de 1889, entra-lhe em casa um repórter parisiense, que lhe fala de revolução no Rio de Janeiro, pede informações políticas, sociais, biográficas. Evaristo refletiu."[51] Refletiu e resolveu de pronto embarcar para a terra natal. Mais significativo, porém, como expressão do ambiente político da época, são as palavras atribuídas ao barão de Santa-Pia e transmitidas ao conselheiro Aires pelo desembargador Campos, quase dois anos antes do

---

[50] Idem, *Relíquias de casa velha*, primeiro volume, v. XVI, p. 33.

[51] Idem, *Várias histórias*, v. XIV, cit., p. 185.

15 de Novembro: "— Meu irmão crê que também aqui a revolução está próxima, e com ela a República"[52].

O encilhamento, no terreno econômico e financeiro, e a revolta da esquadra, no terreno político e militar, vieram no rastro da revolução de 1889 como desdobramentos inelutáveis. Eram reações doentias que se manifestavam no organismo nacional, ainda abalado pelo desenlace dramático de uma longa gestação histórica. Qualquer coisa de febre puerperal, se me permitem a expressão. Machado de Assis oferece-nos no *Esaú e Jacó* um flagrante vivo do que foi a febre do encilhamento. O banqueiro Santos, conservador, monarquista, barão, mas acima de tudo encarnação do homem de negócios, caiu em cheio na corrida da especulação. Não me furto a citar toda a página, que reproduz um diálogo entre Santos e Batista:

> — Uma ideia sublime, disse ele ao pai de Flora; a que lancei hoje foi das melhores, e as ações valem já ouro. Trata-se de lã de carneiro, e começa pela criação deste mamífero nos campos do Paraná. Em cinco anos poderemos vestir a América e a Europa. Viu o programa nos jornais?
> — Não, não leio jornais daqui desde que embarquei.
> — Pois verá!
> No dia seguinte, antes de almoçar, mostrou ao hóspede o programa e os estatutos. As ações eram maços, e Santos ia dizendo o valor de cada um. Batista somava mal, em regra; daquela vez, pior. Mas os algarismos cresciam à vista, trepavam uns nos outros, enchiam o espaço, desde o chão até às janelas, e precipitavam-se por elas a baixo, com um rumor de ouro que ensurdecia. Batista saiu dali fascinado, e foi repetir tudo à mulher.[53]

Ainda no *Esaú e Jacó*, único romance de Machado de Assis cujo transcurso de ação atravessa os primeiros anos da República, alude-se aos acontecimentos de 1893: "No meio dos sucessos do tempo, entre os quais avultavam a rebelião da esquadra e os combates do Sul, a fuzilaria contra

---

[52] Idem, *Memorial de Aires*, v. IX, cit., p. 51.

[53] Idem, *Esaú e Jacó*, v. VIII, cit., p. 290.

50 | Interpretações

a cidade, os discursos inflamados, prisões, músicas e outros rumores"[54]. No já citado conto "Maria Cora", a rebelião que se alastrava ao Sul, em ligação com a revolta da esquadra, contribuiu em muito para separar um casal que já possuía motivos íntimos de separação: João da Fonseca, partidário dos federalistas rebelados, e sua mulher Maria Cora, cujos laços de família a tornavam adversária dos mesmos. João da Fonseca era o tipo do mulherengo incontinente, e este seu temperamento, juntando-se ao dissídio de ordem política, provocou uma enorme complicação, que constitui precisamente o motivo central da narrativa. Dá-se o caso que Fonseca, apaixonado por uma tal Prazeres, é por esta impelido a pegar em armas e a enfileirar-se entre os rebeldes. O outro apaixonado da história, um sujeito de nome Corrêa, que cobiçava a mulher de Fonseca, partiu também para o campo da luta, no Rio Grande, formando nas fileiras governistas, e lá acabou matando o adversário e rival, no recontro da Encruzilhada. Contrariamente ao que ele esperava, a sua façanha, em vez de conquistar o coração de Maria Cora, o afastou definitivamente dela. Ingenuidades do coração masculino; sutilezas do coração feminino. Complicações que nos legaram Marte e Vênus. Parece que irremediavelmente — estão a segredar-me aqui ao pé do ouvido os manes de Machado de Assis.

Abril de 1939.

---

[54] Ibidem, p. 405.

ROMANCISTAS DA CIDADE: MANUEL ANTÔNIO, MACEDO E LIMA BARRETO

Não possuímos nenhum romance propriamente "sobre" o Rio de Janeiro (nem sobre qualquer outra cidade brasileira), que se possa enquadrar na categoria de romance urbano, no sentido rigoroso de "suma romanesca" da cidade, segundo a classificação de Thibaudet. O que possuímos, assim mesmo em número reduzido, são romancistas urbanos ou citadinos, que fazem da cidade o cenário e o meio em que principalmente se desenrola a trama dos seus romances, com personagens, tipos, costumes, modos, paisagens peculiares da cidade. Para citar desde logo o maior de todos, temos Machado de Assis, nascido, crescido e vivido nesta boa cidade do Rio de Janeiro, onde também nasceu, cresceu e viveu toda a sua obra. Toda a sua obra, com efeito, está cheia como nenhuma outra do Rio de Janeiro do seu tempo; mas está cheia também, está mesmo ainda mais cheia de muitas outras coisas. E são estas muitas outras coisas que conferem a Machado de Assis uma posição de romancista singular em nossas letras, de certo modo rebelde aos sistemas e classificações. Ele é sem dúvida alguma um autêntico romancista de costumes urbanos, pois que a maior parte dos seus personagens vive e se move no Rio de Janeiro e é quase sempre no Rio de Janeiro onde se atam e se desatam as ações que eles praticam — não num Rio de Janeiro convencional, que lhes servisse apenas de ponto de referência ou de palco mais ou menos neutro para a exibição dos seus dramas, mas num Rio de Janeiro bem determinado pela atmosfera e pela paisagem social de tal e tal época; todavia, Machado de Assis é muito mais que um romancista de costumes — porque os seus personagens e as ações dos seus personagens acabam impondo-se e transcendendo por sobre toda contingência de tempo e de espaço, isto é, acabam revelando-se como realidades intrínsecas, como realidades subjacentes, cuja força interior rompeu a crosta das realidades aparentes e imediatas. Os seus romances ultrapassam, de tal sorte, as características do romance de costumes, para se colocarem em plano mais complexo, que naturalmente exige outro plano de análise. Alguns romances de José de Alencar são também romances de costumes, em cujas páginas vemos desfilarem certas camadas e certos hábitos da sociedade fluminense do Segundo Reinado. Mas nem são esses os seus melhores romances, nem é essa muito menos a feição dominante que caracteriza a sua obra. A mesma coisa podemos dizer de Aluísio Azevedo. Tanto Machado quanto Alencar e Aluísio escapam, por consequência, aos limites definidos que estas notas visam a atingir.

Dois outros nomes acodem, em seguida, reconhecidos pela generalidade dos críticos e historiadores literários como sendo dos que melhor souberam fixar nos seus romances a fisionomia e os costumes da cidade, em épocas diferentes: Manuel Antônio de Almeida e Lima Barreto. Também ambos nasceram, cresceram e viveram sempre no Rio de Janeiro. Manuel Antônio era mais velho do que Machado cerca de dez anos, e foi seu chefe, protetor e amigo, conforme consta das biografias; e morreu ainda jovem, aos trinta anos, porém já firmada, nos meios literários da Corte, a sua reputação de jornalista e escritor. Lima Barreto nasceu no mesmo ano em que se publicou o *Brás Cubas* em volume, e morreu em plena maturidade, ao contrário de Machado, que falecera já bem velho, quatorze anos antes. Manuel Antônio de Almeida deixou um único livro: as *Memórias de um sargento de milícias*, cuja ação se passa principalmente no tempo de d. João VI, quando o Rio havia pouco fora invadido e ocupado — haverá impropriedade nestes dois particípios? — pela casa real portuguesa, fugida — aqui o particípio é exato — de Lisboa. Lima Barreto deixou publicados quatro romances e duas coletâneas de contos, além de um volume de pura sátira política e outro de crônicas e artigos de jornal, sendo que a ação dos seus romances em conjunto se desenvolve durante as duas décadas que se seguiram à queda do Império, isto é, entre 1890 e 1910.

Devemos ainda incluir Joaquim Manuel de Macedo entre os romancistas da cidade. Nascido perto da Corte, em 1820, aqui se estabeleceu, desde jovem, aqui estudando, aqui se formando e aqui vivendo permanentemente até 1882, data do seu falecimento. Médico, professor, jornalista, político militante, copiosa e variada é a sua obra de romancista, comediógrafo, poeta, folhetinista, historiador, alcançando a sua bibliografia mais de quarenta volumes publicados, além de inumerável colaboração esparsa em jornais e revistas. Alguns dos seus romances, como se sabe, desfrutaram e ainda desfrutam de larga popularidade. Nem todos — por exemplo: O *Rio do quarto* — têm como cenário o Rio de Janeiro; e um deles, *Mulheres de mantilha*, pertence ao gênero histórico, desenvolvendo-se a sua ação no Rio colonial do século XVIII. Outros — é o caso das *Memórias do sobrinho do meu tio* — são mais panfletos políticos, intencionais e combativos, e Macedo não possuía força bastante para poder convertê-los em verdadeiros romances. O que ele deixou de melhor, ou de menos mau, em matéria de romance, é assim mesmo vazado em geral nos moldes do mais delambido romantismo, e a sua leitura nos parece hoje quase sempre demasiado melosa e enjoativa. Todavia, devemos reconhecer em alguns deles, aqui e ali, uma tal ou qual vivacidade na maneira espontânea e correntia de conduzir a narrativa; vivacidade, aliás, mais de folhetinista do que de romancista. Sejam, porém, quais forem as restrições que possamos fazer ao romancista, não podemos negar a sua importância como atilado cronista, dos costumes cariocas — fluminenses, como se dizia então — durante boa parte do Segundo Reinado.

I – Manuel Antônio de Almeida

Sabe-se de que modo surgiram as *Memórias de um sargento de milícias*: em folhetins semanais publicados no *Correio Mercantil*, jornal de que Manuel Antônio de Almeida era redator. Eram folhetins escritos mais para divertimento dos leitores; ao que parece, o próprio autor não lhes dava maior importância. O público e a crítica igualmente pouca atenção lhes dispensa-

54 | Interpretações

ram quando apareceram em livro, pela primeira vez, em dois volumes, datados de 1854 e 1855, respectivamente. Mas o romance de Manuel Antônio teimava em viver e sobreviver. Cinco novas edições, estampadas entre 1862 e 1900, mostram que havia no cerne do *Sargento de milícias* uma força viva, pouco menos que insuspeitada, cuja persistência acabaria por despertar o interesse da crítica e também do público ledor, o que se comprova pelas tiragens subsequentes. Já Sílvio Romero se rendia sob a pressão dos gabos feitos ao romance, embora com alguma reserva, pois ao seu ver não era mister "exagerá-los em demasia". Porém, só mais recentemente os nossos críticos literários de maior autoridade colocaram as *Memórias de um sargento de milícias* no lugar de relevo que lhes compete na história do romance brasileiro[1].

Como romance de costumes fluminenses da época, o *Sargento de milícias* fornece-nos uma série de documentos de primeira ordem, em nada inferiores às famosas aquarelas de Debret. Os tipos, os quadros, as cenas, as manchas, as pequenas anotações, vão marcando as páginas da narrativa, que se desdobra com toda a naturalidade, às vezes não isenta de certa dose de malícia. O desenho é geralmente firme e exato, e o colorido é sempre delicioso. Muito de propósito estou insistindo nas qualidades pictóricas de Manuel Antônio, porque ele me parece acima de tudo um grande visual — e isto é tanto mais de notar quanto sabemos que ele não viveu na época que descreve. Somente a posse de uma aguda capacidade de representação visual pode explicar esse dom de imprimir às descrições literárias tamanha sensação de desenho e de colorido. Manuel Antônio e Debret se completam, e eu não creio possível bem compreender a vida do Rio no começo do século passado sem os ter lido e visto. No ótimo estudo que escreveu para a recente reedição das *Memórias*[2], o sr. Mário

---

[1] Ver o livro de Marques Rebelo, *Vida e obra de Manuel Antônio* de Almeida (edição do Instituto Nacional do Livro, Rio de Janeiro, 1943) — volume precioso pela minúcia e exatidão dos dados bibliográficos (*Nota de 1944*).

[2] Mário de Andrade, "Introdução", em Manuel Antônio de Almeida, *Memórias de um sargento de milícias* (Bibliotecas de literatura brasileira, I, São Paulo, Martins, 1941, p. 5-19). As citações feitas aqui são tiradas desta edição.

de Andrade reconhece e salienta esse poder de visualidade do romancista, quando aponta a descrição de certa cena do romance como coisa digna de um Dürer ou de um Goya. Observa também o sr. Mário de Andrade que Manuel Antônio era "musicalíssimo", e de fato são numerosos no livro as referências e os dados relativos a cantigas, modinhas, fados, danças, instrumentos musicais, etc., mais em voga naquele tempo.

A cidade de então, com a sua "feia e forte casaria" trepada pelos morros e colinas ou esparramada pelos vales, mangues e praias, possuía uma população de 60 a 80 mil habitantes, a metade dos quais constituída pela escravaria de origem africana. Spix e Martius, aqui chegados em 1817, observaram nas ruas "formidável burburinho e grande atividade de negócios, lojas e mais lojas, armazéns e depósitos, turbas de negros e marinheiros e magotes de empregados no comércio. Passavam carroças, carros de boi e outros veículos carregados de mercadorias, tudo a fazer muito barulho, ainda reforçado pelo espoucar de foguetes, frequentemente lançados ao ar de diversos pontos da cidade e pelos tiros de peça disparados das fortalezas e dos navios do porto"[3].

As *Memórias de um sargento de milícias* começam bem no centro desse pandemônio, em pleno coração da cidade, no cruzamento das ruas do Ouvidor e da Quitanda, no "canto dos meirinhos", assim chamado por ser o lugar de "encontro favorito de todos os indivíduos dessa classe". Os meirinhos do tempo do rei eram pessoas de não pequena consideração — "eram gente temível e temida, respeitável e respeitada; formavam um dos extremos da formidável cadeia judiciária que envolvia todo o Rio de Janeiro no tempo em que a demanda era entre nós um elemento de vida: o extremo oposto eram os desembargadores". Eles não se confundiam com ninguém: "nos seus semblantes transluzia um certo ar de majestade forense, seus olhares calculados e sagazes significavam chicana". Trajavam habitualmente "sisuda casaca preta, calção e meias da

---

[3] Citado por Noronha Santos, *Meios de transporte no Rio de Janeiro* (Rio de Janeiro, Prefeitura do Distrito Federal, 1934), v. I, p. 83.

mesma cor, sapato afivelado, ao lado esquerdo aristocrático espadim, e na ilharga direita penduravam um círculo branco, cuja significação ignoramos, e coroavam tudo isto por um grave chapéu armado". Reunidos na famosa esquina, sentados em assentos de couro, os meirinhos ali passavam as horas de folga a conversar "em tudo sobre que era lícito conversar: da vida dos fidalgos, das notícias do Reino e das astúcias policiais do Vidigal". Infalível no posto era o Leonardo Pataca, figura de primeiro plano do romance e que o autor assim nos apresenta, sem mais cerimônias: "uma rotunda e gordíssima personagem de cabelos brancos e carão avermelhado, que era o decano da corporação, o mais antigo dos meirinhos que viviam nesse tempo". Feita a apresentação do tipo, o memorialista nos conta rapidamente a banal história da sua vida pregressa, desde os seus tempos de algibebe em Lisboa. Foi na viagem para o Rio que Leonardo conheceu, a bordo, a Maria da Hortaliça, "quitandeira das praças de Lisboa, saloia rechonchuda e bonitota". Esse encontro marítimo produziu considerável resultado, pois foi em consequência dele que nove meses depois nascia em terra fluminense um "formidável menino de quase três palmos de comprido, gordo e vermelho, cabeludo, esperneador e chorão". O pai batizou-o com o seu mesmo nome de Leonardo — e este menino formidável era nada menos que o futuro herói da movimentada história, que Manuel Antônio de Almeida estava começando a contar em folhetins do *Correio Mercantil*.

O batizado do pequeno foi comemorado com uma função de truz, que Leonardo Pataca e a Maria ofereceram aos seus amigos: "os convidados do dono da casa, que eram todos d'além-mar, cantavam ao desafio, segundo os seus costumes; os convidados da comadre, que eram todos da terra, dançavam o fado". O compadre, que era barbeiro de profissão, compareceu armado de rabeca, que era "o instrumento favorito da gente do ofício". A festa de início tomou uns ares meio aristocráticos, lembrando o anfitrião que se dançassem o minuete, coisa não muito fácil porque poucos dos presentes conheciam o bailado. "Afinal levantaram-se uma gorda e baixa matrona, mulher de um convidado; uma companheira desta, cuja figura era a mais completa antítese da sua; um colega do Leonardo, miudinho, pequenino, e com fumaças de gaiato, e o sacristão da Sé, sujeito alto, magro e com pretensões de elegante. O compadre foi quem tocou o minuete na rabeca...". O menino, nos braços da mãe, esperneava e guinchava, fazendo o padrinho perder o compasso a cada instante... Mas a cerimônia do primeiro momento foi aos poucos desaparecendo "e a brincadeira *aferventou*, como se dizia naquele tempo". Outros parceiros chegaram, "uns rapazes de viola e machete". Não demorou muito e o Leonardo em pessoa estava no meio da sala, de viola em punho, a descantar saudades de Portugal — e daí por diante foi tudo num crescendo de burburinho, gritaria e algazarra... "A festa acabou tarde; a madrinha foi a última que saiu, deitando a bênção ao afilhado e pondo-lhe no cinteiro um raminho de arruda."

Nessa festa de batizado aparecem duas figuras, que vão desempenhar importante papel no decorrer das *Memórias*: o compadre e a comadre que Leonardo escolhera para padrinhos do filho. O compadre era um solteirão já beirando os cinquenta por essa época, e possuía uma loja de barbeiro em frente à casa do meirinho. Possuía também o seu bom pé-de-meia, não propriamente acumulado na modesta loja, nem tampouco obtido por herança, mas "arranjado" quando ainda moço, numa viagem de ida e volta feita a bordo de um navio negreiro, no qual se engajara menos para fazer a barba aos tripulantes do que para aplicar sangrias de lanceta nos negros que adoecessem durante a travessia da África para cá. Neste mister se houve ele com feliz habilidade, o que lhe valeu conquistar, além de sólida reputação profissional, o respeito e a consideração de todos. Como por obra do destino, aconteceu então ter adoecido mortalmente o capitão do navio, poucos dias antes de aqui aportar de regresso. Momentos antes de morrer, o capitão chamou-o para perto de si e confiou-lhe, em segredo, "uma cinta de couro e uma caixa de pau pejadas de um bom par de doblas em ouro e prata, pedindo que fielmente as fosse entregar, apenas chegasse à terra, a uma filha sua, cuja moradia lhe indicou". A incumbência lhe fora dada a sós, sem a presença de terceiros... Muito bem: aí temos explicada,

58 | Interpretações

singelamente, a origem do peculiozinho do compadre. Da comadre pinta-
-nos o memorialista este retrato acabado e perfeito:

> Era a comadre uma mulher baixa, excessivamente gorda, bonachona, ingê-
> nua ou tola até um certo ponto, e finória, até outro; vivia do ofício de parteira,
> que adotara por curiosidade, e benzia de quebranto; todos a conheciam por
> muito beata e pela mais desabrida papa-missas da cidade. Era a folhinha mais
> exata de todas as festas religiosas que aqui se faziam; sabia de cor os dias em
> que se dizia missa em tal ou tal igreja, como a hora e até o nome do padre;
> era pontual à ladainha, ao terço, à novena, ao septenário; não lhe escapava
> Via-Sacra, procissão, nem sermão; trazia o tempo habilmente distribuído e
> as horas combinadas, de maneira que nunca lhe aconteceu chegar à igreja
> e achar já a missa no altar. De madrugada, começava pela missa da Lapa;
> apenas acabava ia à das 8 na Sé, e daí saindo pilhava a das 9 em Santo Antô-
> nio. O seu traje habitual era, como o de todas as mulheres da sua condição
> e esfera, uma saia de lila preta, que se vestia sobre um vestido qualquer, um
> lenço branco muito teso e engomado ao pescoço, outro na cabeça, um rosá-
> rio pendurado no cós da saia, um raminho de arruda atrás da orelha, tudo
> isto coberto por uma clássica mantilha, junto à renda da qual se pregava uma
> pequena figa de ouro ou de osso. Nos dias dúplices, em vez de lenço à cabeça,
> o cabelo era penteado, e seguro por um enorme pente cravejado de crisólitas.

O uso da mantilha, como essa que cobria a cabeça da comadre, não
era apenas um arremedo da moda espanhola. Manuel Antônio nos esclarece que se tratava, no Rio de então, de um uso bastante prosaico e
vulgar, sobretudo nas missas e festas de igreja, onde se aglomeravam
"aqueles vultos negros, que se uniam uns aos outros, que se inclina-
vam cochichando a cada momento". Daí, esta definição comparativa:
"A mantilha para as mulheres estava na razão das rótulas para as casas;
eram o observatório da vida alheia". Não só as mulheres, porém, faziam
da bisbilhotice uma preocupação permanente. Semelhante preocupação
era bem mais generalizada, não levando em conta quaisquer distinções
de sexo. "Espiar a vida alheia, inquirir dos escravos o que se passava no
interior das casas, era naquele tempo coisa tão comum e enraizada nos

costumes, que ainda hoje, depois de passados tantos anos, restam grandes vestígios desse belo hábito."

Nada de estranhável, por conseguinte, que o compadre barbeiro, sentado no fundo da loja, "afiando por disfarce os instrumentos do ofício", houvesse apreciado certos fatos que o induzissem a prever graves acontecimentos na vida de Leonardo Pataca: os passeios de um sargento ali por perto, as visitas extemporâneas de um colega do meirinho e por fim a saída precipitada de outro indivíduo pela janela quando o dono da casa entrou pela porta adentro em hora inesperada. Os graves acontecimentos se verificaram, efetivamente, e não surpreenderam o barbeiro: Leonardo pai pegou a Maria em flagrante, encheu-a de murros, e ela safou-se para não mais voltar; e Leonardo filho, que a essa altura das *Memórias* já estava nos seus sete anos, foi recolhido e amparado pelo padrinho, que aliás gostava muito dele e de si para si havia resolvido encarreirá-lo na vida.

Mas deixemos o diabrete crescer, dando ao padrinho e protetor não poucas dores de cabeça, com as suas travessuras, coisas que aqui não nos interessam, e vamos travar conhecimento com outros tipos importantes e assistir a outras cenas características da época.

Havia em certas ruas da cidade umas cruzes negras pregadas pelas paredes, à frente das quais paravam as procissões saídas à noite do Bom Jesus e de outras igrejas. Os irmãos das respectivas irmandades conduziam lanternas, os padres rezavam e a massa popular acompanhava a reza. Ao passar diante de cada uma daquelas cruzes, "parava o acompanhamento, ajoelhavam-se todos, e oravam durante muito tempo". Além dos devotos e das devotas, participavam da Via-Sacra bandos de rapazes menos reverentes, que seguiam "em charola atrás da procissão, interrompendo a cantoria com ditérios em voz alta" e fazendo toda sorte de tropelias, "ora simplesmente engraçados, ora pouco decentes...". O Oratório de Pedra, situado na esquina das ruas que mais tarde se chamaram da Alfândega e do Regente, se tornou célebre como ponto de parada de tais procissões noturnas. "Quando passava a Via-Sacra" — relata o memorialista —

e que se acendia a lâmpada do oratório, o pai de família que morava ali pelas vizinhanças tomava o capote, chamava toda a gente de casa, filhos, filhas, escravos e crias, e iam fazer oração ajoelhando-se entre o povo diante do oratório. Mas se acontecia que o incauto devoto se esquecia da filha mais velha que se ajoelhava um pouco mais atrás e embebido em suas orações não estava alerta, sucedia-lhe às vezes voltar para casa com a família dizimada: a menina aproveitava-se do ensejo, e sorrateiramente escapava-se em companhia de um devoto que se ajoelhara ali perto, embrulhado no seu capote, e que ainda há dois minutos todos tinham visto entregue fervorosamente às suas súplicas a Deus.

Já se vê que aquilo era o remate de plano previamente concertado pelos dois, "através dos postigos da rótula". Mas não era só. "Outras vezes, quando estavam todos os circunstantes entregues à devoção, e que a ladainha entoada a compasso enchia aquele circuito de contrição, ouvia-se um grito agudo e doloroso que interrompia o hino; corriam todos para o lugar donde partira, e achavam um homem estendido no chão com uma ou duas facadas."

Naturalmente, outras muitas procissões se realizavam à luz do dia, de modo mais festivo, sendo que algumas ostentavam o maior luxo: "as da quaresma eram de uma pompa extraordinária, especialmente quando el--rei se dignava acompanhá-las, obrigando toda a corte a fazer outro tanto: a que primava porém entre todas era a chamada procissão dos ourives". Este primado da procissão dos ourives, segundo opina Manuel Antônio, devia-se principalmente a que ela possuía certo elemento festivo que não tinha nenhuma das outras: "um grande rancho chamado das — Baianas, — que caminhava adiante da procissão, atraindo mais ou tanto como os santos, os andores, os emblemas sagrados, os olhares dos devotos; era formado esse rancho por um grande número de negras vestidas à moda da província da Bahia, donde lhe vinha o nome, e que dançavam nos intervalos dos *Deo-gratias* uma dança lá a seu capricho". Do modo como apareciam vestidas as baianas, dá-nos o romancista esta descrição, que é um puro Debret:

As chamadas Baianas não usavam de vestidos; traziam somente umas poucas de saias presas à cintura, e que chegavam pouco abaixo do meio da perna, todas elas ornadas de magníficas rendas; da cintura para cima apenas traziam uma finíssima camisa, cuja gola e mangas eram também ornadas de renda; ao pescoço punham um cordão de ouro ou um colar de corais, os mais pobres eram de missangas; ornavam a cabeça com uma espécie de turbante a que davam o nome de *trunfas*, formado por um grande lenço branco muito teso e engomado; calçavam umas chinelinhas de salto alto e tão pequenas, que apenas continham os dedos dos pés, ficando de fora todo o calcanhar; e além de tudo isto envolviam-se graciosamente em uma capa de pano preto, deixando de fora os braços ornados de metal simulando pulseiras.

Ainda outro elemento decorativo apresentava a procissão dos ourives, mas este de pura inspiração religiosa, se bem que não menos pitoresco. Era a representação ao vivo do sacrifício de Abraão: "Caminhava adiante um menino com um feixe de lenha aos ombros, representando Isaac: logo atrás dele um latagão vestido com um traje extravagante, com uma enorme espada de pau suspensa sobre a cabeça do menino; era Abraão; um pouco mais atrás um anjo, suspendendo o furibundo gládio por uma fita de 3 a 4 varas de comprimento".

A festa do Espírito Santo figurava também entre as "festas prediletas do povo fluminense". Ela começava nove dias antes do domingo marcado pela folhinha: era o que se chamava a Folia. Vejamos a descrição do romancista:

Durante os 9 dias que precediam ao Espírito Santo, ou mesmo não sabemos se antes disso, saía pelas ruas da cidade um rancho de meninos, todos de 9 a 11 anos, caprichosamente vestidos à pastora: sapatos de cor de rosa, meias brancas, calção da cor do sapato, faixas à cintura, camisa, branca, de longos e caídos colarinhos, chapéus de palha, de abas largas forrados de seda, tudo isto enfeitado com grinaldas de flores, e com uma quantidade prodigiosa de laços de fita, encarnada. Cada um destes meninos levava um instrumento *pastoril* em que tocavam, pandeiro, machete e tamboril. Caminhavam formando um quadrado, no meio do qual ia o chamado imperador do Divino, acompanhados por uma música de barbeiros, e precedidos e cercados por

62 | Interpretações

uma chusma de *irmãos* de opa levando bandeiras encarnadas e outros emblemas, os quais tiravam esmolas enquanto eles cantavam e tocavam.

O imperador, que ia no meio, "era um menino mais pequeno que os outros, vestido de casaca de veludo verde, calção de igual fazenda e cor, meias de seda, sapatos afivelados, chapéu de pasta, e um enorme e rutilante emblema do Espírito Santo ao peito; caminhava pausadamente e com ar grave". A música dos barbeiros tocava seguindo o rancho; quando este parava, cantavam os pastores, com acompanhamento dos respectivos instrumentos. O romancista cita a seguinte cantiga, muito em uso:

> O Divino Espírito Santo
> É um grande folião.
> Amigo de muita carne,
> Muito vinho e muito pão.

Terminavam as festividades do Espírito Santo na Lapa e no Campo de Sant'Ana, com leilão de prendas e fogo de artifício. O Campo de Sant'Ana era então uma vasta esplanada inculta, que se estendia, muito para além dos limites atuais. Nos dias de festa do Divino, aquilo se enchia de povo, as famílias reunidas em "ranchos sentados em esteiras, ceando, conversando, cantando modinhas ao som de guitarra e viola". Acrescenta o romancista que dava gosto passear por entre esses ranchos "e ouvir aqui a anedota que contava um conviva de bom gosto, ali a modinha cantada naquele tom apaixonadamente poético, que faz uma das nossas raras originalidades…".

A cada passo do romance encontramos descrições assim de festas de toda sorte, religiosas e profanas, públicas e particulares. Não faltavam pretextos para brincadeiras e patuscadas. Súcias de rapazes e raparigas se juntavam frequentemente, em demanda dos arredores da cidade, "em romarias consagradas ao prazer, que eram então tão comuns e tão estimadas". Os bailes e bailaricos faziam comichão nas pernas de toda a gente. Ninguém perdia uma noite de luar naqueles tempos, conta-nos Manuel Antônio: "os que não saíam a passeio sentavam-se em esteiras às portas, e ali passavam longas horas em descantes, em ceias, em conversas, muitos dormiam a noite inteira ao relento". É curioso que não haja em todo o livro a menor referência a carnaval ou a entrudo; mas o que ficou dito e descrito, em matéria de divertimentos populares, mostra-nos que o carnavalismo — para empregar uma expressão que me parece definir menos mal todo um estado de ânimo da gente carioca — possui profundas raízes na tradição histórica da cidade.

Alguns personagens — a começar pelo compadre e pela comadre — aparecem nas *Memórias* sem um nome próprio, que os individualize. São personagens típicos, cujo anonimato resulta da circunstância de personalizarem certos costumes e só se valorizarem como tais. É o caso, para citar outro exemplo além daqueles dois, do "mestre de reza". Tratava-se de um sujeito de aparência respeitável, comumente velho e cego, cujo ofício consistia em andar "pelas casas a ensinar a rezar aos filhos, crias e escravos de ambos os sexos". Dava-se logo a conhecer pelo fato de exibir "uma tremenda palmatória", a qual vinha a ser o "compêndio único por onde ensinava a seus discípulos". Eis como ele dava a lição:

> Fazia o mestre em voz alta o pelo-sinal, pausada e vagarosamente, no que o acompanhavam em coro todos os discípulos. Quanto a fazerem os sinais era ele quase sempre logrado, como facilmente se concebe, porém pelo que toca à repetição das palavras, tão prático estava que, por maior que fosse o número dos discípulos, percebia no meio do coro que havia faltado esta ou aquela voz, quando alguém se atrevia a deixar-se ficar calado. Suspendia-se então imediatamente o trabalho, e o culpado era obsequiado com uma remessa de bolos, que de modo nenhum desmentiam a reputação de que goza a pancada de cego. Feito isto, recomeçava o trabalho, voltando-se sempre ao princípio de cada vez que havia um erro ou falta. Acabado o pelo-sinal, que com as diversas interrupções que ordinariamente tinha gastava boa meia hora, repetia o mestre sozinho sempre e em voz alta e compassada a oração que lhe aprazia; repetiam depois o mesmo os discípulos do primeiro ao último, de um modo que nem era falado nem cantado; já se sabe, interrompidos a cada erro pela competente remessa de bolos. Depois de uma oração seguia-se outra, e assim por diante, até terminar a lição pela ladainha cantada.

O mestre de reza que aparece no *Sargento de milícias* gozava ainda da fama de "bom arranjador de casamentos", isto é, de um intrigante de mão-cheia. Tal é, com efeito, a principal tarefa que ele realiza no *Sargento de milícias*.

Curiosa figura anônima, que passa de raspão pelo romance, participando apenas incidentalmente da sua trama, é a do "fidalgo de valimento", tipo de alta estirpe e de poderosa influência no paço. "Morava ele em uma das ruas mais estreitas da cidade, em um sobrado de sacada de rótulas de pau com pequenos postigos que se abriam às furtadelas, sem que ninguém de fora pudesse ver quem a ele chegava." O aspecto exterior da casa era triste, maltratado, com "a poeira amontoada nos cordões da rótula e as paredes encardidas pelo tempo"; quanto ao seu interior, acrescenta o romancista, "andava pelo mesmo conseguinte". A descrição da sala de visitas, "mais ou menos semelhante em todas as casas ricas de então", é do maior interesse: "A sala era pequena e baixa; a mobília que a guarnecia era toda de jacarandá e feita no gosto antigo; todas as peças eram enormes e pesadas; as cadeiras e o canapé, de pés arcados e espaldares altíssimos, tinham os assentos de couro que era a moda da transição entre o estofo e a palhinha". — "As paredes eram ornadas por uma dúzia de quadros, ou antes de caixas de vidro que deixavam ver em seu interior paisagens e flores feitas de conchinhas de todas as cores, que não eram totalmente feios, porém que não tinham decerto o subido valor que se lhes dava naquele tempo. À direita da sala havia sobre uma mesa um enorme oratório no mesmo gosto da mobília". Em um canto, finalmente, via-se "uma palma benta, destas que se distribuem no domingo de Ramos...". O dono da casa, "homem já velho e de cara um pouco ingrata", recebia os amigos, na intimidade, "de tamancos, sem meias, em mangas de camisa, com um capote de lã de xadrez sobre os ombros, caixa de rapé e lenço encarnado na mão".

Falta-nos conhecer alguns personagens de nome certo e ação importante na história. Eis aqui o retrato de uma senhora de largos haveres:

D. Maria era uma mulher velha, muito gorda; devia ter sido muito formosa no seu tempo, porém dessa formosura só lhe restavam o rosado das faces e alvura dos dentes; trajava nesse dia o seu vestido branco de cintura muito curta e mangas de presuntos, o seu lenço também branco e muito engomado ao pescoço; estava penteada de *bugres*, que eram dois grossos cachos caídos sobre as fontes; o amarrado do cabelo era feito na coroa da cabeça, de maneira que simulava um penacho.

Afirma-nos Manuel Antônio que ela era uma senhora de boas virtudes, mas atacada de "um dos piores vícios daquele tempo e daqueles costumes: era a mania das demandas". Mulher rica e voluntariosa, d. Maria

> alimentava este vício largamente; as suas demandas eram o alimento da sua vida; acordada pensava nelas, dormindo sonhava com elas; raras vezes conversava em outra coisa, e apenas achava uma tangente caía logo no assunto predileto; pelo longo hábito que tinha da matéria, entendia do riscado a palmo, e não havia procurador que a enganasse; sabia todos aqueles termos jurídicos e toda a marcha do processo de modo tal, que ninguém lhe levava nisso a palma.

A tal ponto chegava o seu furor demandista, que até uma sobrinha órfã ela conseguiu fazer vir para a sua companhia por meio de uma demanda em juízo. Era a Luisinha, de idade mais de moça que de menina, "alta, magra, pálida: andava com o queixo enterrado no peito, trazia as pálpebras sempre baixas, e olhava a furto; tinha os braços finos e compridos; o cabelo, cortado, dava-lhe apenas até o pescoço, e como andava mal penteada e trazia a cabeça sempre baixa, uma grande porção lhe caía sobre a testa e olhos, como uma viseira". No dia em que nos foi apresentada, Luisinha trajava "um vestido de chita roxa muito comprido, quase sem roda, e de cintura muito curta; tinha ao pescoço um lenço encarnado de Alcobaça". Ainda em casa da senhora d. Maria travamos conhecimento com o senhor José Manuel:

> Figure o leitor um homenzinho nascido em dias de maio, de pouco mais ou menos trinta e cinco anos de idade, magro, narigudo, de olhar vivo e penetrante,

66 | Interpretações

vestido de calção e meias pretas, sapatos de fivela, capote e chapéu armado, e terá ideia do físico do Sr. José Manuel, o recém-chegado. Quanto ao moral, se os sinais físicos não falham, quem olhasse para a cara do Sr. José Manuel assinalava-lhe logo um lugar distinto na família dos velhacos de quilate.

O sr. José Manuel era a própria encarnação da maledicência: "era uma crônica viva, porém crônica, escandalosa, não só de todos os seus conhecidos e amigos, e das famílias destes, mas ainda dos conhecidos e amigos dos seus amigos e conhecidos e de suas famílias".

Alguns capítulos depois o romancista nos apresenta a Vidinha, rapariga de fogo no sangue e voz dengosa na garganta: "Vidinha era uma mulatinha de dezoito a vinte anos, de altura regular, ombros largos, peitos alteados, cintura fina e pés pequeninos; tinha os olhos muito pretos e muito vivos, os lábios grossos e úmidos, os dentes alvíssimos, a fala era um pouco descansada, doce e afinada". Quando conversava com a gente, cada frase que ela proferia "era interrompida com uma risada prolongada e sonora, e com um certo caído de cabeça para trás, talvez gracioso se não tivesse muito de afetado". Acrescente-se a isso uma natural perícia em tomar da viola e cantar as modinhas mais cheias de suspiros e saudades daquele tempo — e aí teremos a rapariga em carne e osso.

Quanto ao major Vidigal — temível personagem que topamos repetidas vezes, através de todo o livro — não me interessa grande coisa aqui, visto tratar-se de personagem histórico, mas secundário como tipo propriamente dito. Nem falta quem afirme ter sido a sua figura deformada e caricaturada pelo romancista. No entanto, se o major Vidigal perde o interesse como "tipo" de romance, a mesma coisa não se pode dizer dos atos que lhe são atribuídos pelo memorialista, porque neste caso trata-se de uma descrição de costumes próprios do tempo, e não de um relato histórico. Ora acontece, precisamente, que em diversos desses atos policiais vemos envolvidos os dois Leonardos, pai e filho, cujas aventuras constituem o motivo central das *Memórias*.

O amorudo Leonardo Pataca não se emendava; depois de lhe ter fugido a Maria da Hortaliça, embeiçou-se por uma cigana dos diabos, a qual, em matéria de fidelidade, mostrava-se ainda mais frágil que a saloia, não tardando muito em abandonar-lhe a casa. Querendo a todo custo recuperar o objeto dos seus novos amores, o meirinho entregou-se de corpo e alma aos sortilégios e manigâncias de milagroso caboclo que havia "lá para as bandas do mangue da Cidade Nova". Pois aí o pegou a polícia do Vidigal, certa noite, em plena prática dos grotescos sacrifícios organizados pelo feiticeiro. Resultado: foi parar na "casa da guarda", como um desordeiro qualquer. "A casa da guarda era no largo da Sé; era uma espécie de depósito onde se guardavam os presos que se faziam de noite, para se lhes dar depois conveniente destino. Já se sabe que os amigos de novidades iam por ali de manhã e sabiam com facilidade tudo que se tinha passado na noite antecedente." Para maior vergonha do infeliz, um seu colega de ofício passou naquela manhã pela casa da guarda, o que quer dizer "que daí a pouco toda a ilustre corporação dos meirinhos da cidade sabia do ocorrido com o Leonardo, e já se preparava para dar-lhe solene pateada quando o negócio mudou de aspecto e o Leonardo foi mandado para a cadeia". Desta só se livrou ele graças aos empenhos enérgicos da comadre, que assim demonstrava tê-lo em grande estima.

Grande estima, certamente, mas não de todo isenta de algum interesse: "a comadre tinha uma sobrinha que vivia em sua companhia, e que lhe pesava sofrivelmente sobre as costas", e por isso desde há muito afagava a ideia, que acabou mesmo realizando, de um "toma lá dá cá debaixo do arco cruzeiro", isto é, um casório com todos os efes e erres. Casou-se pois o maduro Leonardo com a verde Chiquinha, e não é difícil calcular que a raça dos Leonardos estaria em tempo oportuno devidamente acrescida. Chegado esse dia, conforme se esperava, viu-se o nosso meirinho "atrapalhado e tonto" como um novato, às voltas com o "mundo infinito de arranjos que naquele tempo se punha em giro em semelhantes ocasiões": nove badaladas no sino grande da Sé ("Esta prática só costumava ter lugar quando a parturiente se achava em perigo, porém ele quis prevenir tudo a tempo e a hora"); um ramo de palha benta; bentinhos de N. S. do Monte do Carmo; um oratório improvisado na sala, com uma imagem de N. S. da Conceição e um copo com arruda. Chiquinha, estreante no assunto, amarrou à cabeça "um lenço branco, meteu-se embaixo dos lençóis, e começou a rezar ao santo da sua devoção". A comadre, sentada ao pé da cama, observava tudo com olho experiente. Convencido enfim de que só lhe restava "esperar a natureza", como dizia a comadre, Leonardo Pataca pôs-se em menores, quer dizer, "despiu os calções e o colete, ficou em ceroulas e chinelas, amarrou à cabeça, segundo um antigo costume, um lenço encarnado, e pôs-se a passear na sala de um lado para outro, com uma cara de fazer dó…". Mas a coisa — era a primeira vez — custou um pouco. Chiquinha gemia. A comadre lançava mão de todos os meios indicados pelo seu longo traquejo no ofício. Em dado momento, tirou do bolso da saia "uma fita azul comprida e passou-a em roda da cintura da Chiquinha; era uma medida de N. S. do Parto", e gritou para fora do quarto pedindo uma garrafa. A parturiente, por sua ordem, pôs-se a soprar para dentro da garrafa. A comadre exortava-a: "Soprai, menina… soprai com Nossa Senhora, soprai com São João Batista, soprai com os Apóstolos Pedro e Paulo, soprai com os Anjos e Serafins da Corte Celeste, com todos os Santos do paraíso, soprai com o Padre, com o Filho e com o Espírito Santo". A garrafa, e os santos não falharam: instantes depois o Leonardo Pataca se embevecia na contemplação da recém-nascida, pois era menina, devidamente "enfraldada, encueirada, encinteirada, entoucada e com um molho de figas e meias-luas, signos de Salomão e outros preservativos de maus-olhados presos ao cinteiro…".

Leonardo filho, esse continuou a praticar diabruras pelos anos fora, e já crescido tornou-se um vadio completo, que não atendia a ninguém, nem ao pai, nem à madrinha, nem ao padrinho, o qual perdera já a esperança de encarreirá-lo. Mas a folhas tantas deu-lhe o mal de amor e apaixonou-se ele nada menos que pela sobrinha de d. Maria, a Luisinha, que por sua vez se tornara uma bonita moça. Contudo, um rival perigoso, o velhaco José Manuel, coadjuvado pelas intrigas do mestre de reza, conseguiu roubar-lhe a namorada, casando-se com ela. Pouco antes desta calamidade, morrera-lhe o padrinho, que lhe deixou por testamento tudo quanto possuía. Leonardo filho foi morar com Leonardo pai, mas não demorou estava desavindo com a madrasta e, ameaçado de uma boa surra paterna, fugiu de casa. Foi quando conheceu a Vidinha, com quem andou de namorico. Novas diabruras, repetidas cabeçadas. Preso um dia pelo major Vidigal, escapuliu, com terrível desapontamento deste último, sendo porém agarrado segunda vez. Feito granadeiro parece que por artes do demo, nem assim cessaram as suas proezas, com farda e tudo, o que por fim lhe valeu uma prisão braba, no quartel, por indisciplina e desordem. Para tirá-lo daí foi necessário à comadre apelar para o bom coração de d. Maria e a esta empenhar-se a fundo com uma certa Maria-Regalada, rabo de saia de influência, infalível junto do major.

Nesse mesmo dia sucedeu um acontecimento tão grave quanto inesperado, o qual veio a determinar o fim mesmo do romance: José Manuel fora acometido de um violento ataque apoplético expirando algumas horas mais tarde. Era tão ruim sujeito este José Manuel, que nem depois de morto lhe descobriram qualidade que prestasse. Enquanto não casara com a Luisinha, era um derretimento sem termo, todo ele se desmanchando em amabilidades e cortesias. Mal passara a lua de mel, estava tudo acabado, e lá um dia o homenzinho armou furiosa briga com a velha senhora. Já se sabe, "dote vem, dote vai, herança daqui, herança dali", foi a briga bater em juízo, convertida em ação proposta por d. Maria. Sobre a sorte de Luisinha desde então, eis o que nos informa o memorialista, num transunto bem característico da época:

Tinha-se José Manuel tornado para Luisinha um verdadeiro marido-dragão, desses que só aquele tempo os conta tão perfeitos, que eram um suplício constante para as mulheres. Depois que se havia mudado da casa de D. Maria, nunca mais Luisinha vira o ar da rua senão às furtadelas, pelas frestas da rótula: então chorava ela aquela liberdade de que gozava outrora; aqueles passeios e aquelas palestras à porta em noite de luar; aqueles domingos de missa na Sé, ao lado de sua tia com o seu rancho de crioulinhas atrás; as visitas que recebiam, e o Leonardo de quem tinha saudades, e tudo aquilo enfim a que não dava nesse tempo muito apreço, mas que agora lhe parecia tão belo e tão agradável. Tendo-se casado com José Manuel, para seguir a vontade de D. Maria, votava a seu marido uma enorme indiferença que é talvez o pior de todos os ódios.

Afinal, tendo acontecido o imprevisto, ali estava a Luisinha viúva, de olhos vermelhos de chorar. É verdade, ela chorou a morte de José Manuel — "mas como choraria por qualquer vivente, porque tinha o coração terno".

Um enterro naqueles tempos, do mesmo modo que a morte sempre igual a si mesma, não diferia muito dos enterros de hoje em dia. O romancista conta, em rápida anotação, como se deu o saimento do corpo de José Manuel: "O enterro saiu acompanhado pela gente da amizade: os escravos da casa fizeram uma algazarra tremenda. A vizinhança pôs-se toda à janela, e tudo foi analisado, desde as argolas e galões do caixão, até o número e qualidade dos convidados; e sobre cada um desses pontos apareceram três ou quatro opiniões diversas".

O resto do romance — resto e romântico ponto final — é fácil de prever. Leonardo filho, colocado sob a proteção de Maria-Regalada, não só recuperou a liberdade, como ainda se viu promovido a sargento da companhia de granadeiros. Poucos meses depois, a mesma influente dama, por pedido de d. Maria e da comadre, arranjou a sua baixa da tropa de linha e a sua nomeação de sargento de milícias. Finalmente, "passado o tempo indispensável do luto, o Leonardo, em uniforme de sargento de Milícias, recebeu-se na Sé com Luisinha, assistindo à cerimônia a família em peso".

II – Joaquim Manuel de Macedo

Reli agora *A moreninha* de Joaquim Manuel de Macedo. Não me lembra senão muito vagamente a impressão que me deixou a sua primeira leitura, isto há mais de trinta anos; desta vez, porém, a coisa foi bem difícil. Tentei reler também *O moço loiro*, duas vezes e meia mais longo que *A moreninha*: não pude ir além da metade do primeiro volume. Tudo aquilo é oleogravura de qualidade bastante ruim; e então os diálogos, e principalmente os diálogos de amor, emitidos em falsete, soam falso demais. Certamente, não podemos esquecer que se trata das primeiras tentativas não só do autor, como também do próprio romance brasileiro, e que tanto *A moreninha* quanto *O moço loiro* representam já um pequeno progresso em relação a tentativas anteriores — e até posteriores — de outros romancistas da fase romântica. Mas não podemos tampouco esquecer que Joaquim Manuel de Macedo pouco progrediu em relação a si mesmo. Os seus últimos romances e novelas foram escritos e editados cinco lustros depois de publicada *A moreninha* — e os seus méritos de romancista não ficaram muito acrescidos com eles. Por exemplo, duas dessas novelas — *Os quatro pontos cardeais* e *A misteriosa* —, que eu não conhecia e li agora, começam menos mal, com certa desenvoltura e com o falsete dos diálogos apreciavelmente reduzido; mas do meio para o fim a coisa desanda que não tem mais medida: situações forçadas, arranjos de carpintaria, mistificações, etc. etc. Ora, estas duas novelas foram escritas depois de 1870, muito depois das *Memórias de um sargento de milícias* e de alguns dos principais romances de Alencar, e quando Machado de Assis já aparecia e se firmava como grande prosador, quer no folhetim, quer no conto. A propósito, recordo a opinião de Sílvio Romero, ao meu ver errônea, segundo a qual não seria difícil encontrar algum reflexo do Macedo d'*A moreninha* e d'*O moço loiro* no Machado d'*A ressurreição* e d'*A mão e a luva*. Pelo contrário, creio eu, é no Macedo dos últimos anos que poderemos vislumbrar um ou outro reflexo do jeito e da intenção de Machado. Tal é, pelo menos, a impressão imediata que me ficou de certas passagens da novela *Os quatro pontos cardeais*, conforme se pode ver na seguinte caracterização de Estanislau, o Alma-fechada: "Os mais severos dizem dele: — É egoísta, mas homem de bem". Ao que o romancista acrescentou: "Esta apreciação tem o defeito de parecer um pouco contraditória; nós, porém, vivemos no mundo das contradições"[4].

---

[4] *Os quatro pontos cardeais* e *A misteriosa* (1 vol., Rio de Janeiro, Oficinas Gráficas do Jornal do Brasil, 1927); *A moreninha* (Rio de Janeiro, Oficinas Gráficas do Jornal do Brasil, 1929); *O moço loiro* (2 vols., Rio de Janeiro, Oficinas Gráficas do Jornal do Brasil, 1931).

O sr. Pedro Dantas, no seu excelente ensaio sobre o romance brasileiro[5], chamou Joaquim Manuel de Macedo de "romancista de donzelas e para donzelas"; acho a definição muito boa, sobretudo se dermos à palavra donzelas um duplo significado, meio pejorativo, de donzelas de corpo e de espírito. O que não padece dúvida, porém, é que Macedo, com todos os seus defeitos, ainda é um "intérprete autorizado dos nossos sentimentos, cronista meticuloso e fidedigno da nossa vida social nos meados do século passado", para utilizar-me da justa qualificação formulada por aquele crítico. E é nesta qualidade, como disse de início, que o devemos incluir entre os romancistas da cidade.

A moreninha, estreia em livro de Macedo, saiu dos prelos em 1844, e *O moço loiro* no ano seguinte, 1845. Ambos foram publicados, portanto, dez anos antes das *Memórias de um sargento de milícias*. Mas ao passo que a ação do romance de Manuel Antônio decorre toda ela durante as duas primeiras décadas do século, no caso dos dois romances de Macedo a ação é "atual", isto é, decorre no próprio tempo em que eles se publicaram. De modo idêntico, a ação d'*Os quatro pontos cardeais* e d'*A misteriosa* se passa na mesma época da sua publicação, em 1871. O material que vamos examinar se refere, por conseguinte, ao período compreendido mais ou menos entre 1840 e 1870. Esta discriminação de datas tem importância, evidentemente, porque nos permite acompanhar as transformações operadas em certos hábitos e aspectos da cidade, e bem assim a repercussão de certos acontecimentos sobre a sociedade fluminense de então. Naturalmente, o Rio de Janeiro de 1870 já não é o mesmo de 1840, como este já não é também o Rio de antes da Independência, aquele pandemônio de acampamento assinalado por Spix e Martius. A capital do Império é um centro político, econômico e intelectual em pleno desenvolvimento, e a sua fisionomia social vai se transformando paralelamente.

A rica d. Maria do *Sargento de milícias* andava de "cadeirinha"; já os personagens d'*O moço loiro* andam de "ônibus", democraticamente; e

---

[5] "O romance brasileiro", *Revista Acadêmica*, n. 48, 49, 50 e 51, fev.-set. 1940.

logo no início d'*A misteriosa* vemos a Sílfide saltar de um "bonde" na rua Gonçalves Dias, ainda mais democraticamente. No tempo d'*A moreninha*, os sinos davam ainda o sinal de recolher às dez horas da noite, coisa incompreensível no tempo d'*A misteriosa*, com a cidade iluminada a gás. Comparem-se as modas femininas; Macedo é sempre muito minucioso neste particular. Uma das moças que aparecem n'*A moreninha* quase nem podia sentar-se, tão atrapalhada se achava com a "coleção de saias, saiotes, vestidos de baixo, e enorme variedade de enchimentos", que lhe cobriam o corpo. A jovem Honorina, d'*O moço loiro*, comparece a um baile, e os seus requintes de elegância deslumbram o romancista, que a observa dos pés à cabeça:

> dois largos bandós de lindos cabelos negros desciam até dois dedos abaixo das orelhas e para trás se voltavam, indo suas extremidades perder-se por entre longas tranças de perfeitíssimo trabalho, que se enroscavam terminando em cesta; uma grinalda de flores brancas salteadas de pequeninos botões de rosa se entretecia nesse belo tecido de madeixas; duas rosetas de brilhantes pendiam de suas orelhas; nenhum enfeite, nenhum adorno ousara cair sobre seu colo que, nu, alvejava, arredondado, virginal e puro; um vestido de finíssimo blonde, que deixava transparecer o branco cetim que cobria o corpinho todo talhado em estreitas pregas, que desenhavam elegantes formas, era debruado por uma longa fila de flores semelhantes às dos cabelos, as quais ainda se deixavam de novo ver formando uma cercadura em que acabavam as mangas curtas, justas, e singelas; esse vestido cruelmente comprido para esconder dois pequenos pés calçando sapatinhos de cetim, se terminava por uma simples barra bordada de branco; no braço esquerdo da moça fulgia um bracelete de riquíssimos brilhantes; e enfim suas mãos calçavam luvas de pelica branca, guarnecidas de arminho e com borlas de seda frouxa.

Legítima descrição de crônica mundana... Agora, a desconhecida d'*A misteriosa*, em passeio pela cidade: "A Sílfide trazia à cabeça, pela frente, a quarta parte de um chapelinho azul-claro do qual vinham quase beijar--lhe a fronte meia dúzia de margaridas, tão pendentes que pareciam estar dizendo 'colhe-nos ou caímos!' — e por detrás, uma enchente de anéis de ouro, uma cauda de fios de ouro encaracolados, que lhe desciam pelas espáduas brancas a fazer lembrar pó de arroz". O vestido da misteriosa dama era muito complicado, afirma o romancista, e acrescenta:

> tenho-a impresso na imaginação a perseguir-me como fantasma sinistro; mas não me é possível explicar de modo claro aquele labirinto ornamentoso, em que me perdi, sei que havia vestido de cachemira duplo, e cada qual de sua cor, e túnica ainda de outra cor, primeira saia com folhos e franzidos de canudos, segunda saia de apanhados com cordões e borlas, e além disso, vieses aqui, franjas ali, cabeças de passamanes acolá, o azul, o encarnado, o preto, a misturarem-se... e um maldito corpinho afogado e as mangas compridas a me esconderem o que eu desejava ver...

Remate do vestido: "cinto de fita grossa com fivela grande, de aço". E é precisamente sobre a moda feminina reinante em 1871 que o novelista borda umas considerações moralizantes, em que aponta a "escola filosófica do sensualismo" como responsável pelos vestidos de saia arregaçada, mostrando o pé, e prevê coisas muito piores, pois a exibição dos pés até o tornozelo é ainda uma incompleta vitória da filosofia sensualista, "que firmará o seu triunfo absoluto, quando as senhoras, obedecendo ao império de nova moda, se mostrarem com o rosto sem véu, e as pernas à mostra ao menos até a altura dos joelhos". Vemos hoje que a negra previsão do romancista se realizou de maneira cabal, com o mais absoluto triunfo daquela escola filosófica.

Os primeiros personagens d'*O moço loiro* que o autor nos apresenta, rapazes da melhor sociedade fluminense, acham-se no restaurante de famoso hotel da rua Direita, e participam da exaltada discussão que ali se travava — ali e em toda a cidade — entre delmastristas e candianistas, isto é, entre os partidários da Delmastro e os da Candiani, duas cantarinas do teatro lírico italiano, cujos espetáculos pode-se dizer que empolgavam e apaixonavam a opinião pública. Conforme já tem sido observado, a predileção do público fluminense pelo teatro se tornou uma das características da vida social de todo o Segundo Reinado. Temos prova disso nas frequentes referências ao teatro e a gente de teatro — desde os grandes nomes da ópera e do drama até às alegres francesas do Alcazar — que encontramos nas obras de ficção dos melhores escritores desse período, quase todos, de resto, igualmente homens de teatro, como é justamente o caso de Macedo, dramaturgo e comediógrafo dos mais aplaudidos. Na releitura e leitura que fiz agora dos dois romances e das duas novelas, que estamos aqui percorrendo, marquei mais de uma passagem dessa natureza. O primeiro capítulo d'*O moço loiro* se intitula mesmo "Teatro italiano" e, tendo começado por aquela discussão no hotel da rua Direita, transcorre quase que até ao fim dentro do teatro onde se representava a *Ana Bolena* de Donizetti. Nas páginas iniciais d'*A moreninha*, os estudantes reunidos numa "república" falam em assistir ao "primeiro drama novo que representar o nosso João Caetano". Estávamos na época do teatro supersério, quando só a tragédia ousava fazer concorrência à ópera. Já no tempo d'*Os quatro pontos cardeais* e d'*A misteriosa*, a nota dominante, pelo menos entre certa camada de frequentadores de teatro, era fornecida pelo Alcazar, que deixou fama bastante escandalosa nos anais da cidade.

Fora do teatro, a sociedade só podia normalmente se divertir dentro de casa, nos saraus e partidas familiares, então muito mais numerosos e frequentes do que hoje, ao que suponho, e com certeza muito diferentes, sob vários aspectos, dos de hoje. Dançava-se a quadrilha, a valsa de corrupio, a polca de sapateado. No intervalo das danças, a gente mais jovem se entregava aos jogos de prendas; ao passo que a gente de mais idade, ou mais viciada, não só nos intervalos, mas durante todo o baile, jogava o gamão, o voltarete, o *écarté* — quase sempre a dinheiro. Costume outrora generalizado e penso que inteiramente perdido, desde muito, era o do chá servido à noite, antes de dormir. Jantava-se então muito cedo, de sorte que por volta das dez horas da noite servia-se o chá na sala de jantar, ou a todos os convidados, quando se tratava do final de um sarau, ou, diariamente, a toda a família e a alguns convidados mais íntimos, parentes e amigos. Sobre o chá servido ao terminar um sarau de casa rica, assim se exprime o romancista, n'*O moço loiro*: "O chá começou a servir-se às dez horas e meia da noite; a hora do chá é, nos saraus, a hora das satisfações, dos longos cumprimentos, e de certos prazeres que lhe são muito peculiares". Muitas vezes, fosse nos saraus, fosse em família, a modinha e o recitativo vinham completar tais prazeres. Ainda n'*O moço loiro* se diz que numa dessas reuniões familiares — "depois do chá, d. Inácia cantou uma modinha, d. Rita — um romance, e Brás-mimoso — um lundu". O lundu e a modinha andavam no próprio ar que as moças casadouras e sentimentais respiravam. O lundu está esquecido e é hoje apenas objeto de pesquisas por parte de eruditos e especialistas; e a modinha, na sua feição própria, e tradicional, vai pelo mesmo caminho, reformada ou deformada na sua expressão mais íntima. Coisa, afinal de contas, muito natural; estamos na era prodigiosa da eletricidade, e ninguém pode pretender conservar imutavelmente o sentido e o sentimento de ritmos antigos sob a forma industrial do disco e do rádio. E ainda bem — atrevo-me eu a acrescentar.

O que não encontrei, neste Macedo que andei agora relendo ou lendo, foi a menor descrição de festas ou cerimônias religiosas, nem de festas populares de outra natureza. O senso do folclórico, ao contrário do que sucedia com Manuel Antônio de Almeida, não era certamente o seu forte, pois a não ser as referências e até a transcrição literal de modinhas e lundus, nada mais nos mostra o romancista neste sentido.

A pitada de rapé — eis um hábito bem antigo, também hoje completamente desaparecido. Não era vício só de homens idosos, mas também dos moços, e a sua aplicação podia mesmo ser feita com elegância de gestos e até com malícia de intenção. O estudante Fabrício, d'*A moreninha*, conta-nos para que servia, o rapé, em certas circunstâncias — por exemplo, para chamar a atenção de alguma esquiva beldade: — "tossi, tomei tabaco, assoei-me, espirrei, e a pequena... nem caso". O espirro provocado por uma pitada de rapé estava sujeito a interpretações imprevisíveis. Uma das amigas d'*A moreninha* conversava numa roda de moças acerca dos ciúmes do seu namorado, dizendo que este último lhe proibia uma porção de coisas, inclusive que saudasse com um "Dominus tecum!" a qualquer moço que espirrasse perto dela. Mas o rapé, ao que parece, não era encarado simplesmente como um vício mais ou menos elegante, pois havia quem lhe atribuísse virtudes terapêuticas de tônico cerebral. Tal era a convicção do estudante Augusto, namorado d'*A moreninha*, o qual, em momento de certa perturbação e entorpecimento, "entendeu que, para melhor decidir naquela conjuntura, devia avivar o cérebro com uma boa pitada de rapé".

Outra miudeza, que anotei em mais de uma página — e que além de curiosa me parece bem expressiva da sisudez dos hábitos patriarcais de então: o modo arquicerimonioso por que os personagens, mesmo amigos e íntimos, mesmo os namorados, se tratavam entre si. Os rapazes só se dirigiam às moças com um solene "senhora dona" e as moças aos rapazes com um "vossa senhoria" ainda mais solene. Os filhos só chamavam aos pais de "vossas mercês". N'*A moreninha* dá-nos o romancista o modelo de um bilhetinho de amor, escrito por mão de moça, e que assim começa: "Senhor, uma jovem que vos ama, e que de vós escuta palavras de ternura, tem um segredo a confiar-vos...". Há nisto, evidentemente, muito pieguismo ao gosto da pior maneira romântica; mas há também, creio que não menos evidentemente, uma pequena ressonância de toda aquela sisudez patriarcal...

Os escravos passam pelas quatro obras de Macedo que aqui nos interessam como seres passivos, sem qualquer participação ativa e autônoma nos acontecimentos. Tudo com a maior naturalidade, sem nenhuma intenção oculta do autor; mas, por isso mesmo talvez, com uma significação mais pungente e mais terrível... Macedo possuía a mentalidade da época e para a mentalidade da época o escravo não era propriamente um ser humano, mas um ser intermediário entre o homem e o animal doméstico, para uns mais próximos do homem e para outros mais próximo do animal doméstico. Todavia, a mentalidade de 1870 já tinha avançado alguma coisa em relação à mentalidade de 1840. Fiel cronista dos costumes e dos sentimentos do seu tempo, Macedo havia, por força, de espelhar, nos seus romances escritos em períodos diferentes, as diferenciações que se iam produzindo na mentalidade coletiva acerca da situação dos escravos. N'*A moreninha* e n'*O moço loiro*, obras publicadas entre 1840 e 1850, os escravos aparecem principalmente na qualidade de servidores domésticos, de

78 | Interpretações

moleques escudeiros (o Rafael d'*A moreninha*), de mães pretas (a Lúcia d'*O moço loiro*), de moleques de estimação, como o Tobias — "cria, de D. Joaninha, o alfenim da casa, o São Benedito da família" —, do qual encontramos minuciosa e romântica descrição n'*A moreninha*, em carta de Fabrício para Augusto:

> Pinta na tua imaginação, Augusto, um crioulinho de 19 anos, todo vestido de branco, com uma cara mais negra e mais lustrosa do que um botim envernizado, tendo dois olhos belos, grandes, vivíssimos, e cuja esclerótica era branca como o papel em que te escrevo, com lábios grossos e de nácar, ocultando duas ordens de finos e claros dentes que fariam inveja a uma baiana; dá-lhe a ligeireza, a inquietação e a rapidez de um movimento de macaco, e terás feito a ideia desse diabo de azeviche, que se chama Tobias.

Em 1871, ano em que foi escrita e publicada a novela *Os quatro pontos cardeais*, ao lado das referências a escravos transmissíveis por herança, a escravos alugados, a escravas metidas nos enredos amorosos das amas casadouras, já aparece a concepção do escravo-homem sob a forma de referências à abolição em geral e ao projeto de lei do ventre livre em particular — coisas que horrorizam o espírito rotineiro e mesquinho de Estanislau, o Alma-fechada. Quando este antipático personagem exclama que "o ventre é, como os braços e a alma dos escravos, propriedade do senhor" — semelhante argumento contra aquele projeto de lei, não só está em concordância com a sua psicologia, como serve também para tornar mais nítida a oposição de mentalidades existente entre escravistas e abolicionistas. Oposição de mentalidades que exprimia uma correspondente oposição de interesses e que tendia a se agravar de mais em mais, com a influência que todos sabem sobre a paisagem social do país.

Romancista de donzelas e para donzelas, Macedo põe o casamento no princípio, no meio e no fim de todas as coisas. Tudo, nos seus romances, gira em torno do casamento, visa ao casamento, acaba em casamento. Tudo — inclusive o amor. A novela *Os quatro pontos cardeais* dá-nos uma ideia a bem dizer simbólica da "vontade de casar" que domina as donzelas de Macedo: Deolinda namorando ao mesmo tempo quatro pretendentes, certa de que um deles não escaparia ao seu estratagema do mirante quádruplo. Tamanho era o seu pavor de ficar solteira. Mas os romances de Macedo não faziam senão traduzir um sentimento de ordem geral. As moças da sociedade não podiam sequer pensar noutra coisa: "nesta vida não nos dão licença de pensar senão no casamento", dizia uma delas n'*O moço loiro*. Para elas o casamento não era só um objetivo natural — porque era o objetivo único e exclusivo. Nada havia a fazer fora do casamento. Daí a aceitação passiva, por parte das moças, de qualquer casamento que lhes fosse imposto pelos pais ou pelas circunstâncias. E daí que a ideia do casamento se tornasse uma obsessão e a obsessão se convertesse em luta — em luta nem sempre fácil e muitas vezes desesperada. A fuga de d. Brites com o caça-dotes Lucindo da Luz, personagens da referida novela, esconde, por baixo da aparência a um tempo romântica e grotesca da cena, uma situação na realidade pejada de patético. D. Brites era uma senhora já quarentona bem puxada, feia, surda, e coxa, mas possuidora de alguns haveres. Muito religiosa, vivia satisfeita com a sua condição de tia. Conformada humildemente com a sorte: o celibato, dizia ela, era um modo "de ser agradável ao Senhor". Pois bem: o velhaco do Lucindo, explorando, com diabólica habilidade, o seu fanatismo religioso, em poucos dias conseguiu seduzi-la, e fugir com ela — para casar. O casamento — objetivo já morto e enterrado dentro dela — renasceu de repente com a força prodigiosa que só o sentido profundo da libertação pode dar. E aí temos a explicação de tudo: o casamento era a libertação, a única forma admitida de libertação para sair de um estado social e moral que ameaçava as donzelas com o estigma humilhante do celibato. Aí temos também como e por que podemos encontrar, nos romances de Joaquim Manuel de Macedo, uma interpretação fidedigna dos sentimentos da época no concernente à situação da mulher; e como podemos perceber, no fundo dessa interpretação, o eco sentimental de conceitos e preconceitos estratificados, durante centenas de anos, sob o signo da formação patriarcal da sociedade brasileira.

80 | Interpretações

III – Lima Barreto

Lima Barreto é hoje considerado, com justa razão, o mais importante dos nossos romancistas do começo deste século, isto é, da fase anterior ao movimento modernista. A sua morte, em 1922, coincidiu mesmo com a data em que se realizou a Semana de Arte Moderna. Os seus romances principais — *Vida e morte de M. J. Gonzaga de Sá, Recordações do escrivão Isaías Caminha* e *Triste fim de Policarpo Quaresma* — foram escritos, respectivamente, em 1906, 1908 e 1911, tendo sido o primeiro deles publicado por último[6]. O tempo em que se desenvolve a ação de cada um obedece a uma ordem inversa: o *Gonzaga de Sá* se passa por volta de 1906, quando foi escrito; o *Isaías Caminha*, por volta de 1900; O *Policarpo Quaresma*, por volta de 1893. Só o *Gonzaga de Sá* se desenrola inteiramente no Rio de Janeiro; o *Isaías Caminha* começa no interior, nos arredores de pequena cidade não nomeada; e apenas alguns capítulos do *Policarpo Quares*ma acontecem fora do Rio, quando o major se retira daqui durante alguns meses, metendo-se num sítio em Curuzu, localidade imaginária não distante da capital, mas ele regressa logo para cá e é no Rio que o seu triste fim ocorre, em circunstâncias dramáticas. Na verdade, porém, tanto o vilarejo sem nome de onde vem o futuro escrivão quanto o sítio de Curuzu entram num e noutro romance como elementos acessórios de composição; ambos são tipicamente romances da cidade, do mesmo modo que o *Gonzaga de Sá*, com o Rio de Janeiro presente em cada página.

Presente em cada página, pode-se dizer que sem exceção de nenhuma, porque a cidade aparece nos romances de Lima Barreto não só sob a forma visível da paisagem local e dos costumes urbanos, mas sobretudo pelos elementos imponderáveis que enchem o ar e transbordam pelas entrelinhas da narrativa. Lima Barreto vivia saturado de Rio de Janeiro, como ele

---

[6] *Recordações do escrivão Isaías Caminha* (Lisboa, Livraria Clássica Editora de A. M. Teixeira & Cia., 1909); *Triste fim de Policarpo Quaresma* (Rio de Janeiro, tip. da *Revista dos Tribunais*, 1915); *Vida e morte de M. J. Gonzaga de Sá* (São Paulo, ed. da *Revista do Brasil*, 1919). As citações que se se seguem são tiradas destas primeiras edições.

mesmo confessa pela boca de Gonzaga de Sá: "Saturei-me daquela melancolia tangível, que é o sentimento primordial da minha cidade. Vivo nela e ela vive em mim!". Assim também vive a cidade nos seus romances, tão saturados dela quanto o próprio romancista.

Com ternura de namorado e certa satisfação não dissimulada, Lima Barreto descreve tais e tais aspectos da cidade, mostrando-nos aqui um recanto bonito ou um momento da sua paisagem, fazendo-nos ali uma evocação comovida do seu passado... Gonzaga de Sá e o seu jovem amigo Machado, que mais tarde seria o seu biógrafo, marcam encontro no antigo terraço do Passeio Público para conversar e para "ver certo matiz verde que o céu toma, às vezes, ao entardecer". Gonzaga de Sá "amava o velho jardim". Machado relembra esse encontro: "Quando cheguei ao terraço do Passeio, já os morros de Jurujuba e de Niterói haviam perdido o violeta com que os vinha vendo cobertos pela viagem de bonde afora; sobre a Armação, porém, pairava ainda o jorro de densas nuvens luminosas. [...] Villegagnon boiava na placidez das águas, com seus muros brancos e suas árvores solitárias". — "Notei então o acordo entre o mar e as serras. O negro costão do Pão de Açúcar dissolvia-se nas mansas ondas da enseada; e da mágoa insondável do mar, se fazia a tristeza da Boa Viagem." Isaías Caminha, no seu primeiro mês de Rio de Janeiro, ainda sem emprego e já apreensivo, vagueava uma tarde pela cidade — "uma tarde doce e azul". Ei-lo a recordar: "Fui ao Passeio Público. Entrei e sentei-me num banco afastado, fora do caminho habitual dos visitantes. Estive instantes pensando a olhar o regato na minha frente e as árvores que me cercavam. Os patos e os gansos nadavam satisfeitos e as garças pensativas, perfiladas nas margens, espiavam assombradas vendo tanta alegria. A tarde punha um brilho particular nas coisas, de doçura e satisfação". De outra feita, descia ele o cais da Glória, em companhia do boêmio Abelardo Neiva, poeta revolucionário; mas as tiradas eloquentes do companheiro parece que o interessavam menos que o espetáculo da baía, com "a seda azul do mar levemente enrugada" e a "viração que soprava da barra". Chegados ao Passeio, aí se quedaram por momentos, "olhando a turba resignada que

82 | Interpretações

aproveitava o Domingo". Isaías conclui: "Uma banda de música enchia o jardim com os seus estridentes compassos. Nas proximidades do coreto, Neiva encontrara um conhecido com quem ficara a conversar. Eu não me detive; avancei vagarosamente para o terraço que deita para o mar".

Largo do Paço e os seus arredores — onde inda se conservam veneráveis relíquias da cidade — enterneciam o romancista. Logo ao desembarcar no Rio, vindo do interior, Isaías vai descrevendo o que vê em terra, no mar e no céu: "Atravessei o Largo do Paço. A fachada do velho convento do Carmo apresentava uma grande calma; os anos já lhe tinham dado a suficiente resignação para suportar o sol terrível dos trópicos; o cavalo da estátua, porém, parecia ter um movimento de impaciência para lhe fugir aos ardores implacáveis". — "O ar fizera-se rarefeito e percebia-se a poeira que flutuava na sua massa. As montanhas de Niterói recortavam-se nitidamente sobre o céu azul e fino, que começava a ser manchado, lá no fundo da baía, por cima do casario da Alfândega e do Mercado, por grandes pastas de nuvens brancas." Gonzaga de Sá, amoroso da história carioca, não se limitava a mostrar: explicava também. Diante do chafariz do mestre Valentim, que se ergue naquela praça, dizia ele ao seu amigo Machado: "— Este chafariz é feio, é massudo; mas a esfera armilar que o encima, dá-lhe certa grandeza, certa majestade… Mas já foi bonito…". Perguntou-lhe o outro: "— Quando?" — e o velho respondeu: "— Quando o mar chegava-lhe aos pés. Ele tinha essa moldura, ou melhor: esse 'repoussoir' e possuía certa beleza". Já no fim da sua história, feito repórter no Ministério da Marinha, situado não longe dali, Isaías ficava a admirar o quadro que aparecia ante os seus olhos:

> Pela janela, descortinava-se uma nesga da baía e da cidade. Era a ilha Fiscal com o seu edifício alicerçado nas ondas; era Villegagnon com as suas muralhas sombrias; a Boa Viagem cismática e lá, num fundo do infinito, do ilimitado, as muralhas altas de Santa Cruz. Um grande navio entrava lentamente… Embaixo, havia o *brouhaha* das carroças; juras de cocheiros, estalidos de chicotes e o rolar pesado dos caminhões. A Alfândega ficava perto.

Isaías não gostava da igreja do largo do Machado. Ao passar por ali a primeira vez, confessa o memorialista que "aquela igreja de frontão grego e colunas dóricas" lhe produziu "a sensação de estar em país estrangeiro". Parece, porém, que além dessa razão arquitetônica de antipatia, o que influía no ânimo do escritor era a vizinhança de Botafogo. Lima Barreto não tolerava Botafogo, como não tolerava Petrópolis. A sua ojeriza por aquele bairro, que era então o reduto predileto da gente dita aristocrática da cidade, tornou-se verdadeira mania. A mesma coisa relativamente a Petrópolis, centro de elegância e esnobismo. "— Não gosto de Botafogo. É Buenos Aires, supercivilizado…" — diz o amigo e biógrafo de Gonzaga de Sá, e este último, noutra ocasião, forja um adjetivo especial para se referir, com acento extremamente depreciativo, "ao nosso imbecil e botafogano doutorado". Isaías batia na mesma tecla. Chegado ao Rio fazia pouco, escreve ele, não conhecia bem os bairros da cidade: "Não lhes sabia a importância, o valor, nem as suas vias de comunicação com o centro, donde não me tinha afastado até ali, senão para fazer um passeio de pragmática a Botafogo, de que não gostei". Mais tarde, já na redação d'*O Globo*, o rapaz alude a certa escritora famosa no momento, chamando-a de "velha senhora das salas burguesas de Botafogo e Petrópolis". Era o supremo desdém. Gonzaga de Sá chegava a ser brutal: para ele, os veranistas de Petrópolis não passavam de "estrangeiros, invasores, as mais das vezes sem nenhuma cultura e sempre rapinantes, sejam nacionais ou estrangeiros". E batia, no peito, com orgulho histórico: "Eu sou Sá, sou o Rio de Janeiro, com seus tamoios, seus negros, seus mulatos, seus cafuzos e seus 'galegos' também…".

Em geral, o romancista fugia da bulha perturbadora das ruas centrais; o centro só lhe aprazia aos domingos, com o movimento comercial amortecido, ou pelas madrugadas, quando a cidade despertava. É esta uma nota constante, que se encontra nos três romances. Isaías descreve a rua do Ouvidor pela madrugada:

> Ao chegar à rua do Ouvidor, a rua dos lentos passeios elegantes, havia uma agitação de mercado. Cestos de verduras, de peixes, de carnes, passavam à cabeça de mulheres e homens; os quitandeiros ambulantes corriam por ela

84 | Interpretações

acima; pequenas carroças de hotéis caros davam-se ao luxo de atravessá-la em toda a extensão; e pelas soleiras das portas imensas moles de jornais diários eram subdivididas pelos vendedores de todos os pontos da cidade. [...] Os cafés já estavam abertos e ainda iluminados. Comprei um jornal e entrei num deles. Por essa hora, têm uma freguesia apressada e especial. Notívagos, vagabundos, operários, jogadores, empregados em jornais — gente um tanto heterogênea que vai e se serve rapidamente.

No *Gonzaga de Sá*, o filósofo e o seu amigo passeiam pela avenida, num domingo à noite, e o registro desse passeio é dos mais sugestivos:

O público noturno de Domingo, nas ruas, tem uma certa nota própria. Há os mesmos "flaneurs", artistas, escritores e boêmios; os mesmos *camelots*, mendigos e *rodeuses*, que dão o encanto do pitoresco à via pública. No domingo, porém, como eles, vêm as moças dos arrabaldes distantes, com os seus pálidos semblantes: e os vestidos característicos. Vêm as armênias das adjacências da rua Larga. [...] Além destes, há operários em passeio, com as suas roupas amarfanhadas pela longa estadia nos baús. Há caixeiros com roupas eternamente novas e grandes pés violentamente calçados... Por entre essa gente, fomos indo até a balaustrada que dá para o mar, junto à qual nos encostamos, olhando em todo o comprimento a avenida iluminada e movimentada.

Melhor ainda, a anotação feita no *Policarpo Quaresma* e relativa a uma época anterior à avenida: "É bom ver-se a cidade nos dias de descanso, com as suas lojas fechadas, as suas estreitas ruas desertas, onde os passos ressoam como em claustros silenciosos. A cidade é como um esqueleto, faltam-lhe as carnes, que são a agitação, o movimento de carros, de carroças e gente. Na porta de uma loja ou outra, os filhos do negociante brincam em velocípedes, atiram bolas e ainda mais se sente a diferença da cidade do dia anterior".

Tomando-se a palavra no sentido estritamente literal, sem nenhuma intenção pejorativa, poder-se-ia dizer de Lima Barreto que ele é principalmente um romancista suburbano, um romancista de gosto suburbano, senão de mentalidade suburbana. Todos os Santos, Piedade, Encantado,

Bonsucesso, e estes nomes líricos explicam toda uma psicologia coletiva, o compensam e indenizam largamente de Botafogo e Petrópolis. Toda a sua obra está impregnada de subúrbio, pelo menos do espírito de subúrbio, quando não da topografia de subúrbio. Já vimos que um dos primeiros passeios de Isaías, mal chegado ao Rio, foi o "passeio de pragmática" a Botafogo, não tendo gostado. Os bairros suburbanos é que lhe agradavam, e ele recorda que passeava de bonde e a pé, sem destino certo, "passando de um bairro para outro, procurando travessas despovoadas e sem calçamento…". Gonzaga de Sá mostra-nos a fisionomia do subúrbio carioca nos começos deste século:

> O arruamento do subúrbio é delirante. Uma rua começa larga, ampla, reta; vamos-lhe seguindo o alinhamento, satisfeitos, a imaginar os grandes palácios que a bordarão daqui a anos, de repente estrangula-se, bifurca-se, subdivide-se num feixe de travessas, que se vão perder em outras muitas que se multiplicam e oferecem os mais transtornados aspectos. Há o capinzal, o arremedo de pomar, alguns canteiros de horta; há a casinha acaçapada, saudosa da toca troglodita; há a velha casa senhorial de fazenda com as suas colunas heterodoxas; há as novas edificações burguesas, com ornatos de gesso, cimalha e compoteira, varanda ao lado e gradil de ferro em roda. Tudo isso se baralha, confunde-se, mistura-se, e bem não se colhe logo como a população vai-se irradiando da via férrea. As épocas se misturam; os anos não são marcados pelas coisas mais duradouras e perceptíveis. Depois de um velho *pouso* dos tempos das cangalhas, depois de bamboleantes casas roceiras, andam-se cem, duzentos metros e vamos encontrar um palacete estilo Botafogo. O chalé, porém, é a expressão arquitetônica do subúrbio.

No *Policarpo Quaresma*, o romancista desenvolve e pormenoriza ainda mais a descrição topográfica do mundo suburbano, acrescentando-lhe um quadro geral do elemento humano que o povoa: "Há pelas ruas damas elegantes, com sedas e brocados, evitando a custo que a lama ou o pó lhes empanem o brilho do vestido; há operários de tamancos; há peralvilhos à última moda; há mulheres de chita; e assim pela tarde, quando essa gente volta do trabalho ou do passeio, a mescla se faz numa mesma rua, num quarteirão, e quase sempre o mais bem posto não é que entra na melhor casa". Boa porção dessa gente mora em condições as mais deploráveis: "Casas que mal dariam para uma pequena família, são divididas, subdivididas, e os minúsculos aposentos assim obtidos, alugados à população miserável da cidade". As profissões mais tristes e mais inopinadas, diz ainda o romancista, são exercidas pelos habitantes desses caixotins humanos: "Além dos serventes de repartições, contínuos de escritórios, podemos deparar velhas fabricantes de rendas de bilros, compradores de garrafas vazias, castradores de gatos, cães e galos, mandingueiros, catadores de ervas medicinais, enfim, uma variedade de profissões miseráveis que as nossas pequena e grande burguesias não podem adivinhar". Mas há também, ao lado dessas camadas mais miseráveis, uma "alta sociedade" suburbana — a sociedade em cujos salões dominava a garganta de Ricardo Coração dos Outros. "É uma alta sociedade muito especial" — diz-nos o romancista — "e que só é alta nos subúrbios. Compõe-se em geral de funcionários públicos, de pequenos negociantes, de médicos com alguma clínica, de tenentes de diferentes milícias, nata essa que impa pelas ruas esburacadas daquelas distantes regiões, assim como nas festas e nos bailes, com mais força que a burguesia de Petrópolis e Botafogo." O orgulho dessa aristocracia suburbana — porque ela tem naturalmente o seu orgulho de casta, um orgulho também muito especial — consiste "em ter todo o dia jantar e almoço, muito feijão, muita carne seca, muito ensopado — aí, julga ela, é que está a pedra de toque da nobreza, da alta linha, da distinção". Tamanha era a ojeriza de Lima Barreto por toda espécie de aristocracia — ou, para precisar melhor, pelas diversas espécies de suposta aristocracia, sobretudo pela aristocracia do dinheiro — que nem mesmo essa prosápia de subúrbio ele podia tolerar: "Fora dos subúrbios, na rua do Ouvidor, nos teatros, nas grandes festas centrais, essa gente míngua, apaga-se, desaparece, chegando até as suas mulheres e filhas a perder a beleza com que deslumbram, quase diariamente, os lindos cavalheiros dos intermináveis bailes diários daquelas redondezas".

Outra casta que o romancista não poupou foi a dos funcionários públicos — a casta burocrática, naquilo que ela apresenta de mais característico e mais acentuado pela deformação profissional. Burocrata ele mesmo, conhecendo bem o seu meio, os seus vícios e as suas fraquezas, é na burocracia que ele vai buscar a maior parte dos seus personagens, notadamente no *Gonzaga de Sá* e no *Policarpo Quaresma*. Isaías Caminha acabou também meio burocrata, na sua qualidade de escrivão. *Policarpo Quaresma* é o tipo do funcionário duzentos por cento meticuloso, escrupuloso, consciencioso — amesquinhado e curtido pelo zelo funcional erigido em sistema absoluto. Gonzaga de Sá era um filósofo — "cético, regalista, voltairiano" — perdido na burocracia pela necessidade ou pela fatalidade; mas, afinal de contas, burocrata, muito embora sem vocação nem gosto pelo ofício. O poder de sátira e o azedume do romancista concentraram-se, porém, no tipo caricatural do dr. Xisto Beldroegas, colega de Gonzaga na Secretaria de Cultos. Desta caricatura grotesca do burocrata pode-se dizer que derivam todos os outros burocratas dos romances de Lima Barreto. Uns mais, outros menos, todos os funcionários que aparecem nos seus livros possuem qualquer coisa do dr. Xisto Beldroegas — inclusive Gonzaga de Sá. E são tipos de tal sorte burocratizados, que mesmo fora da repartição, mesmo quando libertos das obrigações funcionais, continuam burocratas — na rua ou dentro de casa, em público ou em particular. O dr. Genelício, por exemplo, organizara burocraticamente o seu serviço pessoal de missas, cartões de pêsames, cumprimentos de aniversário, etc.: "Temendo que a memória não lhe ajudasse, possuía um caderninho onde as datas aniversárias estavam assentadas e as residências também. O índice era organizado com muito cuidado. Não havia sogra, prima, tia, cunhada, de homem importante, que, em dia de aniversário, não recebesse os seus parabéns, e, por morte, não o levasse à igreja em missa de sétimo dia".

Dos três romances de Lima Barreto, o *Isaías Caminha* é o menos burocrático — quero dizer, é aquele em que menos aparecem burocratas: a sua ação central se passa dentro e em torno de uma redação de jornal e os

88 | Interpretações

seus personagens de primeiro plano são jornalistas e boêmios dos meios intelectuais. Sendo um romance *à clef*, com as debilidades inevitáveis em tal gênero, as demasias do caricatural ou a simples cópia prejudicam bastante o que há nele de nuclear; de modo que são precisamente os elementos laterais e acessórios o melhor do romance. Não há dúvida que o poder de criação do romancista muitas vezes sobrepuja tudo, dando-nos de certos aspectos da vida de imprensa no Rio de então uma transposição romanesca de boa qualidade. Mas os seus personagens mais importantes, ou que pretendem ser mais importantes, são uns pobres mascarados que toda a gente conhece. Não são tipos no sentido de representação ou de suma do genérico, nem são figuras que apresentem qualquer coisa de peculiar e diferenciado. De tal sorte, a tensão da narrativa se relaxa no intencional, perdendo em densidade sem nada ganhar em força satírica. Observação idêntica se pode fazer a respeito dos dois outros romances; mas é no *Isaías Caminha* (não falo do *Numa e a Ninfa*, que não conheço) onde, ao meu ver, tais debilidades se tornam mais acentuadas. Pouco me interessam aqui, por conseguinte, o que se passa na redação d'*O Globo* e o que fazem os grandes e pequenos indivíduos que lá dentro se movem, se agitam, se massacram, se entredevoram.

Poderíamos dizer, sem malabarismo de palavras, que tais indivíduos viviam e alguns deles ainda vivem na vida, mas não "vivem" no romance, isto é, não possuem vida própria como personagens do romance, independentemente da intenção do romancista. E podemos acrescentar, com convicção, que os mortos que o romancista matou e enterrou, piedosamente, estes sim, estão "vivos", continuam "vivendo" nos seus romances. É o caso do servente Romualdo de Araújo, compadre de Gonzaga de Sá. Só o conhecemos depois de morto, já dentro do caixão, confusamente. Passamos a noite a velar o seu cadáver — a longa, a exaustiva, a purificadora noite do velório. Vimos, ali mesmo na pobre sala mortuária, o Amor se aproximar da Morte, fraternalmente, querendo enlaçar os desejos jovens de Alcmena e Machado, movidos por uma força incompreensível, que os impelia, que os empurrava um para o outro. Conversamos sobre o morto com o filósofo Gonzaga de Sá, em voz baixa, de espaço a espaço. Por fim, na manhã seguinte, acompanhamos o enterro do pobre homem:

> Fomos levando o cadáver pela rua empedrouçada, trôpegos, revezando-nos, aborrecidos e tristes sob o claro e vitorioso olhar de um firme sol de março. Pelo caminho (era, de manhã), os transeuntes mecanicamente se descobriam, olhavam as grinaldas, o aspecto do acompanhamento, medindo bem de quem era e de quem não era. Meninas de volta da missa e passeios consequentes, alegres, louças, passavam exúberas de vida, contemplavam um pouco o séquito com um rápido olhar piedoso e, depois, continuavam a andar o caminho interrompido um instante, indiferentes, descuidosas, casquinando, quase rindo às gargalhadas... E o caixão nos foi pesando até que o descansamos nos bancos da estação. Em breve, o trem correu conosco e o morto pelos *rails* afora, velozmente atravessando as paragens suburbanas.

É o caso igualmente da virgem Ismênia, que viveu, morreu e continuou a viver embalada pela esperança de um casamento dissolvido na desesperança. Policarpo Quaresma, amigo da família, vai ao enterro da moça e nós vamos com ele. Quaresma "não gostava muito dessa cerimônia", mas foi; "foi ver a pobre moça, no caixão, coberta de flores, vestida de noiva, com um ar imaculado de imagem". Ismênia pouco mudara depois de morta: "Era ela mesma ali; era a Ismênia dolente e pobre de nervos, com os seus traços miúdos e os seus lindos cabelos, que estava dentro daquelas quatro tábuas. A morte tinha fixado a sua pequena beleza e o seu aspecto pueril; e ela ia para a cova com a insignificância, com a inocência e a falta de acento próprio que tinha tido em vida". O enterro de Ismênia foi igual a todos os enterros... "Na rua parecia que havia festa. As crianças da vizinhança cercavam o carro fúnebre e faziam inocentes comentários sobre os dourados e enfeites. [...] As janelas se povoaram, de um lado e doutro da rua; um menino na casa próxima, gritou da rua para o interior: 'Mamãe, lá vai o enterro da moça!'"

O *Policarpo Quaresma* me parece, em conjunto, como concepção e como fatura, o mais bem realizado dos romances de Lima Barreto, e por isso mesmo o mais carregado de Rio de Janeiro, o mais saturado daquele elementos imponderáveis a que aludi acima. Boa parte do seu tempo de ação se passa no sítio de Curuzu, fora da cidade, mas levando para lá alguma coisa da cidade, como se percebe pelo conflito de mútuas incompreensões, que ali se esboça e só não atinge mais graves consequências porque o major Quaresma se retirou inopinadamente. No geral, porém, a gente que povoa as suas páginas, o ambiente que ele reflete e sobretudo os pequenos quadros da vida de família que vão se encadeando na sua trama — tudo isso tem a cor, o cheiro, o gosto desse vário e vasto mundo pequeno-burguês que formava então e forma ainda a "alta sociedade" dos subúrbios cariocas. Tem também o som, representado na pessoa de Ricardo Coração dos Outros e o seu violão. Mesmo os seus personagens que não habitam o subúrbio possuem e são ao mesmo tempo possuídos pelo espírito do subúrbio. Veja-se, por exemplo, todo o capítulo III da primeira parte, no qual o romancista nos conta o que foi a festa de noivado de Ismênia. É uma pequena obra-prima de observação e de narrativa. Cito em especial aquele capítulo porque é neste sentido o mais homogêneo e mais uno; mas são numerosas, no livro, as páginas de igual quilate que eu poderia apontar, nas quais se sente a fundo o que existe de específico e de inconfundível no suburbano — no suburbano carioca, bem entendido.

Quanto aos episódios da revolta de 93, que ocupam tão dilatado e dramático espaço no *Policarpo Quaresma*, pouca importância apresentam do ponto de vista destas notas. Trata-se de fatos históricos romanceados e como tais poderão fornecer material para estudos de interpretação política, histórica, sociológica ou psicológica; porém nada ou quase nada, como típico e permanente dos hábitos, da maneira de viver da população carioca. Pela sua própria natureza, a revolta de 93 foi um acontecimento episódico, de pouca duração, embora grave e terrível em si mesmo, como acontecimento militar e político; mas daí, dessa duração limitada, a impossibilidade de poder influir duradouramente na fisionomia da cidade, nos costumes típicos do povo, fosse para modificá-los, fosse para criar outros. Não me compete aqui, tampouco, embrenhar-me na análise e na apreciação do ângulo de visão em que se colocou o romancista para tratar daqueles episódios: seria embrenhar-me em controvérsia extraliterária, evidentemente inoportuna.

Passemos a coisas mais amenas: por exemplo, um espetáculo no velho Lírico. Vejamos o que escreve o biógrafo de Gonzaga de Sá:

> Quando saltamos na porta do Teatro, já começavam os carros a chegar. Em geral, os *coupés* traziam três pessoas e as vitórias seis, sem contar o nho-nhô na boleia, ao lado do cocheiro. Havia um único palafreneiro para todos os carros. Logo que um apontava no canto da rua Senador Dantas, o pobre homem corria e seguia emparelhado ao veículo até o ponto justo de abrir a portinhola. Se, por acaso, um chegava trazendo o número normal da lotação e com ajudante de cocheiro próprio, causava pasmo. Era como se fosse uma carruagem de príncipe.

Mas o grosso dos frequentadores, informa-nos o escritor, vinha nos "ceroulas". Assim eram apelidados os bondes especiais que a Jardim Botânico destinava aos frequentadores do Lírico vindos dos bairros elegantes: "ceroulas" porque os bancos eram vestidos de pano pardo, à semelhança das coberturas que se usam para resguardo de cadeiras, poltronas e sofás nas salas de visitas. Entremos, porém, e ouçamos o escritor: "Poucas vezes fora eu ao antigo Pedro II e as poucas em que fui, assisti ao espetáculo das torrinhas; de modo que aquela sociedade brilhante que via formigar nas cadeiras e camarotes, de longe parecia revestida de uma grandeza que me intimidava". Isto fora anos atrás, nos tempos de estudante. Agora, arrastado pela mão amiga de Gonzaga, ele está na plateia:

> A representação ainda não começara. Damas conversavam com cavalheiros, à entrada dos camarotes. Eu ficava bem junto à fila direita. Vi algumas de perto e as cadeiras dos camarotes, que me pareceram bem inferiores às da sala de jantar da minha modesta casa. Notei-lhes o forro de reles papel pintado, o assoalho de tábuas de pinho barato; alonguei o olhar pelo corredor e, além de acanhados, julguei-os sujos, vulgares, a guiar os passos para lugares escusos. O teto sempre me intrigou. Com os seus varões de ferro atravessados, supus que se destinassem a trapézios e outras coisas de acrobacia. Ópera

92 | Interpretações

ou circo? Entretanto, eu estava no ponto mais elegante do Brasil; no ponto para que converge tudo que há de mais fino na minha terra.

Sem pensar nisso, os músicos afinavam os instrumentos. Depois chegou o maestro. No camarote oficial apareceu o presidente. Hino nacional. Todos de pé. Palmas no fim. De novo todos sentados. A orquestra abafa o zum-zum. Começa o espetáculo... Gonzaga de Sá e o amigo se deliciam "a sorver o mel daquela música, mais realçada ainda pela doce voz dos cantores". Mas acho bom deixá-los; baste-nos o espetáculo do espetáculo.

A referência aí feita aos "ceroulas" faz-nos ver que no tempo de Gonzaga já havia bondes elétricos no Rio — pois que se tratava de bondes elétricos. Mesmo antes, no tempo de Isaías, já os havia, se bem que simultaneamente com os bondes puxados a burro. No *Gonzaga de Sá* é que aparece o automóvel, ignorado de Isaías e nem sequer sonhado pelo major Quaresma. Contudo, a tração animal predominou por vários anos ainda nas viaturas que transportavam o carioca. E visto que os "ceroulas" nos fizeram lembrar os meios de transporte, por mais imediata analogia nos levam a lembrar a indumentária. Lima Barreto é muito parco em descrições de vestuários. Talvez alguma tenha me escapado, mas não marquei nenhuma referência um pouco detalhada a vestidos femininos, nos três romances agora relidos. Quanto aos trajes masculinos, eles são apenas apontados, com uma ou outra observação de detalhe. No *Policarpo Quaresma* vemos o dr. Armando Borges, médico, enfarpelado como era da regra — "com a sobrecasaca fúnebre e a cartola reluzente". Vemos também o dr. Genelício à saída de uma missa: "O seu traje de luto era de pano grosso, pesado; e, olhando-o, lembrava-nos logo de um castigo dantesco". A sobrecasaca e a cartola dominavam: nenhum sujeito de alguma importância ou representação saía à rua de outro jeito — e as ruas se enchiam de vultos negros, solenes, rígidos, como vestidos de chumbo. Um pouco mais tarde, já no tempo de Isaías e de Gonzaga, as tremendas sobrecasacas foram se abrandando em fraques um tanto mais esguios e as cartolas se arredondando em cocos mais amáveis. Mas o paletó-saco e o chapéu mole custaram muito a subir de condição e dignidade. Certo dia o velho filósofo apareceu de sobrecasaca: "Gonzaga de Sá trajava rigorosamente de preto, conforme seu hábito, mas, em vez de paletó-saco, trazia a grave sobrecasaca". O biógrafo comentou: "Era a primeira vez que eu o via com esse traje, tão querido dos doutores e comendadores; e o meu despretensioso amigo aparecia-me, assim, com a respeitabilidade precoce de um jovem ministro".

De Lima Barreto pode-se afirmar, semelhantemente ao que se disse de Macedo, que ele é de certa maneira um romancista de solteirões e solteironas. Solteirões são Gonzaga de Sá e Policarpo Quaresma, e não é demais conjeturar que solteirão acabou Isaías Caminha. A irmã de Gonzaga e a irmã de Policarpo, que vivem na companhia respectivamente de um e de outro, são ambas solteironas. Tudo nos leva a crer que nessas repetições de tipos celibatários o que há é o disfarce repetido do próprio romancista, que viveu e morreu celibatário. Mas eu acredito que há outra coisa além disso, e vem a ser que os romances de Lima Barreto já refletem outros modos de pensar e de sentir acerca da situação da mulher na sociedade e da sua atitude relativamente ao problema do casamento. Nos romances de Macedo, como vimos, o casamento é tudo; nos de Lima Barreto, não é tanto assim. No *Gonzaga de Sá* e no *Isaías Caminha* fala-se em casamento, os personagens conversam sobre o casamento, mas não acontece nenhum. No *Policarpo Quaresma* há três casamentos — dois que se realizam e um que se malogra; todavia, em nenhum dos três casos o casamento aparece como princípio, meio e fim de todas as coisas. Isto é, tenta aparecer com este caráter absoluto, no caso da pobre Ismênia, mas esse é precisamente o caso do malogro. Ora, semelhante malogro, que matou de desgosto a infeliz donzela, sugere um comentário muito significativo, que o romancista. põe no pensamento da afilhada de Policarpo, casada pouco tempo antes: Olga "via bem o que fazia o desespero da moça, mas via melhor a causa, naquela obrigação que incrustam no espírito das meninas, que elas se devem casar a todo o custo, fazendo do casamento o polo e o fim da vida, a ponto de parecer uma desonra, uma injúria, ficar solteira". Olga se revoltava contra uma concepção segundo a qual o casamento nem é amor, nem maternidade, nem nada, mas "simplesmente casamento, uma coisa vazia, sem fundamento nem na nossa natureza nem nas nossas necessidades". O importante aqui, suponho eu, é o fato de já existirem Olgas ruminando no seu íntimo pensamentos tais. Já não estamos mais no tempo das Honorinas e Deolindas, de Macedo; e Ismênia, expressão por assim dizer residual das Honorinas e Deolindas, sombra de um passado que se esvai, não possui vitalidade suficiente para se ajustar às novas condições de vida, e por isso mesmo sucumbe. Estamos em 93, cinco anos depois de abolida a escravidão negra e quatro anos depois de derrubada a monarquia; a república está brigando para sobreviver e consolidar-se. Entramos, pois, num tempo que se caracterizará, entre outras muitas coisas, pelo movimento de ascensão social da mulher. Tempo em que o casamento tende a se tornar um problema de solução livre, normal, igualitária, e não mais a saída única e obsessiva para uma libertação no fim de contas ilusória.

Março-abril de 1941.

CONFISSÕES DE LIMA BARRETO

Todo romance é mais ou menos uma confissão, mesmo quando não escrito na primeira pessoa e ainda que o romancista se esconda atrás de cada página ou se dissimule sob a máscara de um ou de múltiplos personagens. Lima Barreto pertence evidentemente à categoria dos romancistas que mais se confessam, isto é, daqueles que menos se escondem e menos se dissimulam. Os seus romances estão cheios de alusões e indicações de natureza autobiográfica — alusões e indicações quase sempre feitas abertamente, com um mínimo de disfarce, às vezes até sem disfarce algum. Isto se nota sobretudo no *Gonzaga de Sá*, através de cujas páginas o romancista vai exprimindo os seus próprios pensamentos e sentimentos, servindo-se para tanto ora da pena do suposto biógrafo Machado, ora da boca do suposto biografado Gonzaga.

Gonzaga de Sá era bacharel em letras pelo Pedro II e, sem querer se formar em escola superior, fez-se funcionário público: justamente o caso de Lima Barreto. "Sua história sentimental é limitada. Não foi casado, esqueceu-se disso"[1] — escreve Machado sobre Gonzaga; mas essa, pelo que se sabe, era a própria história ou ausência de história sentimental de Lima Barreto, que viveu e morreu celibatário, não se conhecendo nenhuma aventura amorosa na sua vida[2]. Informando-nos acerca dos estudos

---

[1] Lima Barreto, *Vida e morte de M. J. Gonzaga de Sá* (São Paulo, ed. da Revista do Brasil, 1919), p. 33.

[2] O jornalista Raimundo Silva, já falecido, contou, em crônica sobre Lima Barreto (*Vamos ler!*, n. de 18-7-40), que este último, quando ainda estudante, "namorou uma rapariga de boa família, e família rica residente em subúrbio distante". A moça era branca e a família não permitiu que ela se casasse com um mulato. O dr. Nicolau Ciancio, que foi condiscípulo e amigo íntimo de Lima Barreto, põe em dúvida a existência desse amor e desse frustrado noivado (*Vamos ler!*, n. de 29-8-40).

96 | Interpretações

e da cultura de Gonzaga, diz o seu biógrafo que ele "não possuía qualquer sabedoria excepcional, mas tinha em compensação *vistas suas e próprias*"[3]. O volume *Bagatelas*, avisa-nos Lima Barreto, em advertência inicial, compõe-se "de algumas reflexões sobre fatos, coisas e homens da nossa terra, que julgo, talvez sem razão, *muito próprias a mim*"[4]. As palavras grifadas — grifadas nesta transcrição — demonstram absoluta coincidência na intenção do escritor, em ambos os casos.

"Com a sua mania introspectiva, analisando-se constantemente, conhecendo bem a fonte de suas dores e indo ao encontro delas", Gonzaga de Sá "ficara mais apto para compreender as dos outros, para justificá-las ao mesmo tempo, e, portanto, perfeitamente capaz de simpatizar com aqueles que as curtiam"[5]. Essa atitude diante de si mesmo e diante da vida e dos homens, que o romancista atribui ao seu personagem, é de toda evidência a atitude do próprio escritor, conforme se depreende de toda a sua obra, desde o *Gonzaga de Sá* até *Bagatelas*. A posição de combate contra instituições, coisas e pessoas, que ele assumiu e sustentou como homem de letras, quer por meio da sátira, nos romances e contos, quer por meio da polêmica direta, nos artigos e panfletos dos últimos tempos, resultava logicamente da sua solidariedade e simpatia por aqueles que sofriam como ele e como ele curtiam dores, cuja fonte bem conhecia. Dessa mesma atitude procede também, muito naturalmente, a identidade de sentimentos que levava Gonzaga de Sá a chamar de "gigantes" a um Dostoievski, a um Tolstoi, a uma George Elliot, em cujos romances, dizia, "a força de visão, o ilimitado da criação, não cedem o passo à simpatia pelos humildes, pelos humilhados, pela dor daquelas gentes donde às vezes não vieram"[6].

Ao lado desses gigantes, os autores prediletos de Lima Barreto, segundo o depoimento dos seus personagens, completado pelas reminiscências

---

[3] Lima Barreto, *Vida e morte de M. J. Gonzaga de Sá*, cit., p. 36.

[4] Idem, *Bagatelas* (Rio de Janeiro, Empresa de Romances Populares, 1923), p. 3.

[5] Idem, *Vida e Morte de M. J. Gonzaga de Sá*, cit., p. 146.

[6] Ibidem, p. 152-3.

pessoais contidas nos seus artigos, seriam Pascal, Voltaire, Rousseau, Swift, Stendhal, Taine, Renan, Flaubert, Maupassant, Daudet, Barrès, France, o Eça. Antes dessas leituras literárias, quando ainda cursava a Escola Politécnica, já lia nada menos que Kant, Condorcet, Spencer, Comte... O romancista confessa lembrar-se com gratidão de alguns deles porque eles lhe deram "a sagrada sabedoria" de se conhecer a si mesmo e com isso lhe permitiram assistir "ao raro espetáculo" das emoções que o comoviam e dos pensamentos que o preocupavam[7]. Aí temos uma confissão de grande importância, a indicar-nos a pista através da qual poderemos verificar os elementos ideológicos e emocionais que mais concorreram para a formação espiritual de Lima Barreto. De posse de tais elementos, não será difícil descobrir a gênese de muitas das suas opiniões — as quais, como vimos, ele fazia questão de declarar muito suas, e eram realmente muito suas em certo sentido: por exprimirem um amálgama de ideias e sentimentos às vezes bastante contraditórios.

Num dos seus artigos de combate aos desacertos da política republicana, publicado em 1917, o panfletário se refere ao tempo do império qualificando-o de "nosso império regalista, cético e voltairiano"[8]. Com estes mesmíssimos qualificativos o romancista define o pensamento de Gonzaga de Sá: "cético, regalista, voltairiano"[9]. E noutro artigo, publicado provavelmente no começo de 1919, ele afirma ter recebido uma educação "cética, voltairiana"[10]. Não se pode dizer que Lima Barreto fosse monarquista, mas também não morria de amores pela república. Mais do que indiferente às formas políticas de governo, ele teoricamente seria contra todas elas aproximando-se neste ponto da ideologia libertária. Concretamente, porém, quando as suas flexões incidiam sobre o caso brasileiro, ele não ocultava o desdém que lhe merecia a república de 89, nem

---

[7] Ibidem, p. 25.

[8] Idem, *Bagatelas*, cit., p. 15.

[9] Idem, *Vida e morte de M. J. Gonzaga de Sá*, cit., p. 18.

[10] Idem, *Bagatelas*, cit., p. 51.

disfarçava a quase ternura com que aludia ao império de Pedro II. Não por acaso aplicava os mesmos qualificativos — regalista, cético, voltairiano — para caracterizar a ideologia pessoal de Gonzaga de Sá, que no fundo correspondia ao seu próprio pensamento, e a ideologia geral dominante nos bons tempos imperiais de antes de 89. E quando escreveu que recebera em menino uma educação "cética, voltairiana", poderia acrescentar que essa educação intelectual teria de algum modo completado uma provável educação sentimental de tendência "regalista". Ora, em tudo isso aparece bem claro o jogo das contradições.

Jogo de contradições que me faz lembrar a figura a tantos respeitos admirável de André Rebouças. O grande engenheiro, homem de vistas largas, mostrou sempre possuir um pensamento seguro e audaz nas questões de ordem geral, relativas às necessidades econômicas e sociais do país. Foi ele, penso eu, quem mais acertadamente, com mais apurado senso da realidade, compreendeu e debateu no seu tempo o problema da abolição do trabalho servil e sua transformação em trabalho livre. A sua campanha em favor da "democracia rural" — que reclamava solução paralela e concomitante para os dois problemas inseparáveis da escravidão e do latifúndio, problemas gêmeos, que deviam ser muito mais justamente resolvidos por meio do parcelamento dos latifúndios em pequenas propriedades atribuídas aos trabalhadores negros libertos — foi na verdade a coisa mais sensata, mais séria e mais avançada que se discutiu durante toda a agitação abolicionista dos anos 1880-1888. Pois bem, André Rebouças, personalidade de primeira ordem, muito superior ao seu tempo, viveu sempre e acabou sacrificando-se e morrendo apegado ao regime imperial brasileiro, o qual se baseava precisamente no latifúndio e na escravidão. Visível contradição entre o pensamento e o sentimento. Mulato, amigo de Pedro II e fiel ao seu amigo, Rebouças sobrepôs o coração à cabeça na hora em que a desgraça feriu o amigo. Foi nobilíssimo, não há dúvida alguma, e é com extrema emoção que a gente lê a história do seu sacrifício, desde o exílio voluntário em companhia da família imperial destronada até o suicídio na ilha da Madeira; mas nada disso invalida aquela contradição.

Como André Rebouças, Lima Barreto era também mulato — e de que seu pai possuía amizades pessoais entre os vultos proeminentes do império, temos prova no fato de ter sido o pequeno Afonso Henriques levado à pia batismal por um padrinho que se chamava visconde de Ouro Preto, exatamente o homem que alguns anos depois viria a ser o chefe do governo derrubado pelos republicanos de 89. Não me parece muito difícil descobrir aí a fonte em que se abeberava a ternura sentimental do romancista pelo império de Pedro II.

O cético e voltairiano Lima Barreto era ao mesmo tempo um devoto de Nossa Senhora da Glória, mas só de Nossa Senhora da Glória, sua madrinha... Num artigo datado de 1919, quando já havia dado um tom extremado às suas opiniões políticas, ele nos conta que todos os anos, no dia 15 de agosto, subia ali ao Outeiro da Glória para rezar[11]. Já no *Gonzaga de Sá* o romancista se referira com enternecido respeito à sagrada madrinha: "A Glória, do alto do outeiro, com o seu séquito de palmeiras pensativas, provocou-me pensar e rememorar minha vida, cujo desenvolvimento — conforme o voto que os meus exprimiram no meu batismo — se devia operar sob a alta e valiosa proteção de N. S. da Glória"[12].

Amoroso e orgulhoso da sua cidade natal, Lima Barreto estudara com extremos de zelo o passado do Rio de Janeiro. Os seus romances, principalmente o *Gonzaga de Sá*, estão saturados desse amor pelas velhas coisas cariocas. Cheio de melindres pelo passado da cidade, ele chegava a ponto de se rebelar contra o seu engrandecimento, desde que isso implicasse a destruição de alguma venerável velharia. Assim foi quando pela primeira vez, aí por 1911, se falou na demolição do convento da Ajuda, em cuja área se ergueriam mais tarde os altos edifícios do bairro Serrador. O romancista, em artigo dessa época, protestou indignadíssimo contra a mutilação que a cidade ia sofrer. Mas o que me parece particularmente interessante é que nesse mesmo artigo Lima Barreto deixou dito o seguinte: "Repito:

---

[11] Ibidem, p. 180: "... vou ali, no Outeiro da Glória, pedir a minha madrinha por mim".

[12] Idem, *Vida e morte de M. J. Gonzaga de Sá*, cit., p. 22.

100 | Interpretações

não gosto do passado. Não é pelo passado em si; é pelo veneno que ele deposita em forma de preconceitos, de regras, de prejulgamentos nos nossos sentimentos"[13]. Eis aí bem claro o contraste entre o pensamento e o sentimento. Lima Barreto não gostava do passado, isto é, não gostava do passado como categoria abstrata, teórica, geral; não lhe tocassem, porém, no passado da sua cidade, categoria concreta e particular, que umedecia de enternecimentos os seus olhos de carioca. Em outro artigo, datado de 1919, ele fala nos "subúrbios e freguesias roceiras do Município do Rio de Janeiro", acrescentando, entre parênteses, a seguinte ressalva: "custa-me muito escrever — Distrito Federal"[14]. Temos aqui expresso o seu apego ao passado e a um passado que recordava o Município Neutro anterior a 89 e desdenhava a novidade republicana de Distrito Federal.

Sentenciava o biógrafo de Gonzaga de Sá: "Para se compreender bem um homem não se procure saber como oficialmente viveu. É saber como ele morreu; como ele teve o doce prazer de abraçar a Morte e como Ela o abraçou"[15]. Páginas adiante somos informados de que Gonzaga de Sá, grande ledor de revistas estrangeiras, assinava a *Revue*, o *Mercure de France*, a *Revue Philosophique* — "mas, de todas, a *Revue des Deux Mondes* é a que mais queria e citava"[16]. Não creio que Lima Barreto assinasse nem lesse regularmente todas essas revistas, mas quanto à *Revue des Deux Mondes* não há dúvida: ela é repetidamente lembrada, com a citação de leituras feitas em épocas diversas, em mais de um artigo de *Bagatelas*. Sabe-se hoje, também, por depoimento de pessoa de sua família, que ele morreu a ler, deitado na cama, um número da velha revista francesa, cujo exemplar caiu aberto sobre o seu rosto no exato momento em que expirava, repentina e inesperadamente. Assim, pois, o escritor rebelde, não conformista, quase um libertário, abraçou a morte e foi por ela abraçado

---

[13] Idem, *Bagatelas*, cit., p. 41.

[14] Ibidem, p. 105.

[15] Idem, *Vida e morte de M. J. Gonzaga de Sá*, cit., p. 19.

[16] Ibidem, p. 39.

Confissões de Lima Barreto | 101

justo no instante em que sorvia as emoções e as ideias que lhe transmitia a supergrave, a hiperconformista, a arquiconservadora *Revue des Deux Mondes*. Sem pretender forçar a significação desse pormenor, eu acredito que ele, como sinal e símbolo de um jogo permanente de antinomias, pode nos ajudar bastante a melhor compreender — de acordo aliás com o seu próprio conselho — a personalidade e a obra do nosso admirável romancista.

*

Referindo-se a determinado personagem do *Isaías Caminha*, diz o memorialista que ele possuía uma "grande cabeça angustiada e inteligente"[17]. Era assim também a cabeça de Lima Barreto: grande, inteligente, angustiada. Duplamente angustiada — de um lado, "pelo entrechoque de forças da... imaginação desencontrada, desproporcionada e monstruosa"[18], e do outro, pela "mágoa eterna e inapagável"[19], que o envolvera em plena juventude: a loucura do pai.

São conhecidos os dados biográficos da sua meninice e adolescência, por ele mesmo revelados em diversas passagens dos seus artigos[20]: aos sete anos morreu-lhe a mãe; dos nove até dezesseis anos viveu na Colônia de Alienados da ilha do Governador, onde seu pai era empregado; a partir dos dezesseis, matriculando-se na Escola Politécnica, vivia só, na cidade, como estudante pobre, creio que também trabalhando como revisor de jornal; aos 21, o pai enlouqueceu — "adoeceu sem remédio, até hoje"[21], conta-nos ele num artigo cheio de interesse, datado de 1919. Noutro artigo, publicado um pouco antes e também repleto de

[17] Idem, *Recordações do escrivão Isaías Caminha*, p. 138.
[18] Ibidem, p. 77.
[19] Idem, *Bagatelas*, cit., p. 81.
[20] Ibidem, ver p. 25, 53, 78, 129, etc.
[21] Ibidem, p. 129.

102 | Interpretações

confidências pessoais, já nos dissera da sua vida: "Tenho, desde os nove anos, vivido no meio de loucos"[22].

Eis como se explica a nota constante da loucura nos seus romances. Referência direta ou indireta a alienados, personagens que enlouquecem durante a narrativa — de uma forma ou de outra a ideia ou a imagem da loucura se repete em toda a sua obra. No *Gonzaga de Sá*, os dois amigos Gonzaga e Machado, num daqueles passeios cativos que costumavam fazer por certos recantos da cidade, vão até o Engenho da Penha, situado à margem do canal que pelas alturas daquele subúrbio separa o continente da ilha do Governador. Ainda em caminho, Gonzaga fala no canal, manso como um rio, e vai informando o companheiro: "Defronte, fica o Galeão, da ilha do Governador, e o Fundão, uma outra ilha, povoados ambos os lugares de mangueiras maravilhosas... Imagina tu que, afora as que o raio pôs abaixo, as do Galeão são algumas dezenas em quadrilátero e viram d. João VI... A enfermaria de loucos, que elas ensombram majestosamente, foi casa de residência do rei simplório e infeliz..."[23]. Pela boca de Gonzaga de Sá, o romancista evoca as reminiscências que lhe ficaram dos anos durante os quais o menino Afonso Henriques vivera entre loucos, e cuja lembrança não o largará nunca mais. No *Isaías Caminha*, há o episódio um tanto caricatural da loucura que se apoderou do gramático Lobo, redator e consultor filológico d'*O Globo*: "A sua mania era não falar nem ouvir. Tapava os ouvidos e mantinha-se calado semanas inteiras, pedindo tudo por acenos"[24]. Estava tudo errado e os erros de linguagem dominavam de tal sorte a fala comum, que o velho professor de miolo mole temia contaminar-se e exprimir-se em tão indecente calão. O major Policarpo Quaresma também teve a sua crise de loucura, que o levou a passar alguns meses no manicômio: "Aquele homem pautado, regrado,

---

[22] Ibidem, p. 53.

[23] Idem, *Vida e morte de M. J. Gonzaga de Sá*, cit., p. 49.

[24] Idem, *Recordações do escrivão Isaías Caminha* (Clássica Editora de A. M. Teixeira & Cia., 1909), p. 302.

honesto, com emprego seguro, tinha uma aparência inabalável; entretanto bastou um grãozinho de sandice...".[25]. Todo o capítulo V da primeira parte do *Policarpo Quaresma* é dedicado à descrição e às impressões de uma das visitas que o compadre e a afilhada do major lhe iam fazer todos os domingos, na praia da Saudade. É um capítulo carregado de pungente melancolia, através do qual não é difícil perceber que desliza docemente uma sombra dolorosa — a sombra do velho Barreto, pai do romancista...

A desgraça doméstica marcara para sempre a vida do escritor, cuja sensibilidade, por natureza aguda num temperamento como o seu, mais e mais se exacerbava com as preocupações e os desvelos do amor filial. Podemos então avaliar a sua imensa angústia quando ele, num desabafo patético, aludiu, já nos últimos tempos, ao "mar de mágoas íntimas em que bracejo desde a minha maioridade"[26]. Mas o destino parecia querer tripudiar, com requintes de sadismo, sobre a sua dor tão nobremente suportada: em 1918, o escritor, ao qual a literatura brasileira devia alguns dos seus melhores romances, foi aleivosamente internado no hospício, vítima, não de qualquer desequilíbrio mental, mas do ódio daqueles que assim pensavam vingar-se da crítica desabusada — desabusada, sem dúvida, porém digna e sobranceira — a que ele, como articulista, submetia os seus atos públicos.

*

Lima Barreto matriculara-se na Escola Politécnica unicamente para satisfazer o gosto e a vontade do pai. Não era aquela a sua vocação, nem muito menos lhe agradava aquele ambiente. De sorte que, aos 21 anos, tendo o pai adoecido, ele abandonou tudo — forçado mesmo a isso pela necessidade de conseguir alguma colocação que lhe permitisse prover à subsistência da família, da qual, por ser o filho mais velho, se tornara o

---

[25] Idem, *Triste fim de Policarpo Quaresma* (Rio de Janeiro, tip. da Revistados Tribunais, 1915), p. 72.

[26] Idem, *Bagatelas*, cit., p. 83.

104 | Interpretações

arrimo principal. Frequentara os cursos da Escola durante cerca de cinco anos e não aguentava mais... "Desde muito" — são palavras suas — "que eu desejava abandonar o meu curso. Aquela atmosfera da Escola Superior não me agradava aos meus 16 anos, cheios de timidez, de pobreza e de orgulho."[27] O mulatinho tímido, pobre e orgulhoso sentia-se humilhado no meio de tantos estudantes de condição social tida e havida como superior: "Todos os meus colegas, filhos de graúdos de toda sorte, que me tratavam, quando me tratavam, com um compassivo desdém, formavam uma ambiência que me intimidava, que me abafava, se não me asfixiava"[28]. Este sentimento de humilhação social, que hoje, segundo a terminologia freudiana, se denomina mais complicadamente complexo de inferioridade, acompanhará o escritor a vida inteira, perseguindo-o como uma obsessão. Em mais de um passo das suas obras, sobretudo no *Isaías Caminha*, vamos encontrar a repercussão de tal sentimento ou complexo. Durante a viagem para o Rio, no começo do romance, o jovem Isaías saltou numa estação para tomar um café e comer uns bolos. Serviu-se e deu em pagamento uma nota, esperando o troco. Como estranhasse a demora, chamando a atenção do caixeiro, retrucou-lhe este último com quatro pedras na mão, ao mesmo tempo que atendia prazenteiramente a um rapazola alourado, também passageiro do trem. "O contraste feriu-me" — recorda Isaías — "e com os olhares que os presentes me lançaram, mais cresceu a minha indignação. Curti, durante segundos, uma raiva muda, e por pouco ela não rebentou em pranto."[29] Pouco tempo depois de chegar ao Rio, envolvido, por equívoco, numa trapalhada que o levou à polícia, viu-se qualificado desdenhosamente de mulatinho. Isaías não pôde aí suster o pranto: "Não tenho pejo em confessar hoje que quando me ouvi tratado assim, as lágrimas me vieram aos olhos"[30]. Mais tarde, quando já era redator do jornal de

---

[27] Ibidem, p. 129.

[28] Idem.

[29] Idem, *Recordações do escrivão Isaías Caminha*, cit., p. 24.

[30] Ibidem, p. 90.

Loberant, respondeu de cara feia a certa observação deprimente com que o crítico literário da folha se referia a um poeta estreante: "— Que nome! Felix da Costa! Parece até enjeitado! É algum mulatinho?". Isaías grimpou: "— Não! É mais branco que o sr. É louro e tem olhos azuis". O criticastro tentou desculpar-se... "Ele não compreendia que eu também sentisse e sofresse" — comenta o memorialista[31]. Era ainda o mesmo sentimento íntimo de humilhação que o levava a supor-se alvo do desprezo universal: "Eu não tinha nem a simpatia com que se olham as árvores; o meu sofrimento e as minhas dores não encontravam o menor eco fora de mim"[32]. E tanto mais lhe doía o desdém de que se sentia cercado quanto é certo que não se julgava nem hediondo nem repugnante: "Os meus dezenove anos eram sadios e poupados, e o meu corpo regularmente talhado. Tinha os ombros largos e os membros ágeis e elásticos. As minhas mãos fidalgas, com dedos afilados e esguios, eram herança de minha mãe, que as tinha tão valentemente bonitas que se mantiveram assim, apesar do trabalho manual a que a sua condição a obrigava"[33].

Morrendo aos 41 anos, Lima Barreto conservou até o fim a mesma figura de mulato robusto desse autorretrato dos dezenove anos. E eu me recordo muito bem — pormenor de fácil observação para quem o conhecesse de vista — que as suas mãos eram realmente belas, embora mostrassem umas unhas sempre mais ou menos sujas. Unhas sujas — em mãos tão belas que escreveram livros ainda mais belos — que nos vão levar ao capítulo dos anos boêmios...

*

O biógrafo de Gonzaga de Sá, burocrata como o seu biografado, frequentava certo famoso café da rua Gonçalves Dias, no qual se reuniam

---

[31] Ibidem, p. 251.

[32] Ibidem, p. 115.

[33] Ibidem, p. 25.

106 | Interpretações

alguns colegas de repartição, jovens inteligências em busca de coisas imponderáveis, e a essas reuniões denominavam eles o *Esplendor dos Amanuenses*. O romancista menciona os nomes de alguns dos convivas habituais: o Amorim, o Domingos, o Rangel — nomes autênticos de companheiros de trabalho e de boêmia — e acrescenta: "Ao café, vínhamos conversar. As palestras variavam e eram instáveis. Ocasiões havia em que, começando pelo comentário do último rolo do Cassino, acabávamos examinando as vantagens de uma grande reforma social. Todos nós éramos reformadores. Pretendíamos reformar a moral e a literatura, com escalas pelo vestuário feminino e as botinas de abotoar"[34]. Em recordação de período anterior, Isaías nos conta como e por que sentiu, pela primeira vez, o desejo de recorrer ao álcool como se recorre a um narcótico, para suavizar uma dor insuportável:

> O álcool não entrava nos meus hábitos. Em minha casa, raramente o bebia. Naquela ocasião, porém, deu-me uma vontade de beber, de me embriagar, estava cansado de sentir, queria um narcótico, que fizesse descansar os nervos tendidos pelos constantes abalos daqueles últimos dias. Entrei no café, mas tive nojo. Limitei-me a beber uma xícara de café e caminhei tristemente em direção ao mar, olhando com inveja um carregador que bebia um grande cálice de parati.[35]

Permitam-me citar todo o final dessa página, que me parece muito importante como confissão de um perigoso mento de desesperança:

> Eu tinha uma imensa lassidão e uma grande fraqueza de energia mental. Quis descansar, debrucei-me na muralha do cais e olhei o mar. Estava calmo; a limpidez do céu e a luz macia da manhã faziam-no aveludado. Os últimos sinais da tempestade da véspera tinham desaparecido. Havia satisfação e felicidade no ar, uma grande meiguice, tudo respirava; e isso pareceu-me hostil. Continuei a olhar o mar fixamente, de costas para os bondes que passavam. Aos poucos ele hipnotizou-me, atraiu-me, parecia que me convida-

---

[34] Idem, *Vida e morte de M. J. Gonzaga de Sá*, cit., p. 115.
[35] Idem, *Recordações do escrivão Isaías Caminha*, cit., p. 114.

va a ir viver nele, a dissolver-me nas suas águas infinitas, sem vontade nem pensamento; a ir nas suas ondas experimentar todos os climas da terra, a gozar todas as paisagens, fora do domínio dos homens, completamente livre, completamente a coberto de suas regras e dos seus caprichos... Tive ímpetos de descer a escada, de entrar corajosamente pelas águas adentro, seguro de que ia passar a uma outra vida melhor, afagado constantemente por aquele monstro que era triste como eu.[36]

A revolta íntima contra injustas humilhações e o drama terrível da loucura paterna roíam-lhe o coração, destroçavam-lhe os nervos e fustigavam-lhe a inteligência inquieta; junte-se a isso, como fácil derivativo, a sugestão das rodas boêmias — e eis aí temos, no caso de Lima Barreto, como aliás em muitos outros casos semelhantes, as escalas bem conhecidas do caminho que leva aos abandonos da intemperança e, em consequência, a um desperdício de vida, quase sempre inútil. Digo muito pensadamente "quase" para restringir o sentido absoluto do "sempre": pois, com efeito, quem pode lá saber os desígnios misteriosos do destino? A vida em si mesma já é um mistério dos diabos... Poderíamos formular a seguinte hipótese: um Lima Barreto vivendo uma vida pacata e regularíssima, sem tragédias domésticas nem humilhações sociais, sem torturas morais nem relaxamentos nervosos; e perguntar: teria ele, em tal situação de calmaria, deixado a obra que deixou? Pode ser até, não há dúvida, que houvesse deixado obra mais importante. Mas quem poderá responder a isso com indiscutível certeza? O próprio Lima Barreto abordou certa vez essa questão da boêmia artística e literária, num curioso artigo em que rebate a tese segundo a qual a vida desregrada de artistas e escritores do nosso tempo é uma sobrevivência do romantismo. Depois de mostrar, documentadamente, que em todos os tempos houve boêmios e que alguns deles deixaram nomes imortais na história da arte e do pensamento, o articulista escreve que isso aconteceu antes do romantismo, tem acontecido depois e provavelmente acontecerá sempre — "por motivos que a própria

---

[36] Ibidem, p. 114-5.

108 | Interpretações

arte explica nas exigências que faz a certos temperamentos, caracteres e inteligências, quando atraídos por elas"[37]. Creio, porém, no que concerne ao nosso romancista, que os seus desregramentos não eram devidos totalmente a tais motivos. Estes, quando muito, teriam propiciado e estimulado outros fatores de ordem mais objetiva e social, como vimos.

Seja como for, o fato é que Lima Barreto, com o decorrer do tempo, acabou convertendo os seus relaxamentos boêmios — que não raro chegavam a excessos constrangedores — em norma acintosa de vida, tirando deles um certo orgulho agressivo, espécie de protesto em ação. Isto o levou um dia a exclamar pela imprensa: "... não se incomodem com o meu esbodegado vestuário, porque ele é a minha elegância e a minha *pose*"[38]. Devemos reconhecer que havia nessa autoflagelação qualquer coisa de heroico — do heroico desespero de um homem que afronta e atravessa os abismos da própria degradação física, mantendo sempre intacta a dignidade da sua inteligência.

Maio de 1941.

[37] Idem, *Bagatelas*, cit., p. 173.
[38] Ibidem, p. 84.

A MÁSCARA DO DR. BOGOLOFF

Em *Numa e a Ninfa*[1] há certo personagem que me parece muito importante, não tanto pela sua participação ativa no desenvolvimento do romance, mas sobretudo por aquilo que a sua figura nos mostra de típico na tendência satírica e caricatural por vezes tão acentuada na obra de Lima Barreto. Trata-se de um estrangeiro, um russo, chamado Gregory Petrovich Bogoloff (a grafia é do romancista), ou simplesmente dr. Bogoloff. Este personagem aparece no capítulo III do romance, em casa de Lucrécio Barba de Bode, ali na Cidade Nova — "uma pequena casa com a indefectível rótula, uma janela, dois quartos, duas salas, onde moravam ele [Lucrécio], a mulher, uma irmã e um filho menor, além de um hóspede, um russo, o dr. Bogoloff". Lucrécio encontrara-o num botequim, onde beberam juntos a boa pinga brasileira, o bastante para se fazerem amigos e levar um a morar na casa do outro.

Gregory Petrovich viera para o Brasil alguns anos antes, numa leva de imigrantes remetidos para a lavoura. Era um homem meio misterioso, como convinha a um doutor de Kazan transformado em miserável imigrante; vivia sozinho no seu lote, evitando relações com as demais famílias russas e polonesas instaladas no mesmo núcleo colonial. Ao cabo de dois meses de duro trabalho no mato, já havia construído a sua casa de madeira à moda russa e feito as primeiras plantações, ficando com "as mãos em mísero estado, se bem que o corpo tivesse ganho mais saúde e mais força".

---

[1] *Numa e a ninfa — romance da vida contemporânea*, escrito especialmente para "A Noite", Oficinas da "A Noite", Rio, 1915. — Só depois de escritos os dois ensaios precedentes pude ler este romance de Lima Barreto, completando assim de alguma forma o estudo que havia feito antes.

A única pessoa com quem travou relações um pouco mais confiantes foi o intérprete da colônia, russo como ele, mas já antigo aqui e ao parecer completamente abrasileirado.

Um dia conversavam os dois placidamente, quando o intérprete virou-se para o compatriota e observou:

— És tolo, Bogoloff; devias ter-te feito tratar por doutor.

— De que serve isso?

— Aqui, muito! No Brasil, é um título que dá todos os direitos, toda a consideração... Se te fizesses chamar de doutor, terias um lote melhor, melhores ferramentas e sementes. Louro, doutor e estrangeiro, ias longe! Os filósofos do país se encarregavam disso.

— Ora bolas! Para que distinções, se me quero anular? Se quero ser um simples cultivador?

— Cultivador! Isto é bom em outras terras que se prestam a culturas remuneradoras. As daqui são horrorosas e só dão bem aipim ou mandioca e batata-doce. Dentro em breve estarás desanimado. Vais ver!

Já se percebe neste diálogo a intenção satírica do romancista exprimindo-se pela boca do intérprete. Gregory Petrovich, misterioso doutor de Kazan, cultivador perdido nas brenhas brasileiras, ia sendo modelado pela garra do caricaturista, que pretendia fazer grandes coisas com ele. De nada valeu, com efeito, a sua obstinação em permanecer no amanho da terra. Desprezando no momento os maus conselhos do outro, ele prosseguiu afincadamente a plantar e a colher, com sorte vária, um ano, dois, três anos... Na verdade, não era tanto o gosto da terra que o movia a tamanho esforço; o que ele antes de tudo desejava era anular-se. Mas, fosse porque fosse, o caso é que por fim desistiu mesmo de tudo. Nem conseguira a riqueza porventura ambicionada, nem conseguira vencer a crise íntima que o esmagava. Ei-lo, pois, à mercê do romancista... Lima Barreto pega o pobre-diabo fracassado e joga-o em pleno Rio de Janeiro:

> Bogoloff fatigou-se de sua vida de colono, que nunca chegaria à fortuna, daquele viver medíocre e monótono, fora dos seus hábitos adquiridos. Viu a cidade, quis fugir ao sol inexorável, à gleba em que estava. Liquidou os haveres

e correu ao Rio de Janeiro. Foi professor aqui e ali, ganhando ninharias. Não encontrou apoio nem o procurou. Passava dias nos cafés, conheceu toda a espécie de gente, caiu na miséria e foi socorrido por Lucrécio, quando doente e sem vintém, em cuja casa estava há dois meses.

O destino largava-o no caminho de Lucrécio, e Lucrécio, instrumento cego do destino, ia abrir-lhe as portas da grande aventura.

*

Numa e a ninfa, romance da vida contemporânea, como lhe chama o autor, é a narrativa romanesca de todo um período de agitações políticas, fomentadas um pouco artificialmente por umas quantas ambições mais ou menos insatisfeitas de grupos empenhados em guardar o monopólio e a exclusividade do poder. Lucrécio Barba de Bode, capanga eleitoral a serviço de um desses grupos, tornou-se personalidade popular e por isso mesmo insubstituível no desempenho de certos papéis. Vivia na intimidade de alguns chefes e das suas tramoias, o que lhe emprestava um ar de graves responsabilidades. No fundo era um bom sujeito, ingênuo e tolo, mais prestativo para os outros do que para si mesmo. A sua amizade com o dr. Bogoloff, regada no mesmo copo de aguardente, já se vê que possuía outros motivos de enraizamento: tratava-se de um doutor, e ele se honrava de o ter sob a sua proteção. Havia de o colocar bem colocado, pondo em jogo todo o seu prestígio. Disse-lhe um dia:

— Doutor, tudo isso vai mudar. O "homem" vem...

— Quem?

— O Bentes.

Bogoloff não tinha nem fé nem estima pela política e muito menos o costume de depositar nela os interesses de sua vida. Calou-se, mas Barba de Bode asseverou:

— Pode ficar certo que lhe arranjarei um emprego.

112 | Interpretações

Mas, enquanto o emprego não vinha, era preciso viver. Empurrado pelo amigo Lucrécio, Gregory Petrovich foi-se deixando enrodilhar pelos tentáculos da agitação partidária, e quando deu conta de si estava integrado no torvelinho: "Bogoloff" — conta o romancista — "pôde ganhar algum dinheiro escrevendo artigos para jornais de pouca vida; meteu-se aos poucos no torvelinho dos que se agitavam à espera do reino dos céus que Bentes vinha realizar sobre a terra"... As suas relações com os chefes políticos se estendiam e se estreitavam, graças à vigilante dedicação do amigo, e dentro de algum tempo ele se fizera figura obrigatória em certas rodas, que lhe dispensavam todas as considerações. Um desses chefes, o deputado Costade, comprometeu-se a aproveitar a sua competência: "— Meu caro doutor, se eu for ministro, creia que hei de aproveitá-lo convenientemente. A República precisa de sangue novo... Veja só os Estados Unidos...".

O prognóstico do intérprete, formulado naqueles dias tristes e já longínquos do núcleo colonial, começava a realizar-se. Bentes, empossado na presidência, fez de Costade ministro do Fomento Nacional, e o novo ministro, cumprindo a promessa, nomeou Gregory Petrovich Bogoloff diretor da Pecuária Nacional. Bogoloff era maravilhoso: as suas ideias sobre pecuária iam seguramente revolucionar os processos conhecidos de criação. Expondo. os seus planos ao ministro, ele dizia:

> — Por meio de uma alimentação adequada, consigo porcos do tamanho de bois e bois do tamanho de elefantes.
>
> — Como? Mas, como, doutor?!
>
> — Os meus processos são baseados na bioquímica e já foram experimentados alhures. O grande químico e fisiologista inglês Wells escreveu algo a respeito. Não conhece?

Costade não conhecia, e isso tornava a coisa ainda mais maravilhosa. Mas o sábio russo era inesgotável: "por meio da fecundação artificial, injetando germes de uma em outra espécie", ele conseguiria criar cabritos que seriam ao mesmo tempo carneiros e porcos, e porcos que seriam cabritos ou carneiros, à vontade. Estudara igualmente um método de criar peixes em seco. O ministro não se continha:

— Milagroso! Mas ficam peixes?

— Ficam... A ciência não faz milagres, coisa é simples. Toda a vida veio do mar, e, devido ao resfriamento dos mares e à sua concentração salina, nas épocas geológicas, alguns dos seus habitantes foram obrigados a sair para a terra e nela criarem inteiramente meios térmicos e salinos iguais àqueles em que viviam nos mares, de modo a continuar perfeitamente a vida de suas células. Procedo artificialmente da forma que a cega natureza procedeu, eliminando, porém, o mais possível o fator tempo, isto é: provoco o organismo do peixe a criar para a sua célula um meio salino e térmico igual àquele que ele tinha no mar.

— É engenhoso!

— Perfeitamente científico.

O dr. Bogoloff instalou o seu gabinete no próprio edifício da Secretaria, à espera de verba para a organização definitiva da Estação Experimental de Reversão Animal e Quadruplicação dos Bois, que devia funcionar numa fazenda, com laboratórios e aparelhos complicadíssimos. Enquanto esperava, ia promovendo o registro dos estábulos e vacarias da cidade, e, a conselho do próprio ministro, redigindo os regulamentos pelos quais deveriam futuramente guiar-se os trabalhos práticos da repartição. E assim os dias passavam, ofícios para lá e ofícios para cá, amontoando-se a papelada nos armários e transformada a Diretoria da Pecuária Nacional em viveiro de oficiais, amanuenses, técnicos, ajudantes, serventes, adidos especiais...

*

Os traços caricaturais vincam o charlatão a fundo. Gregory Petrovich Bogoloff, tangido por circunstâncias de todo em todo imprevistas, verteu-se num homem importante e considerado alto funcionário brasileiro, cuja opinião se ouvia e acatava sem discrepância nos círculos administrativos. Os próprios parlamentares e jornalistas da oposição, quando combatiam os seus métodos e os seus projetos, nunca deixavam de salientar seu grande saber, digno de todo o respeito.

114 | Interpretações

"Bogoloff viveu assim feliz e tranquilo", informa-nos o romancista, acrescentando alguns dados referentes à sua vida antes de emigrar para o Brasil. Nascido em Kazan, vivia ali com o pai, pequeno livreiro, que tirava do modesto estabelecimento "os parcos recursos necessários à subsistência de ambos". Depois dos estudos preparatórios, Gregory Petrovich matriculou-se na Faculdade de Línguas Orientais; mas, terminado o curso, não sabia fazer nada, vivendo "encostado ao pai sem atinar como havia de empregar o seu persa e o seu tártaro". Não é difícil adivinhar que as suas relações de estudante pobre, filho de livreiro, naquela cidade, cuja Universidade fora sempre um foco de revolucionários, o levariam a frequentar os meios subversivos, do que lhe resultaria, muito logicamente, ir parar na cadeia, junto com outros, por suspeitas de conivência num atentado terrorista. Averiguado que ele nada tinha com o caso, soltaram-no; mas daí por diante passou a ser vigiado passo a passo. Teve de sair de Kazan, rolando de cidade em cidade. Morrendo-lhe o pai, meteu-se numa leva de emigrantes, em Odessa, e embarcou para o Brasil — "para sossegar e morrer".

Há qualquer coisa neste mistificador que nos leva a compreendê-lo e talvez até a perdoar-lhe. Desde logo verificamos, quando o examinamos mais de perto, que ele não é um tipo odioso, nem mesmo um tipo grotesco. Mais grotescos e odiosos nos aparecem, na verdade, aqueles que acreditam ou fingem acreditar nas suas mistificações de "sábio zootécnico". O romancista define assim a sua moral ou, melhor, a sua falta de moral: "Não tinha mais escrúpulos; e se não cobria a humanidade com desprezo, desprezava-se a si mesmo, não se detendo diante de empecilho moral senão daquele que fosse castigado pelo Código". Todo o seu drama decorria, pelo que se pode depreender desses breves dados, da consciência da sua incapacidade de adaptação a um mundo hostil e adverso: era impossível viver plenamente a "sua" vida, a vida que ele desejava edificar com as "suas" próprias mãos. E se isto era impossível, tudo o mais vinha a ser inútil e sem sentido... A mistificação se tornou para ele, de tal sorte, uma solução perfeitamente normal, embora precária e vazia. "A terra era boa e chã; e ele não se incomodava em saber se era bem governada ou mal." O seu problema pessoal consistia simplesmente em vencer-se a si mesmo, anulando-se, isto é, anulando e apagando dentro de si toda inquietação inútil e toda vã filosofia. O destino foi-lhe propício, neste particular, pelo menos temporariamente, levando-o a resolver o seu caso, de modo paradoxal, por uma espécie de superfetação daquilo que era nele apenas aparente e exterior. "Ia vivendo com a sua liberdade interior, perfeita e completa", escreve o romancista, rematando o seu perfil moral.

No fim de contas, vamos descobrir que a caricatura em Bogoloff é menos uma deformação ridícula da sua própria fisionomia do que uma máscara afivelada na sua cara. Por baixo da máscara percebe-se facilmente que há uma cara de traços regulares, marcados apenas pelo sofrimento e pelo desengano precoce.

*

Lima Barreto não abandonou Gregory Petrovich nas páginas de *Numa e a ninfa*. Este romance foi dado a público numa edição popular, em 1915; mas aí por volta de 1919, lembra-me bem, começou o romancista a publicar, em fascículos, as *Aventuras do dr. Bogoloff*. Isto é, apenas publicou um único fascículo, malogrando-se de início a tentativa. Trata-se de um caderno de dezesseis páginas, com 24×17, em papel áspero comum, e capa ilustrada em papel *couché*, sem data nem menção de tipografia. Como a coisa é curiosa e muito pouco conhecida, vale a pena reproduzir aqui a sua ficha bibliográfica:

AVENTURAS DO DR. BOGOLOFF/Publicação semanal (às terças-feiras) /Original de *Lima Barreto*/Episódios da vida de um pseudorrevolucionário russo/Narrativas humorísticas/Edição de A. Reias & Cia./Rua do Rosário Nº 99-sob./Telefone nº 3803/Rio de Janeiro/Preço: Capital: 200 réis — Estados: 300 réis/Fascículo I.

Estas *Aventuras* teriam sido redigidas em forma de memórias, na primeira pessoa. Gregory Petrovich começa a narrativa recordando a sua juventude em Kazan, as leituras na loja do pai, o curso na Universidade, as trapalhadas do atentado e da sua prisão, as caminhadas de cidade em

116 | Interpretações

cidade, a morte do pai, o embarque em Odessa para o Brasil, as peripécias da viagem até o Rio de Janeiro e a ida e permanência no núcleo colonial. Daí por diante, desde o diálogo com o intérprete até à sua nomeação para diretor da Pecuária Nacional, é tudo reprodução literal, com uma ou outra ligeira modificação, daquilo que se encontra em *Numa e a ninfa*[2].

Teria Lima Barreto concluído a redação das *Aventuras* ou teria redigido só o primeiro e mais algum ou alguns capítulos? Nada sei a este respeito. O que ainda posso acrescentar, no concernente ao dr. Bogoloff, é que o romancista utilizou o nome do seu personagem como pseudônimo para assinar pelo menos dois artigos, estampados num semanário esquerdista de São Paulo, *A Lanterna*, em janeiro de 1918. O próprio Lima Barreto é quem nos revela isso, em dois outros artigos reproduzidos no volume das *Bagatelas*. Mas isso me parece revelar também a existência de uma certa afinidade entre o criador e a sua criatura, entre o romancista e o seu personagem, no caso o dr. Bogoloff sem a máscara[3].

Novembro de 1941.

---

[2] Enganei-me ao afirmar que apenas um fascículo das *Aventuras do dr. Bogoloff* fora publicado: encontrei depois o segundo fascículo. E agora, examinando mais detidamente o texto de ambos e confrontando-o com o de *Numa e a ninfa*, sou levado a supor que a sua publicação tenha sido feita antes do romance, isto é, antes de 1915, e não por volta de 1919, como me parecia. O que se deu, provavelmente, foi o seguinte: malograda a edição semanal das *Aventuras*, o autor aproveitaria mais tarde os dois fascículos publicados e talvez mais algum já redigido e, refazendo tudo, comporia o romance, a que deu o título de *Numa e ninfa* (*Nota de 1944*).

[3] Nem foi esse o caso único em que Lima Barreto usou o nome de personagem dos seus romances para assinar artigos políticos. Uma outra vez pelo menos firmou ele com o nome de Isaías Caminha um artigo sob o título "Palavras de um 'snob' anarquista", publicado no semanário operário *A Voz do Trabalhador*, Rio, 1913, n. de 15 de maio. Observe-se ainda que tanto *A Lanterna* como *A Voz do Trabalhador* eram jornais de tendência declaradamente anarquista, que era aliás a tendência dominante nos revolucionários brasileiros antes da Revolução Russa de novembro de 1917. Que essa então era também a tendência ideológica de Lima Barreto não pode haver dúvida — e é o que ele, revelando as suas afinidades com o dr. Bogoloff, deixou escapar em certo passo das *Aventuras* (segundo fascículo), ao dizer: "Apesar de minhas secretas ideias anarquistas…" (*Nota de 1944*).

ESPELHO DA FAMÍLIA BURGUESA

Não é de hoje que os moralistas oficiais lançam contra o socialismo em geral e o comunismo em particular a terrível pecha de pretenderem destruir a instituição da família. Mas já em 1847 respondia-lhes Marx em pessoa, no seu histórico manifesto, dizendo que os comunistas não cogitavam de semelhante tarefa porque a dissolução da família vinha sendo feita pela própria burguesia... As palavras de Marx têm no caso aplicação dupla: referem-se, por um lado, à dissolução da família entre os proletários, devido à exploração capitalista sobre os componentes desta família; e, por outro lado, à dissolução da família entre os burgueses, como consequência lógica do declínio da burguesia como classe.

Estas coisas me ocorriam ao terminar a leitura do romance do sr. Gastão Cruls, *Vertigem*[1], o qual bem poderia ter um subtítulo assim por este jeito: "espelho da família burguesa". Não se trata do romance de "uma família", nem como construção, nem como drama; mas sem dúvida alguma é um romance da família burguesa cuja instituição se vai dissolvendo na inconsistência de laços morais frouxíssimos.

Creio que o autor está longe de ser um revolucionário, e decerto não entraria nas suas intenções compor um livro cujas conclusões sociais pudessem ser taxadas de revolucionárias. Porém, objetivamente, assim é, salvo melhor juízo. Ao meu ver, este resultado decorre simplesmente da honestidade do escritor. Ele me arquitetou o drama, dispôs os cenários, caracterizou os personagens tendo sempre em vista a realidade que o cerca e que ele conhece de perto. Feito isso, a narrativa seguiu o seu curso

---

[1] Gastão Cruls, *Vertigem* (Rio de Janeiro, Ariel, 1934).

118 | Interpretações

natural, sem deformações nem enganos, isto é, com honestidade. É claro que não basta narrar o que se vê para que a narrativa se converta em "romance". Na composição deste, além do elemento objetivo, entra também o elemento subjetivo, que vem a ser a qualidade do escritor, a sua capacidade de comunicar ao leitor a emoção sentida na criação da obra de arte. Preceito banal, bem o sabemos, e baste-me apenas lembrá-lo de passagem, pois o que me interessa aqui é somente verificar, digamos, sem pedantismo, o aspecto social do livro.

E repito, precisando o meu pensamento, que *Vertigem* é um romance de certo modo objetivamente revolucionário, por isso que todo ele reflete uma certa face da família burguesa em pleno processo de desagregação. Não porque o romancista tivesse o propósito predeterminado de mostrá-lo, ou porque tivesse tomado tal processo como "tese". Nada disso. A família burguesa é que de fato se desagrega, tanto do ponto de vista moral quanto do ponto de vista jurídico, acompanhando necessariamente a desagregação econômica e política da classe burguesa. O autor observou e narrou com honestidade um conjunto de episódios — que formam a trama da ficção — os quais, sendo verossímeis, se enquadram e se desenvolvem forçosamente dentro daquele processo.

Possível objeção, neste ponto, seria a seguinte: dizer que não é justo generalizar como conceito o que resulta de um caso particular, mesmo que este fosse não só verossímil, mas até verdadeiro. Objeção sem base aqui. Porque este caso particular é idêntico a muitíssimos outros. A família Amaral Marcondes é tudo quanto há de mais normal, de mais comum em certa camada social; é uma família burguesa modelo. Família da regra, sem nenhuma característica extraordinária, que lhe empreste foros de exceção. Seus componentes são todos eles tipos também normais, pessoas da melhor linhagem burguesa.

O dr. Amaral Marcondes, professor da Universidade, grande clínico, médico da alta burguesia, é o tipo do homem grave e conspícuo, justamente admirado na sociedade por seu saber e suas virtudes públicas e privadas; e, com isso tudo, se serodiamente apaixonado por uma moça

Espelho da família burguesa | 119

bonita, perde a tramontana e faz da "ética profissional" uma armadilha em que forceja por prender a mulher do próximo, acabando por aplacar os seus tardios ardores amorudos numa "pension" de mulheres de aluguel. Sua digna consorte, d. Alice, aparece como perfeita dama do chamado grande mundo: não falta à missa domingueira na matriz da Glória, dirige vários comitês de caridade e de obras pias, preside aos destinos da família com aristocrático despotismo; e, com tudo isso, cada vez se enreda mais na mentira e na intriga, vaidosa e fátua, vítima por fim da própria moral doméstica. Dos filhos do casal, o mais velho, ociosidade dourada e vulga- ríssima, vivendo de farra em farra, não se peja de azinhavrar as mãos ma- nicuradas em empréstimos inconfessáveis tomados ao portuga jardineiro, nem hesita em chegar ao furto das joias maternas. Rute casou com um jovem médico, charlatão sem escrúpulos. Licinha e Jorge, pessoalmente mais simpáticos, sofrem ambos a pressão dos preconceitos familiares — aquela, depois de um primeiro noivado malogrado, afrontando as iras da mãe que se opõe catolicamente ao seu casamento com um americano di- vorciado; e o outro, lutando contra a incompreensão e a hostilidade de pais e irmãos, porque procura no comunismo uma saída para a sua inde- corosa situação de inútil filho de papai.

Os outros tipos de outras famílias burguesas que aparecem no livro não apresentam melhores nem piores características. Tudo gente me- diana. Temos principalmente Clélia, esposa de um doente confiado aos cuidados profissionais do dr. Marcondes, cálida formosura ainda jovem, pela qual o médico se embeiçou perdidamente, num "coup de foudre" temporão e unilateral. Pois esta senhora Clélia, aparentemente tão e tão nobre até a metade do livro, revelou-se a páginas tantas uma doidivanas como qualquer outra, nem mais, nem menos. Esta revelação define a mo- ral da gente graúda que se agita no romance. Quando o dr. Marcondes fez a tremenda descoberta — pensam que sentiu dentro de si o baque da ilusão amorosa, que erigira como altar para sobre ele colocar o objeto de sua paixão? Qual nada. Sentiu apenas que era um trouxa por não ter antes do outro avançado na presa cobiçada. Gostei muito também deste pormenor saboroso: o retrato de Mussolini no quarto de Sartori, o italiano em cujos braços esportivos a senhora Clélia buscava mais fortes prazeres que os do lar. Sartori, por isso mesmo que bom fascista, era naturalmente um bravo defensor da sagrada instituição da família. E o dr. Braga, tio de Clélia? Político influente em São Paulo, deputado federal. O que se sabe dele, através do livro, é que, demais das infindáveis confabulações e conluios com os seus pares da politicalha, só se preocupa com o mulherio venal que borboleteia pelos antros do amor tarifado. Mas logo se adivinha que ele é no Parlamento uma das vozes mais poderosas no combate à depravação moscovita — precisamente como paladino da família, base da sociedade... Seu nome figuraria por certo entre os mais ardorosos propugnadores da lei celerada de 1927.

Vertigem se passa no Rio de Janeiro e todo o ambiente do romance é bem carioca. Mas a psicologia da pequena humanidade que ali se move é universal, visível em qualquer latitude. Porque é uma psicologia de classe, psicologia da gente burguesa de qualquer país. Mudados os nomes dos personagens e feitas algumas adaptações de paisagem e de outros detalhes secundários, a ação do romance poderia desenvolver-se em qualquer grande cidade do mundo. Uma contraprova: ela seria inverossímil na URSS, isto é, no único país do mundo onde não domina a burguesia. O que ainda mais valoriza *Vertigem* como ótimo espelho da família burguesa contemporânea.

Fevereiro de 1935.

A PROPÓSITO DE *VIDAS SECAS*

Eu estava ruminando umas páginas de chumbo, pesadas, fatigantes, mas de uma tenacidade irresistível, do *De Jean Coste* de Peguy, quando esbarrei nesta frase, que me parece uma coisa tremenda: "*Nous ne pouvons pas, ce serait commode, mais nous ne pouvons pas croire qu'il n'y a pas de misère parce que nous ne la regardons pas; elle est quand même, et nous regarde*"[1]. É terrível... "*elle est quand même, et nous regarde*"...

Uns dias antes de pegar nesse *De Jean Coste* eu havia lido *Vidas secas*[2] do sr. Graciliano Ramos. Não sei se foi por efeito da vizinhança de leitura, mas o fato é que a frase terrível de Peguy me fez lembrar, de supetão, a miséria das "vidas secas" contada pelo nosso grande romancista. Fabiano, sinhá Vitória, os meninos sem nome, a cachorra Baleia, o soldado amarelo, a diferença de juros nas contas do patrão, a venda de "seu" Inácio, o fiscal da prefeitura... e a seca que vem, que vai e que volta...

Não nos ufanemos por enquanto do nosso país. A miséria está aí... e nos encara com os olhos medonhos: "...*elle est quand même, et nous regarde...*".

*

Há quem acuse os nossos romancistas tipo Graciliano de só verem e saberem contar as misérias e as desgraças do povo do Nordeste — o que, para os acusadores, vem a ser uma limitação, uma diminuição e até

[1] Charles Péguy, *De Jean Coste* (Paris, Gallimard, 1937), p. 29.
[2] Graciliano Ramos, *Vidas secas* (Rio de Janeiro, José Olympio), 1938.

122 | Interpretações

uma falsificação de não sabemos que sublimes preceitos da arte de fazer romances. Não compreendo nada de tais sublimidades, nem me interessa averiguar se o sr. Graciliano Ramos e os outros saberão ou não contar outras coisas que não sejam as misérias e desgraças do Nordeste. Creio razoável supor, simplesmente, que eles se dedicam de preferência às coisas do Nordeste porque, sendo nordestinos, melhor conhecem e sentem aquelas coisas do que as coisas de outras regiões brasileiras. É natural.

Sem dúvida, nem tudo são misérias e desgraças no Nordeste; nem é só no Nordeste que existem misérias e desgraças. Elas existem em todas as regiões do Brasil, de Norte a Sul; existem igualmente em todos os países do mundo, em grau menor ou maior. Já sabemos disso. Mas o de que se trata, nessa questão dos romancistas do Nordeste, é que eles são por vezes acusados de nos seus livros só retratarem a cara feia e dolorosa da miséria nordestina. Demais de injusta, semelhante acusação a meu ver peca pela insensatez e pelo pedantismo. Como exigir dos romancistas nordestinos que se alheiem, nas suas obras, ao sofrimento infinito do povo em cujo meio nasceram, viveram e sofreram também? Monstruosos e falsários seriam eles se o tentassem. A obsessão da miséria, que os domina irresistivelmente, só os pode dignificar. Nem seriam eles romancistas dignos da própria vocação se pudessem tornar a sua sensibilidade impermeável à necessidade — isto mesmo: necessidade — de captar e transmitir os gemidos e as revoltas da sua gente. Como fazem certos "criadores" de mundos povoados apenas de fantasmas que se perdem em cogitações misteriosas, delirantes e inconsequentes.

Bem consideradas as coisas, os romancistas brasileiros, que fazem da miséria terrivelmente viva do nosso povo o tema central das suas obras, estão cumprindo o seu dever supremo. Vamos deixar de pabulagem. O problema da miséria é o mais importante, o mais urgente, o mais inadiável dos problemas que reclamam solução neste país. Fingir desconhecê-lo é hipocrisia; desinteressar-se dele é cumplicidade. Está visto que os romances não vão resolvê-lo; mas podem, mas devem contribuir para que ele seja resolvido. Contribuir, evidentemente, com os seus recursos próprios

A propósito de *Vidas secas* | 123

e específicos, suscitando nos leitores um estado emocional capaz de transformar-se em vontade de ação — direta ou indireta, imediata ou remota, máxima ou mínima — que venha integrar-se no esforço nacional pela abolição da miséria no território brasileiro.

Neste sentido, o último romance do sr. Graciliano Ramos vem a ser uma contribuição de primeira ordem. Não se trata, longe disso, de nenhum gênero híbrido e espúrio, meio romance, meio sociologia, isto é, nem romance, nem sociologia, nem nada. Em *Vidas secas* há unicamente um romance-romance, um romance cem por cento romance. Mas romance de um escritor que não pertence ao número daqueles que não querem ver a miséria e só por isso negam a sua existência ou, quando não podem de todo negá-la, entendem desdenhosamente que ela não constitui um tema digno de transposições literárias.

*

Vidas secas, vidas brutas, vidas limitadas, vidas de cristãos e de bichos misturados no mesmo plano de sofrimento e abandono. Mas vidas bem vividas dentro da sua limitação. A psicologia dos personagens de *Vidas secas* — porque afinal os miseráveis também possuem psicologia — não se debate nem se emaranha bobamente em torturas impossíveis. É curta, espessa e dura como a sua vida mesma. O seu corpo e a sua alma são iguais, desconfio até que são da mesma substância. Eis o que me parece uma das mais fortes características deste romance.

E esta identificação de matéria e espírito, creio eu, é que explica o que há de admirável nessa criação da cachorra Baleia — que "raciocina" e "sente" com cérebro e alma de cachorra. Dir-me-ão que essa "psicologia canina" é coisa puramente convencional, pois que os "sentimentos" e "raciocínios" da cachorra Baleia não passam de meras interpretações arbitrárias forjadas pelo romancista. Não senhor, não é bem assim. O romancista, naturalmente, e até por definição, é sempre um intérprete. Mas há intérprete e intérprete. E entre intérprete e intérprete há muita gradação,

124 | Interpretações

na verdade mais qualitativa que quantitativa, condicionando o seu poder de percepção e o seu sentido de expressão. Trata-se de uma qualidade inata, que se pode apurar, mas não se pode adquirir, e é o que propriamente se chama um dom.

O dom de ser romancista, sem tirar nem pôr. Ausente este dom, aí sim, intervém o arbítrio, com todas as suas consequências. É o que acontece precisamente com os falsos romancistas, os quais, na sua incapacidade de interpretar o mundo vivo, pretendem "criar" realidades fora da realidade, "criar" vidas fora da vida: perdem-se no arbitrário e por consequência na mistificação. Ora, no caso da cachorra Baleia não há nenhuma interpretação arbitrária, nenhuma nota falsa, nenhuma atitude humanizada: Baleia vive, raciocina e sente como cachorra. Sofre como cachorra. Morre como cachorra. Não se ouve nenhum falsete humano nos seus latidos e gemidos. A sua alma é uma alma de cachorra num corpo de cachorra. Daí justamente todo o patético do seu papel no drama da família Fabiano. Se houvesse qualquer arbítrio na interpretação da sua psicologia, o efeito visado pelo romancista ter-se-ia frustrado completamente e descambaria com certeza no caricatural.

*

Vem outra seca. Fabiano, sinhá Vitória e os dois meninos abandonam tudo, caindo outra vez no oco do mundo, na caminhada espantosa. Para onde vão? Verdadeiramente, não vão: fogem. Fogem na direção dos montes que aparecem ao longe. Que haverá para além daqueles montes? Nas suas cabeças apenas se esboçam vagamente respostas muito confusas. Os seus corações batem forte, mas é de medo e de agonia diante do desconhecido. O instinto, só o instinto os empurra para a frente, só o instinto lhes fornece alguma esperança. Guiados pelo instinto, os seus pés caminham, batendo o chão calcinado.

Para onde irão? Para os seringais do Amazonas? Para os cacauais da Bahia? Para os cafezais de São Paulo? Para as favelas do Rio de Janeiro?

A propósito de *Vidas secas* | 125

Eles não o sabem. Mal e mal conseguem imaginar que existem outras terras com muita verdura, muita água e muita gente. Mas nós, que vivemos para aquém daqueles montes, nós sabemos para onde eles irão. E sabemos também que a miséria não ficou nos sertões torrados, mas seguirá com eles, para o Amazonas, para a Bahia, para São Paulo, para o Rio de Janeiro. Isto é que é terrível — terrível para Fabiano e terrível para nós.

Fabiano foge da miséria da seca e vem ao nosso encontro, com a mulher e os filhos. Como vamos nós recebê-los? Eis aí todo o problema da miséria brasileira suscitado pelo romance do sr. Graciliano Ramos.

Junho de 1938.

História política e social

Intelectuais — entre eles os comunistas Caio Prado Jr., Oswald de Andrade e Jorge Amado — recebem Pablo Neruda no aeroporto de Congonhas, São Paulo, em 12 de julho de 1945 (nesse dia Astrojildo cumpria agenda do partido no Rio de Janeiro, por isso não pôde comparecer). Arquivo ASMOB/IAP/CEDEM.

SOCIOLOGIA OU APOLOGÉTICA?

I – O soldado vermelho de John Reed

Só agora tivemos ocasião de ler o livro famoso do sr. Oliveira Viana, *Populações meridionais do Brasil*, cuja segunda edição data já de 1922. E compreendemos facilmente a fama do livro: todo ele visa justificar, histórica, política e socialmente, o domínio dos fazendeiros, dos grandes proprietários de terras, daquilo que o autor chama, com admiração, a "aristocracia rural". É antes obra de apologética, vazada em estilo colorido e cantante, com um vistoso verniz científico, do que de sociologia, de análise objetiva, de estudo realista.

"Para a perfeita compreensão do passado — escreve o autor, no prefácio —, a investigação científica arma hoje os estudiosos com um sistema de métodos e uma variedade de instrumentos que lhes dão meios para dele fazerem uma reconstituição, tanto quanto possível, rigorosa e exata." Isto é verdade pura. Mas como foi ela praticada pelo autor? De que instrumentos lançou mão? Quais os métodos de que usou na investigação do passado brasileiro? Ele mesmo os aponta: 1) os textos e documentos escritos; 2) a antropogeografia; 3) a antropossociologia; 4) a psicofisiologia; 5) a psicologia coletiva; 6) a "admirável ciência social" de Le Play... Eis tudo. E há de tudo, com efeito, nesse bazar de instrumentos e métodos científicos, com os nomes "gloriosos" dos seus inventores ou criadores — Ratzel, Gobineau, Lapouge, Ammon, Ribot, Serge, Lange, James, Le Bon, Sighele, Tarde, o referido Le Play, H. de Tourville, Demolins, etc., isto é, os Oliveiras Vianas da Alemanha, da França, da Itália, da Inglaterra, dos Estados Unidos.

130 | Interpretações

Como diria aquele rude guarda vermelho do livro de John Reed: nós não somos sábios e confessamos lisamente a nossa ignorância de todos esses ilustríssimos sujeitos; mas o que sabemos, firmemente, é que este mundo está dividido em duas classes — a classe dos exploradores e a classe dos explorados — e que tais eminentes sábios estão do lado da classe dos exploradores, a cujo serviço colocam a sua ciência. Como acontece entre nós com o sábio Oliveira Viana.

Ora, depois daquela nomenclatura de ciências e sábios, logo assaltou-nos a desconfiança: com certeza não aparecem aqui nem o Marx nem o Engels, nem tampouco se aponta o método marxista de investigação, o de interpretação materialista, o de luta de classes... Desconfiança justificadíssima. Marx e Engels parece que jamais existiram para o sociólogo rural das *Populações meridionais*. Em todo o volume só existe uma referência direta à luta de classes. Mas, estranha coisa! para negar a sua importância — "entre nós, na história do Brasil".

Eis o que se lê à página 180: "Toda a evolução grega, toda a evolução romana, toda a evolução medieval, toda a evolução moderna se fazem sob a influência fecunda (!) das lutas de classes. Em nossa história, tais conflitos são raríssimos. Quando surgem, apresentam invariavelmente um caráter efêmero, ocasional, descontínuo, local". E quais são esses "conflitos raríssimos"? O próprio autor responde:

> É a luta dos fazendeiros paulistas contra os jesuítas, na questão dos índios. É a luta dos oligarcas maranhenses contra os comerciantes monopolistas, na revolução de Beckman. É a luta dos nobres da terra contra os "mascates", em Pernambuco. É a formidável coligação paulista contra os reinóis de Nunes Viana, na "guerra dos emboabas". São as pequenas e ardentes lutas locais, no Rio, entre os proprietários de terra, ciosos dos seus privilégios políticos, e a peonagem enriquecida, refugada do poder e da administração.

Mesmo essas lutas, que não podiam ser ocultadas, são diminuídas "nos seus efeitos" e qualificadas de "inteiramente negativas em relação à evolução política e social da nacionalidade" (p. 181).

II – Uma regra sem exceção

É anticientífico, e além disso inútil, querer pôr o Brasil fora da regra universal da luta de classes. Não há exceção nesta regra. É anticientífico porque não é verdadeiro. E é inútil porque vãos aparecem todos os esforços por ocultar a realidade. Vamos servir-nos do próprio livro do sr. Oliveira Viana para comprovar o que dizemos. Veremos que a luta das classes e subclasses enche todos os períodos históricos estudados nas *Populações meridionais*. Certo, nem sempre as classes e subclasses mostram contornos definitivos e inconfundíveis, em suas lutas mútuas. Quando, porém, isso não acontece, é no desenvolvimento mesmo dessas lutas que tais contornos se precisam e definem.

Em primeiro termo há que apontar a luta fundamental e genérica, que se inicia com a descoberta cabralina: entre os representantes da metrópole, donatários, sesmeiros, capitães-mores, latifundiários, bandeirantes, mineradores, senhores de engenho, fazendeiros, de um lado, e os selvícolas do outro lado. Que foi esta luta secular, obstinada, feroz, cruel, travada desde os primórdios da nacionalidade? A que objetivos visava ela? Um único: a posse da terra e das riquezas nela contidas. Objetivos puramente econômicos. Luta de classes da boa, evidente, caracterizada, autêntica.

Na página 20 do volume em apreço encontra-se esta observação interessantíssima: "Dissemos que no IV século a população brasileira está completamente ruralizada. Realmente, essa necessidade forçada da presença permanente no latifúndio agrícola acaba gerando, no seio da sociedade colonial, um estado de espírito, em que o viver rural não é mais uma sorte de provação ou de exílio para a alta classe, como senhora; mas um sinal mesmo de existência nobre, uma prova até de distinção e importância".

Que significa tudo isso senão a consolidação da luta contra o selvícola, a consolidação da posse da terra pelos "senhores" vindos de além-mar ou seus descendentes? E esse "estado de espírito", decorrente de um fato econômico, nada mais é que a consagração moral ("moral"

132 | Interpretações

de latifundiários, bem entendido) daquela consolidação da posse sobre a terra conquistada, a ferro e a fogo, aos índios dizimados em nome de S. M. Cristianíssima.

Naqueles tempos, escreve o autor, "Cada curral avançando no deserto é uma vedeta contra a selvageria. Cada sesmaria, um futuro campo de luta. Cada engenho, uma fortaleza improvisada. Dentro dos solares as flechas ervadas dos índios e os mosquetes dos mamelucos e dos cabras estão sempre prontos, na previsão dos assaltos" (p. 193).

Porém, continua — "Dissipado o perigo aborígene, e à medida que a civilização avança para o interior, começa a surgir um novo perigo. São os quilombolas" (p. 194). Isto é, são os bandos de negros escravos fugidos, que lutam, a seu modo e segundo as possibilidades da época, contra a classe opressora dos "senhores".

O perigo aborígene estava conjurado, a propriedade dos latifúndios estava consolidada, a "aristocracia rural" organizava a grande exploração da terra na base do braço escravo importado da África. Ora, a opressão gera a luta, inevitavelmente. Os negros lutaram. Luta, aqui também, cruel, feroz, obstinada e secular. Variando de meios, de processos, de armas, ela durou desde a chegada às terras brasileiras da primeira leva de escravos até 1888. Autêntica luta de classes, que encheu séculos da nossa história, e teve o seu episódio culminante de heroísmo e grandeza na organização da República dos Palmares, tendo à sua frente a figura épica de Zumbi, o nosso Spartacus negro.

A República dos Palmares forma uma das mais belas páginas da história do Brasil, e Zumbi é o tipo magnífico, que os historiadores do futuro (nesse tempo, que não vem longe, os Oliveiras Vianas terão desaparecido) hão de colocar muito acima dos Vieiras de Melo, Domingos Jorges e os outros "heróis" da "aristocracia rural", como aquela gloriosa fera chamada Bartolomeu Bueno do Prado, enviado pelo governador Gomes Freire para destruir o "terrível quilombo" do rio das Mortes. Compare-se a figura de Zumbi com a desse "nobre" e, além de "nobre", "Bueno", cuja proeza foi assim descrita pelo velho Pedro Taques, descendente e historiador da *Nobiliarquia paulistana*: "Bueno desempenhou tanto o conceito que se formou no seu valor e disciplina de guerra contra os índios e pretos fugidos, que, depois de organizar a sua força e atacar o quilombo, voltou em poucos meses apresentando 3.900 de orelhas dos negros que destruiu" (transcrição das *Populações meridionais*, p. 194).

Notemos, de passagem, que é desse "nobre" e "bravo" Bartolomeu que descendem os Buenos e Prados de hoje, os grandes fazendeiros e potentados da "aristocracia rural" que ainda domina em S. Paulo e Minas.

Índios e escravos contra os Prados e Buenos de ontem. Colonos e proletários contra os Buenos e Prados de hoje. Sempre, desdobrando-se de etapa em etapa, a mesma luta de classes fundamental.

III – "Urbanos" contra "rurais"

Temos também a luta da burguesia nascente contra a aristocracia rural. A leitura do livro do sr. Oliveira Viana não deixa a menor dúvida a este respeito, refutando, de tal sorte, a sua própria teoria da inexistência da luta de classes no Brasil. Vejamos.

Página 105:

> Em certos pontos, como no Rio ou em S. Vicente, esses aristocratas territoriais revelam tendências sensivelmente oligárquicas. Nada mais curioso do que acompanhá-los nos seus esforços para limitar e concentrar nas suas mãos opulentas os privilégios políticos, de modo a fazê-los uma consequência da propriedade da terra. No Rio, de 1630 em diante, são excluídos do direito de voto os que moram no sertão, os mestres de açúcar, feitores e pessoas que vivem nos engenhos; os regulares; os taverneiros e os vendeiros. Só a fidalguia territorial pode exercer o direito eleitoral.

Os taverneiros e os vendeiros da cidade não se conformam com esse privilégio, que os exclui da administração. Protestam contra ele. Lutam encarniçadamente. "Excluídos da representação política da câmara, os mercadores lusitanos protestam. Não veem motivo, dizem, para essa exclusão" (p. 105).

134 | Interpretações

Em Santos é a mesma coisa. Excluem-se do Senado e da Câmara os "negociantes de vara e côvado". Todos "os elementos populares são excluídos do governo: a capacidade política vai prender-se diretamente ao domínio rural" (p. 106).

A que visa a nobreza nessa luta contra a burguesia nascente? "Em tudo isso o que se sente", explica o autor, "é um vigoroso trabalho de depuração e filtragem, tendente a eliminar do corpo político os que não são proprietários de terra." (p. 106).

Isto é o que se passa nas cidades mais importantes, onde aparece, e vai pouco a pouco aumentando de força econômica, uma burguesia comercial típica. No interior do país, ela é logo esmagada, no nascedouro. "Com a sua onímoda capacidade produtora[1], o grande domínio impede a emersão, nos campos, de uma poderosa burguesia comercial, capaz de contrabalançar a hegemonia natural dos grandes feudatários territoriais" (p. 134).

A luta se prolonga, século em fora, entre "urbanos" e "rurais". Com a chegada de d. João VI ao Brasil, a burguesia urbana tomou grande impulso, com "os altos lucros do comércio estrangeiro" estabelecido por efeito da lei de abertura dos portos.

> Essa classe, de origem e caráter puramente urbanos, contrasta vivamente, nos salões e corredores do paço, com os orgulhosos e austeros senhores territoriais, descidos, há pouco, do planalto paulista e das montanhas mineiras, e intangíveis nos seus pundonores de independência e hombridade[2]. De 1808 a

---

[1] O insuspeito Antonil mostra-nos com precisão de onde vem essa capacidade produtiva: "Os escravos são as mãos e os pés do senhor de engenho, porque sem eles não é possível no Brasil fazer, conservar e aumentar fazenda, nem ter engenho corrente" (citado pelo autor na p. 64).

[2] Todo o livro está cheio dessa fraseologia apologética em relação aos senhores territoriais. A apologia é suspeitíssima. O próprio autor cita cronistas da época colonial, que nos transmitem impressão muito diversa. Um deles qualifica certo grande chefe bandeirante de "estúpido e insensível campeão" (p. 90). São Paulo, onde habitava a mais pura "aristocracia rural", era considerada por Vosgien como "uma espécie de república, independente dos portugueses, composta de bandoleiros de diferentes nações, todos

Sociologia ou apologética? | 135

1831 ela se faz uma das grandes forças determinantes da nossa história geral. Nela é que se vão recrutar os "recolonizadores" mais insolentes e virulentos. No fundo, a luta entre os partidários da "recolonização" e os "liberais" brasileiros não é senão uma luta entre "burgueses" e "rurais", isto é, entre essa nova nobreza urbana, na essência, lusitana, e a velha nobreza das fazendas, medularmente brasileira (p. 31).

Entre essas duas classes rivais uma outra se intromete, igualmente cobiçosa de poder. "É a classe dos fidalgos e parasitas lusos, formigantes nos recessos do paço, em redor do rei, e, como ele, foragidos aos soldados de Junot" (p. 31-2). Continua o autor, na mesma página: "Essas três classes, de 1808 a 1822, buscam preponderar no país e na corte. Encaram-se, por isso, no paço, cheias de prevenções recíprocas e animosidades dissimuláveis. Os primeiros conflitos coriscam, rápidos, naquele ambiente de hipocrisias e cortesanismos".

IV – Diferenciações e acercamentos

A luta de classes manifesta-se por formas diversíssimas. Ela provoca diferenciações e contradições internas, dentro de uma mesma classe, de onde surgem subclasses, subdivisões, categorias e grupos antagônicos; assim como, em sentido contrário, propicia acercamentos, alianças, acordos entre subclasses e categorias sociais diferentes. São movimentos táticos, conscientes ou não, sempre ditados pelo jogo dos interesses em causa.

Numerosos exemplos dessa natureza encontram-se nas páginas das *Populações meridionais*. Citaremos alguns.

Entre os latifundiários de origem fidalga e os de origem plebeia o conflito dura "todo o período colonial" (p. 13). Conflito "vivace", conflito

---

destemidos e grandes ladrões, que pagam um tributo de ouro a El-Rei de Portugal" (p. 215). Froger tem a mesma opinião, quando diz que a cidade de São Paulo tira a sua origem *"d'un assemblage de brigands de toutes les Nations"*... (mesma página) . A "gloriosa" façanha de Bartolomeu Bueno do Prado, no quilombo do Rio das Mortes, não desmente a exatidão de tais conceitos...

136 | Interpretações

"interessantíssimo", assim o qualifica o autor, e que se pronuncia, do III século em diante, pela "ascensão dessa camada (a de origem plebeia), que acaba, por fim, por submergir a primeira (a de origem fidalga) — e absorvê-la" (p. 14).

Não tem outra significação o antagonismo de poder — isto é, de interesse — entre a "aristocracia territorial" e os "delegados políticos da metrópole", durante os dois primeiros séculos de colonização. Eis como se expressa o autor a este respeito:

> Durante o I e II séculos, essa vigorosa aristocracia territorial, que vimos florescer em São Vicente e São Paulo, mostra-se senhora de um prestígio, que contrabalança e supera o dos próprios delegados políticos da metrópole. Estes, mesmo os mais graduados, armados embora de poderes amplíssimos, sentem-se diante desses magnatas como que amesquinhados. São quase sempre forçados a contemporizar e a transigir, para evitar desautorações dolorosas. (p. 57)

Também esse conflito dura séculos, decaindo a preponderância dos "caudilhos rurais" em seguida à guerra dos "emboabas". Causas econômicas determinaram a sua origem, o seu desenvolvimento e o seu desfecho. O sr. Oliveira Viana, naturalmente sem dar nome aos bois, é no entanto preciso neste ponto. Eis o que ele escreve: "O poder colonial, que até então se havia mostrado transigente, longânime e mesmo pusilânime, muda subitamente de atitude e toma, daí por diante, para com eles [os "caudilhos rurais"], nos seus centros de maior influência, uma conduta inteiramente oposta: ataca-os de frente, rijamente, com intrepidez e decisão, no intuito óbvio de dominá-los, esmagá-los, triturá-los". — "São dois séculos quase de combate tenaz e vigoroso, de luta árdua e brilhante entre a caudilhagem territorial e o poder público." (p. 225-6).

O formidável e crescente poder econômico dos latifundiários dera-lhe a preponderância nos primeiros tempos. Mas depois descobrem-se as minas de ouro e diamantes, e é nelas que a metrópole se firma para derrubar o poderio arrogante dos "caudilhos rurais". É o que se lê na mesma página (226):

"Essa reação contra o caudilhismo rural somente se inicia no III século. O motivo desse retardamento é que só nos fins do II século e nos começos do III se descobrem as minas de ouro e de diamantes — a velha aspiração da coroa portuguesa".

Repete-se aqui, na terra americana, dentro do ambiente americano, luta semelhante à luta secular da realeza contra os senhores feudais, em terras europeias. O sr. Oliveira Viana vê mesmo, nos potentados rurais do Brasil literalmente, certos "pendores feudalizantes" (p. 305). E diz: "Enquanto não se opera a expansão para as minas, o governo metropolitano os acaricia e festeja; depois, descobertas as minas e abertos que foram os grandes vieiros auríferos e diamantíferos, o conflito deflagra, violento e fatal, entre os caudilhos e a autoridade colonial. Esta defende os privilégios do rei, que os caudilhos ameaçam" (p. 306).

Ainda depois da Independência, em meados do século passado, essa luta continua, se bem que noutro plano. Aqui o poder da realeza, poder central, ataca por meios diversos, diretos e indiretos, o poder local dos latifundiários. Mas, no fundo, a luta é sempre a mesma.

> Na reação do poder central, operada em 41, contra a oligarquia provincial, o que o poder central tem realmente em vista é, em última análise, o caudilho local, isto é, o potentado das matas e dos sertões, o senhor de grandes domínios, o grande chefe de aldeia. É ele, com o seu clã político de eleitores ou o seu clã marcial de capangas, que o poder central visa, na sua reação; como visa o poder provincial, durante o período regencial, de 35 a 40; como visa a metrópole, na sua reação do III século. (p. 247)

V – Ciência "perigosa"... porque verdadeira

Em todos esses conflitos entre classes, subclasses e categorias sociais, registrados, apesar de tudo, nas páginas das *Populações meridionais*, o que se vê, como objetivo final, é sempre a luta contra o poder ou pelo poder — o que significa, precisamente, a forma aguda da luta de classes. Já a existência do poder, por si mesma, é uma prova da coexistência de classes antagônicas, seja em que estágio for da sociedade. Ora, a coexistência de classes antagônicas quer dizer luta entre essas classes no sentido de resolver os antagonismos de interesses que as separam.

Tarefa, portanto, completamente frustrada foi a do autor, pretendendo, no seu estudo sobre a formação das *Populações meridionais do Brasil*, negar que a história do Brasil seja também, toda ela, uma história de luta de classes. Negado embora, ou apoucado, o fato reponta, incoercível, a cada capítulo da obra.

Plena razão — ditada pelo instinto profundo de classe — tinha o soldadinho vermelho de John Reed: "— Sim, senhor; o senhor é um grande sábio e eu sou um simples ignorante; mas... neste mundo existem duas classes...".

O sr. Oliveira Viana, "grande sábio" brasileiro, apoiado por "eminentes sábios" universais, todos desdenhosos, como ele, da "ciência perigosa" de Marx e Engels, enceta a publicação de vasta obra de sociologia, toda ela destinada a provar que no Brasil não "existe" a luta de classes — nunca "existiu" no passado e, por conseguinte, não deve "existir" no presente... Aparece o primeiro volume: *Populações meridionais*. Sim senhor; mas... o que ele prova, no fim de contas, é a exatidão da teoria de Marx e Engels, é a verdade científica do marxismo e a falsa, ou pelo menos falha, ciência de Ammon, Ribot, Sighele, Le Play & Cia. — dele próprio, sr. Oliveira Viana, inclusive.

VI – Filosofia de classe

A segunda edição de *Populações meridionais* — é a que temos em mão — data de 1922. Seu prefácio, porém, está datado de novembro de 1918, o que faz supor tenha o livro saído dos prelos, em primeira edição, nos primeiros meses de 1919. Teria sido escrito, pois, provavelmente, durante os últimos anos da guerra e primeiros da Revolução Russa, 1916, 1917, 1918...

Período de agudíssima luta de classes no mundo inteiro. No Brasil também — desde o movimento de massas, caótico, mas avassalador, que em São Paulo, no mês de setembro de 1917, abalara os alicerces em que assenta o seu poder a velha "aristocracia rural" descendente do "nobre" Bartolomeu Bueno do Prado.

Não é crível que a coincidência dessas datas seja pura obra do acaso. Porque ela explica, visivelmente, a filosofia do livro do sr. Oliveira Viana. Filosofia reacionária, antirrevolucionária, antiproletária da primeira à última linha. Que conclusões, com efeito, resultam da exposição e da argumentação de *Populações meridionais*? Elas são fundamentalmente três, encadeadas entre si, e aparecem com uma finalidade eminentemente política. Vejamos.

1) O postulado da não existência da luta de classes na formação histórica e social do Brasil. Que significa isto? Significa o seguinte: que o Brasil é um país "diferente" dos outros; que a luta entre as classes em nada contribuiu para a formação do povo brasileiro; que não há, entre nós, a tradição da luta de classes; que a luta de classes, portanto, é um fenômeno social antibrasileiro; que, finalmente, aqueles que no Brasil estudam e pretendem resolver os problemas sociais colocando-se no ponto de vista da filosofia marxista — esses tais não têm nenhuma razão de ser em "nossa" terra, são estrangeiros todos; senão de nascimento, pelo menos de espírito, e devem ser exterminados do "nosso" convívio, como loucos e visionários, e demais disso perturbadores da "brandura" de métodos com que a história vai construindo, nesta parte do mundo, uma grande Nação...

2) Da negação da luta de classes decorre, naturalmente, a teoria do Estado. É o que o autor chama a "intelectualização do conceito do Estado", isto é, "o conceito do Estado na sua forma abstrata e impessoal" (p. 313). Estado fora das classes, acima das classes, superior às classes... Mas o mais curioso é mostrar o autor que o povo brasileiro não possui essa noção "intelectual" do Estado. "Temos da autoridade pública" — escreve ele, na mesma página — "uma visão ainda grosseira, concreta, material — a visão que as suas encarnações transitórias nos dão. Não lhe elaboramos uma visão intelectual, genérica, já sem a marca das impressões sensoriais." E como não possuímos essa noção, o sr. Oliveira Viana a erige em ideal supremo da nacionalidade. É preciso, doutrina ele, "fundir moralmente o povo na consciência perfeita e clara da sua unidade nacional e no sentimento

140 | Interpretações

profético de um alto destino histórico" (p. 315). Ora, conclui, "esse alto sentimento e essa clara e perfeita consciência só serão realizados pela ação lenta e contínua do Estado — um Estado soberano, incontrastável, centralizado, unitário, capaz de impor-se a todo o país pelo prestígio fascinante de uma grande missão nacional" (mesma página).

3) Estado, porém, que deve estar nas mãos dos fazendeiros de café, descendentes e herdeiros da velha "aristocracia rural", que tem felizmente presidido à formação histórica e social do Brasil...

Tal a ideia dominante, insistente.

Página 61: "...o grande domínio agrícola se erige, na sociedade vicentista, como a causa e o fundamento do poder social. Nele descansa o seu prestígio a nobreza da terra. É o único vieiro da fortuna. É a condição principal da autoridade e do mando".

Página 24: "Este possante senhor de latifúndios e escravos, obscurecido longamente... no interior dos sertões, entregue aos seus pacíficos labores agrícolas e à vida estreita das nossas pequenas municipalidades coloniais — somente depois da transmigração da família imperial, ou melhor, somente depois da independência nacional, desce das suas solidões rurais para, expulso o luso dominador, dirigir o país".

Página 35, onde se diz tudo, em síntese clara:

> Depois de três séculos de paciente elaboração, a nossa poderosa nobreza rural atinge, assim, a sua culminância: nas suas mãos está agora o governo do país. Ela é quem vai daqui por diante dirigi-lo. — É esta a sua última função em nossa história. — Dela parte o movimento pastoril e agrícola do I século. Dela parte o movimento sertanista do II século. Dela parte o movimento migrador do III século. Nela se apoia o movimento político da independência e da fundação do império. Centro de polarização de todas as classes sociais do país, a sua entrada no cenário da alta política nacional é o maior acontecimento do IV século.

Tal a filosofia política do livro.

Filosofia ao serviço dos latifundiários e fazendeiros que ainda dominam o Brasil.

Fins de março de 1929.

RUI BARBOSA E A ESCRAVIDÃO[1]

Como processo histórico, a luta contra a escravidão dos negros africanos, entre nós, pode-se dizer que teve o seu ponto de partida no dia mesmo em que aportou às nossas praias o primeiro navio negreiro vindo das costas da África. Mas o seu reconhecimento em termos legais só se verificou em 1831, quando a lei dos senhores, condenando o tráfico, admitiu, pela primeira vez, o princípio da abolição do trabalho escravo. E ainda assim parcialmente e de muito má vontade, ficando a lei no papel, sem aplicação, efetiva, durante vinte anos e mais, pois mesmo depois de 1850, com a Lei Eusébio em pleno vigor, o contrabando não cessara de todo, e milhares de africanos foram introduzidos fraudulentamente nas costas brasileiras.

A lei de 1871, que veio a chamar-se do ventre livre, trazia no seu bojo as melhores intenções, e significava, com efeito, novo e importante avanço no caminho da liquidação do trabalho servil. Todavia, também ela deixou de corresponder ao demasiado otimismo daqueles que tudo esperavam da sua execução[2]. É que os dados do problema caminhavam muito mais depressa do que se podia prever no momento da elaboração da lei, e assim aconteceu que as soluções consignadas no seu texto dentro em breve se patenteavam inadequadas e insuficientes.

---

[1] Prefácio à reedição, feita pela Casa de Rui Barbosa, do parecer sobre a emancipação dos escravos, elaborado em 1884 pelo então deputado Rui Barbosa. Suprime-se aqui a parte final do prefácio, de interesse meramente bibliográfico e editorial.

[2] Em 1882, ao passar em revista a tarefa realizada pelo governo durante os onze anos de vigência da lei, o *Jornal do Comércio* exprimia assim o seu desencanto: "É evidentemente obra mesquinha, que não condiz à intensidade do intuito que a inspirou". Citado por Evaristo de Morais, em *A campanha abolicionista (1879-1888)* (Rio de Janeiro, Spicer & cia, 1924), p. 4.

142 | Interpretações

A essas duas fases sucedeu uma terceira, cujo início Joaquim Nabuco datou de 1879, precisamente de 5 de março de 1879, dia em que o deputado baiano Jerônimo Sodré ergueu, no parlamento, o primeiro brado de abolição imediata e sem condições. Desde então até 1888, a agitação abolicionista desenvolveu-se num crescendo avassalador, dentro e fora do parlamento, nos conselhos de governo e nos comícios de rua, na imprensa, na ação dos clubes e dos grupos mais decididos de agitadores, e também nas fazendas e senzalas, pela fuga ora espontânea ora organizada de milhares de escravos... Mas os governos, representantes do escravismo e eles próprios constituídos, em sua maioria, de senhores de escravos, ou se faziam de surdos ao clamor crescente ou se recusavam e se opunham a novas reformas legislativas. Saraiva, absorvido pela reforma eleitoral, durante o seu primeiro gabinete, não queria saber de mais nada. Martinho Campos, liberal-escravocrata confesso, apoiado, não pela maioria liberal, mas por uma coligação liberal-conservadora de escravistas cem por cento, procurava empalmar o problema com epigramas e sarcasmos parlamentares, que ele macaqueava dos modelos ingleses em moda. Paranaguá, na apresentação do gabinete de 3 de julho de 82, apenas tocou no assunto, muito timidamente, declarando que o seu governo favoreceria tal ou qual iniciativa que, "sem quebra do respeito à propriedade", pudesse contribuir para a melhor execução da "sábia lei de 28 de setembro". Lafayette, chamado imprevistamente ao poder, em maio de 83, fez tudo quanto lhe era possível fazer no sentido de ladear a questão, e com isso comprometeu ainda mais a sua reputação já comprometida de ex-republicano em penitência.

A Lafayette sucedeu Sousa Dantas — e a este, finalmente, caberia enfrentar o problema sem tergiversação, embora buscando para ele uma solução em termos ainda moderados, a cujo remate se chegasse gradativamente, com a suave colaboração do tempo. Organizado o gabinete a 6 de junho de 84, três dias depois Sousa Dantas apresentava à Câmara dos Deputados o seu programa de governo, e nele salientava, como ponto culminante, o tópico relativo à questão do elemento servil. Com absoluta clareza e não menor firmeza, assim se pronunciava o chefe do ministério:

Chegamos, Sr. Presidente, a uma quadra em que o governo carece intervir com a maior seriedade na solução progressiva deste problema, trazendo-o francamente para o seio do parlamento, a quem compete dirigir-lhe a solução. Neste assunto, *nem retroceder, nem parar, nem precipitar.*

É, pois, especial propósito do governo caminhar nesta questão, não somente como satisfação a sentimentos generosos e aspirações humanitárias, mas ainda como homenagem aos direitos respeitáveis da propriedade, que ela envolve, e aos maiores interesses do país, dependentes da fortuna agrícola, que, entre nós, infelizmente se acha até agora ligada pelas relações mais íntimas com essa instituição anômala.

É dever imperioso do governo, auxiliado pelo poder legislativo, fixar a linha até onde a prudência nos permite, e a civilização nos impõe chegar; sendo que assim se habilitará a coibir desregramentos e excessos que comprometem a solução do problema, em vez de adiantá-la.[3]

Linguagem clara e firme, sem dúvida, mas ao mesmo tempo muito cautelosa; revelando intrepidez e disposição para a luta, mas sem provocar os adversários, antes, poder-se-ia dizer, lhes estendendo mãos conciliadoras.

Todavia, a declaração ministerial, que tamanho entusiasmo suscitou entre os abolicionistas, não só não conseguiu acalmar os escravistas, como os exacerbou mais ainda, e a controvérsia se intensificou, dali em diante, entre abolicionistas e escravistas. Estes últimos mobilizaram todas as suas forças parlamentares e extraparlamentares contra o gabinete Dantas. O Centro da Lavoura e do Comércio, reduto principal dos senhores de escravos, poderosamente apoiado pela Associação Comercial, multiplicou a sua atividade junto aos fazendeiros, por intermédio dos Clubes da Lavoura, insuflando os ânimos contra o que chamavam, textualmente, de "movimento anárquico, ajudado pela loucura do governo e incitado pelos caprichos do Imperador". A imprensa reacionária não poupava os adjetivos nem hesitava diante de imputações fraudulentas ou caluniosas. E foi assim, em meio de violento rodopio de interesses e paixões, que o projeto governamental, após consulta

---

[3] *Organizações e programas ministeriais desde 1822 a 1889* (Rio de Janeiro, Imprensa Nacional, 1889), p. 212-3.

144 | Interpretações

ao Conselho de Estado, foi submetido à consideração da Câmara dos Deputados, em sessão de 15 de julho, pelo deputado Rodolfo Dantas, filho do presidente do ministério[4]. Enviado o projeto às comissões de justiça e orçamento, a oposição, em manobra lateral, levou a Câmara a pronunciar-se numa questão de confiança, alcançando então o governo apenas 55 votos contra 52 oposicionistas. Os resultados dessa escaramuça não podiam ser de bom augúrio; aquela minguada maioria, sem base partidária, pois em ambos os lados havia liberais e conservadores, não apresentava nenhuma condição de solidez, que oferecesse ao governo o apoio seguro de que ele necessitava para realizar a reforma constante do seu programa. A oposição compreendeu logo as vantagens que poderia tirar de semelhante situação, e daí as manobras efetuadas com o fito de arrastar o gabinete a uma batalha prematura, antes do projeto voltar a plenário. Foi justamente o que se verificou na sessão de 28 de julho, quando a oposição, forçando um voto de confiança, derrotou o governo pela diferença de sete votos[5]. Na alternativa

[4] A apresentação do projeto por mão do filho de Sousa Dantas obedecia certamente a uma consideração mais de ordem moral do que política: o chefe do gabinete quereria com isso acentuar o seu empenho pessoal em favor da reforma proposta. Mas quem redigiu o projeto, a pedido de Sousa Dantas, foi Rui Barbosa. Rui lembrá-lo-ia pelo menos duas vezes — em 1919 na conferência sobre a questão social — cf. *Campanha presidencial* (Salvador, Catilina, 1919), p. 116 — e em 1921, no prefácio ao livro *Queda do Império*, v. I, p. XLVII. A Casa de Rui Barbosa conserva no seu arquivo o original e as provas emendadas do projeto, tudo do próprio punho de Rui Barbosa e por ele guardados num envelope com os seguintes dizeres em manuscrito: "Documentos da gestação do *meu* projeto (projeto Dantas) sobre a emancipação dos sexagenários — 188". Note-se que o possessivo *meu* está sublinhado, e a data aparece incompleta — 188... em vez de 1884.

[5] Em artigo publicado meses depois no *Jornal do Comércio*, da série ali firmada com o pseudônimo de Grey (um dos "ingleses do Dantas"), Rui Barbosa caracterizava do seguinte modo a natureza da batalha parlamentar sustentada pelo gabinete Dantas: "A história do ministério 6 de junho na sessão legislativa de 1884 é uma luta de porfias incessantes contra essa estratégia [matar o projeto por sonegação], explorada em sucessivas guerrilhas contra a existência do gabinete. Por mais que o governo reclamasse, com exuberância de razões e estrondosos aplausos da opinião pública, a enunciação franca de todos os votos sobre o objeto que constituía o ponto de discórdia entre liberais e liberais, conservadores e conservadores, a astúcia subsistiu até ao último momento dessa campanha desigual, em que o timbre das forças coligadas contra o ministério era derrotá-lo fora da questão que operara contra ele essa aliança" (*Jornal do Comércio*, 22 mar. 1885).

de se demitir ou de apelar para o eleitorado, optou Sousa Dantas por este último alvitre. O imperador concordou com a dissolução da Câmara, embora o Conselho de Estado, ouvido no caso, se manifestasse por maioria contrário à medida proposta pelo chefe do governo. A 30 de julho Dantas comunicou à Câmara a decisão tomada pelo ministério, informando que o imperador a aprovara mediante a condição de se proceder à dissolução somente depois de votada a lei de meios.

Em tal conjuntura, o trabalho das comissões reunidas de orçamento e justiça, a cujo estudo prévio fora entregue o projeto de 15 de julho, já não aproveitaria mais à Câmara em vias de extinção. Mas o parecer, que Rui Barbosa vinha redigindo em nome das duas comissões, estava quase terminado: quatro dias mais tarde, a 4 de agosto, punha-lhe o relator o ponto-final, e logo foi ele dado à publicidade, juntamente com o voto em separado de um dos membros da comissão de orçamento, o deputado escravista Sousa Carvalho. Em breves palavras preliminares, o próprio Rui Barbosa justificava a necessidade da sua publicação, considerando sobretudo a conveniência de esclarecer a opinião nacional, chamada a proferir, em próximas eleições, "a sua sentença entre as tendências emancipadoras do projeto e o voto da maioria da Câmara contra cuja decisão o gabinete apelava para as urnas"[6]. Bastava, porém, manuseá-lo, mesmo por alto, para de pronto se perceber que havia ali alguma coisa mais que um simples parecer de ocasião: tratava-se, na verdade, de um grande documento parlamentar, de um estudo exaustivo da questão em apreço, destinado a perdurar como um livro capital na história política e social do Brasil.

*

Desde os dezenove anos de idade, ainda no segundo ano de direito, em São Paulo, já Rui Barbosa se empenhava, pela palavra e pela ação, em favor da raça negra escravizada. Em 1868, propunha ele a uma loja maçô-

---

[6] *Parecer*, p. 4 da ed. de 1884.

146 | Interpretações

nica daquela cidade, da qual era orador, que os seus membros assumissem a obrigação de libertar o ventre das escravas que possuíssem, e que essa obrigação ficasse estabelecida como exigência indispensável à aceitação de novos associados, no futuro. A proposta do moço estudante foi aceita e aprovada, mas contra a opinião e o voto do venerável da loja, o que levou este último a renunciar o seu posto — e chamava-se ele nada menos que Antônio Carlos, e era professor de Rui na faculdade. Ainda em São Paulo, no ano seguinte, 1869, pronunciava o jovem estudante a sua primeira conferência abolicionista, em debate público — verdadeira petulância de estudante, diria ele próprio, mais tarde, ao rememorar a façanha. Também pela imprensa, principalmente pelas colunas do *Radical Paulistano*, batia-se com igual pugnacidade em prol da emancipação dos escravos.

De volta à Bahia, advogado, jornalista, político militante, não perdia oportunidade de pregar e defender as suas ideias acerca do problema da escravidão. Em 1871, quando se discutia o projeto de lei Rio Branco, manifestava-se Rui não só a favor do projeto, mas a favor de reforma ainda mais ampla. Em 1874, falando num comício popular, acoimava de insuficiente a lei de 71 e proclamava a necessidade de medidas mais radicais. Em 1875, publicava no *Diário da Bahia*, de que era redator, um folhetim — "Pelos escravos" — que se tornou famoso. Em 1881, ao comemorar-se na Bahia o decenário da morte de Castro Alves, a 9 de julho, era Rui Barbosa escolhido para orador oficial da cerimônia, e o seu discurso colocou a comemoração numa altura digna do poeta e da causa que o nome do poeta simbolizava. No mesmo ano de 1881, ao pleitear perante o eleitorado a renovação do seu mandato de deputado geral, inscrevia no seu programa, com o devido destaque, a questão da transformação do trabalho livre e da extinção do elemento servil. Em 1882, por ocasião do centenário do marquês de Pombal, convertia a sua conferência de 8 de maio em ato de pregação abolicionista. E em 1884, constituído o gabinete 6 de junho, sob a presidência do seu chefe e amigo Sousa Dantas, a Rui Barbosa caberia a tarefa principal na reforma projetada: redigir o projeto, que seria apresentado à Câmara em nome do governo, elaborar o parecer acerca do projeto, em nome das comissões de orçamento e justiça civil, e ainda, no parlamento e na imprensa, meses a fio, defender e sustentar a política antiescravista do ministério.

*

Não há a menor sombra de exagero em se qualificar de prodigioso o trabalho de elaboração e redação deste parecer: são quase duzentas páginas de texto escritas do próprio punho no curtíssimo prazo de dezenove dias, e texto abundantemente documentado, com rigoroso aparato bibliográfico a identificar as múltiplas fontes, nacionais e estrangeiras, onde o autor colheu os elementos necessários ao seu estudo e à sua argumentação.

Por sua mesma natureza, o parecer deveria limitar-se aos aspectos da questão abrangidos pelos dispositivos do projeto: e o relator não se desviou nem foi além do terreno assim delimitado. Mas aí bateu e revolveu tudo, palmo a palmo, polegada a polegada, com o método inexorável de análise, que ele sabia utilizar como ninguém, sem deixar de pé coisa alguma que acaso pudesse aproveitar aos adversários e oponentes.

Por exemplo, os sofismas do escravismo, repetidos e renovados, durante mais de meio século, pelas vozes interessadas na manutenção do trabalho servil: Rui Barbosa, ao mesmo tempo que os historia, esfarela-os, um a um, através do crivo de uma crítica tanto mais severa quanto mais objetiva e afiançada.

Ninguém defendia abertamente o regime da escravidão. Em princípio — sim, "em princípio" todos tinham sido favoráveis à supressão do tráfico; todos eram favoráveis à emancipação; e todos seriam, por fim, favoráveis à abolição. A divergência, pois divergência havia, era só na maneira ocasional de encarar o problema: tudo questão de "tempo", de "oportunidade", de "conveniência", de "prudência", de "gradação"; em suma, tudo questão de pôr em primeiro lugar os "superiores interesses" do país. De tal sorte, a cada medida que se aventasse em favor dos escravos, correspondiam dezenas de sofismas sob a forma restritiva de um mas, de um porém,

148 | Interpretações

de um todavia, de um contudo, de um no entanto. O deputado Cunha Matos dizia, em 1827: "Por modo nenhum me proponho defender a justiça e a eterna conveniência do comércio de escravos para o Império"; mas o tratado anglo-brasileiro para a supressão desse comércio lhe parecia "prematuro, extemporâneo, enormemente daninho ao comércio nacional, arruinador da agricultura, aniquilador da navegação, golpe cruel nas rendas do Estado"[7]. A lei contra o tráfico, promulgada para dar cumprimento ao referido tratado, passou em 1831; pois ainda em 1848, dezessete anos decorridos, Bernardo de Vasconcelos — como que a proclamar a legitimidade da sua não execução — sustentava que "a agricultura sofreria muito, se cessasse a introdução de braços africanos". Baseado em algarismos insofismáveis, Rui mostrou que a produção agrícola do país, durante a primeira década que se seguiu à aplicação rigorosa da lei de 1850, não só não acusou o menor sinal de ruína conforme prognosticavam as cassandras do escravismo, como ainda aumentou até duplicar: 55.000:000$ em 1849-1850 e 112.000:000$ dez anos mais tarde.

Tremenda seria a oposição, em 1871, ao projeto Rio Branco. A história dessa oposição, escreve Rui, "encerra um tesouro inexaurível de preciosas lições": e ele mergulha a fundo na mina, explorando-a com mãos de mineiro calejado no ofício. Todos os grandes opositores de então — Andrade Figueira, Capanema, Gama Cerqueira, Paulino de Souza, José de Alencar, Perdigão Malheiro, Barros Cobra, Pereira da Silva, Vila da Barra, Nébias, Cruz Machado — são de novo chamados ao debate, e cada qual deles procurava avantajar-se aos demais na previsão das piores calamidades públicas e privadas, se o projeto chegasse a converter-se em lei. Converteu-se em lei o projeto, e as previsões falharam de todo em todo. Rui pergunta, treze anos depois: "Onde está, entretanto, a desorganização social com que nos apavoravam? a paralisação do trabalho agrícola? a insurreição geral? a destruição da lavoura? a bancarrota financeira?". Encontramos a resposta num quadro

---

[7] Esta e as subsequentes transcrições de páginas do *Parecer* são de fácil verificação, dispensando-nos assim de novas e supérfluas notas de referência.

estatístico minucioso, que ele nos desdobra diante dos olhos, e no qual verificamos que as rendas do Estado — índice do desenvolvimento pacífico e progressivo do país — aumentaram de 29% nos doze anos subsequentes à promulgação da lei promovida pelo visconde do Rio Branco.

Mas os sofismas se multiplicavam e renasciam, sempre iguais a si mesmos, cada vez que se agitava o problema da emancipação. O deputado Nébias dissera em 1871, e outros o repetiam em 1884, que os escravos viviam muito bem, tratados com bondade pelos senhores, e nada teriam a ganhar com uma emancipação ou libertação que os equiparasse ao jornaleiro europeu, ao proletário das indústrias, ao operário agrícola de velhos países; Rui Barbosa liquida o sofisma com o testemunho de Darwin, o qual, no seu diário de viagem pelo Brasil, ao registrar as impressões que lhe causara o espetáculo do cativeiro, rogava a Deus a mercê de não voltar jamais a visitar um país de escravos. José de Alencar fizera alarde dos seus sentimentos humanitários e fraternais, quando reclamava, como condição prévia para a redenção dos "irmãos escravos", um plano de instrução e educação que os libertasse primeiramente "da ignorância, do vício, da miséria, da animalidade"; Rui destrói o sofisma, retomado pelos escravistas de 1884, apoiando-se na argumentação utilizada por Tocqueville, 46 anos antes, no parlamento francês, contra subterfúgios iguais ao de Alencar. Outro sofisma, corrente em 1871 e repisado em 1884, consistia em exigir que a reforma fosse precedida de vasto inquérito à opinião nacional, de estudos cabais, minuciosos e completos — de "estudos, estudos sem fim", exclamaria ironicamente o deputado Araújo Lima; Rui refuta a velha evasiva com a opinião sumária e justa de outro deputado, A. Araripe, quando ponderava que aqueles que não admitiam a emancipação sem tais condições prévias, em verdade não a queriam de modo algum, e ainda com a opinião autorizada de Jequitinhonha, quando, em 1867, no Conselho de Estado, rebatera com vantagem semelhantes alegações dilatórias.

Muitos desses sofismas e maus augúrios aparecem, aos nossos olhos de hoje, como argumentos simplesmente pueris ou ridículos. Mas o juízo dos homens facilmente se engana e deforma sob a influência de interesses

150 | Interpretações

contrariados. De outro modo não poderíamos compreender o fato de eminentes personalidades se deixarem apavorar com a ideia da emancipação dos escravos, a ponto de aconselharem o governo, como o fizeram o marquês de Olinda e o visconde de Sapucaí, em 1867, a repelir qualquer pensamento em tal sentido, pois se se deixasse perceber, por uma só palavra que fosse, a mais leve inclinação a favor do elemento servil, isso equivaleria a nada menos que "abrir a porta a milhares de desgraças". A mentalidade dos escravistas se mostrava impermeável tanto ao raciocínio teórico, que os adversários lhes propunham, quanto à mesma lição dos fatos comprovados pelo tempo. Por isso repetiam e repisavam invariavelmente as objeções de sempre — em 1827, em 1831, em 1850, em 1871, em 1884, às vésperas em 1888... e ainda depois. Muito instrutivo, a este respeito, é verificar o que deixou dito o deputado Sousa Carvalho no voto em separado, que apresentou às comissões reunidas de justiça e orçamento, contra o projeto de 15 de julho e contra o parecer de Rui Barbosa. O próprio Rui, anos depois, recordaria o teor daquele voto adverso, resumindo-o todo em breves linhas: "O Sr. Sousa Carvalho, autor do voto em separado, via no projeto de 15 de julho 'o suplício da constituição, uma falta de consciência e de escrúpulo, um verdadeiro roubo, a naturalização do comunismo, a ruína geral, a situação do Egito, a bancarrota do Estado, o suicídio da nação'"[8].

*

Inimigos havia da reforma, que pretendiam resolver o problema unicamente por meio da substituição gradativa do escravo pelo colono. Preconizavam para isso a adoção de medidas tendentes a favorecer e intensificar a afluência de colonos europeus[9], que seriam empregados no trabalho

---

[8] Rui Barbosa, *Discursos e conferências* (Porto, D. Barreira, 1933), p. 64.

[9] Houve também quem pensasse na imigração de trabalhadores asiáticos. Ver a este respeito o livro de Salvador de Mendonça, *Trabalhadores asiáticos* (Nova York, Tipografia do "Novo Mundo", 1879). Salvador era na ocasião cônsul-geral do Brasil nos Estados Unidos, e seu livro resultou do estudo da matéria que lhe fora encomendado

agrícola ao lado dos escravos. O braço livre, argumentavam, acabaria por sobrepujar e eliminar o braço escravo e este resultado, acrescentavam logo, seria obtido suavemente, sem abalos nem prejuízos para a lavoura nacional. Rui Barbosa desmancha a trama deste novo sofisma, que resultava meramente de uma inversão dos termos da questão. A própria experiência — não só alheia, mas também nossa — evidenciava de maneira bem clara que o movimento colonizador, conforme se acentua no parecer, dependia essencialmente da renovação das condições do trabalho.

Sabe-se das tentativas que vinham sendo feitas, principalmente na província de São Paulo, para conciliar, lado a lado, o trabalho livre e o trabalho escravo. Mas tais tentativas, ou falhavam por inviáveis, demonstrando a impossibilidade prática de semelhante hibridismo, ou, quando realizadas com espírito experimental e progressista, serviam para indicar que o trabalho livre, pela natureza mesma da sua organização e das suas condições de desenvolvimento, produzia maior e melhor rendimento econômico do que o trabalho escravo. A esta conclusão teria já chegado o senador Vergueiro, na sua fazenda de Ibicaba, onde fundara, em 1847, a famosa colônia de imigrantes europeus para a cultura do café pelo sistema de parceria[10].

---

pelo Ministério da Agricultura em 1875. Ainda sobre os debates de então acerca dos problemas relativos à imigração, ver igualmente as *Teses sobre colonização do Brasil* (Rio de Janeiro, Tipografia Nacional, 1875), título do relatório elaborado pelo conselheiro João Cardoso de Meneses e Sousa (mais tarde barão de Paranapiacaba), também por incumbência do mesmo Ministério. O conselheiro João Cardoso manifesta-se infenso à imigração asiática em geral, por entender de má qualidade o imigrante daquela procedência, ao passo que Salvador de Mendonça argumenta em sentido oposto, mostrando-se favorável aos asiáticos. Mas onde provavelmente caberia inteira razão ao conselheiro era no ponto em que ele denunciava os propósitos escravistas que se ocultavam nos projetos daqueles que pensavam em atrair para o Brasil o imigrante asiático.

[10] *"Ibicaba resta l'exploitation modèle où le travail libre et l'esclavage vivaient côte à côte. C'est là qu'on put les deux systèmes à l'oeuvre et que se décida aussi le triomphe du travail libre. L'esclavage et le travail libre devinrent bientôt incompatibles et l'immigration vint par conséquent accélérer l'abolition de l'esclavage."* Carlos Miguel Delgado de Carvalho, *Le Brésil meridional* (Paris-Rio de Janeiro, E. Desfosses, 1910), p. 110. Ver, sobre a experiência do senador Vergueiro, as *Memórias de um colono no Brasil* (1850), de Thomas Davatz (tradução, prefácio e notas de Sérgio Buarque de Holanda, São Paulo, Martins, 1941).

"Dez homens livres fazem o trabalho de trinta escravos" — diria Jequitinhonha vinte anos depois da experiência de Ibicaba, e Rui cita-lhe a frase para opô-la às "vozes espectrais do passado", que tão obstinadamente se aferravam aos preconceitos do escravismo. Algumas páginas do parecer são neste ponto consagradas ao exame de estatísticas demonstrativas do desenvolvimento econômico dos Estados Unidos, nos anos que antecederam à guerra civil, pondo-se em cotejo as cifras referentes aos estados livres do Norte e aos estados escravistas do Sul. Vemos aí, concretamente expostos e alinhados, os algarismos relativos aos diversos aspectos da economia de uma e outra região — valor da propriedade, produção agrária, produção industrial, capital bancário, importação e exportação, entradas aduaneiras, movimento dos meios de transporte, patentes de invenção —, todos eles comprovando o mesmo fato: a impressionante inferioridade dos estados do Sul, onde predominava o regime econômico baseado na exploração do braço escravo. Mas a influência amesquinhadora da escravidão não se fazia sentir somente nos domínios da economia. O confronto dos dados concernentes ao ensino e às escolas, às bibliotecas públicas, ao número e à tiragem dos jornais, à renda dos correios, etc., confirmava e definia o contraste.

Por esta altura do parecer, em breve passagem a propósito da guerra de secessão provocada pelos estados do Sul, refere-se o relator a certo aspecto da questão, que hoje nos parece do maior interesse, com certeza muito maior do que teria parecido aos leitores de então. Escreve Barbosa aí, textualmente, que a "rebelião do Sul não teve outro intuito, senão organizar um estado com o cativeiro por base e por política a dilatação territorial dele", e que os seus chefes "alardeavam despejadamente a glória de iniciarem no mundo o primeiro governo estribado na grande verdade física, filosófica e moral de que a sujeição civil às raças superiores é a condição natural e normal do negro". Podemos hoje acrescentar que a derrota dos escravistas confederados foi também a derrota dos seus desígnios políticos. Mas evidentemente não é por acaso que assim encontramos, justo entre aqueles ferrenhos partidários da escravidão do homem pelo homem, alguns típicos precursores dos hodiernos partidários das teorias racistas e sua consequente política do espaço vital.

Noutra parte do parecer, volta Rui Barbosa a tratar do problema da substituição do trabalho escravo pelo trabalho livre, examinando-o agora sob o ângulo das providências aventadas no projeto. Ele não acredita que a reforma se pudesse levar a cabo sem comoções nem dissabores, pois isso é contingência de todas as reformas; mas tampouco acredita nas terríficas previsões ditadas por um pessimismo quase sempre mais interesseiro do que perspicaz. Acredita, aí sim, nas lições da experiência, que a nossa história e a história de outros países ofereciam à meditação dos estudiosos. Lembra de novo, então, o que se passou no Brasil depois da supressão do tráfico e da lei do ventre livre: ao invés da perdição total, da decadência irremediável, da ruína de tudo e de todos, o país marchara para a frente, melhorando de ano para ano os negócios públicos e privados. E de novo passa em revista os sucessos verificados em diversos países e ilhas da América Central e Setentrional, após a emancipação dos seus escravos. Muitas vezes as condições desses países e ilhas — e neste caso se incluíam sobretudo as colônias inglesas, francesas e espanholas — diferiam sensivelmente das condições brasileiras, e neles o problema do trabalho se complicava com outros de natureza política e social, desconhecidos ou atenuados entre nós. Os distúrbios e transtornos, que ali sucederam à libertação dos escravos, não podiam ser imputados ao ato da libertação em si mesmo, pois derivavam antes de todo um conjunto específico de complicações. Sendo que a maior parte dessas complicações decorria logicamente de velhos e novos erros cometidos pelos grandes proprietários e pelas autoridades governamentais. Fosse como fosse, a regra geral, admitida pelos observadores mais competentes, aparecia nos índices favoráveis da produção e da riqueza, que se seguiam às primeiras dificuldades, concorrendo para isso, como fator primordial, a readaptação dos escravos libertos às novas condições de trabalho.

154 | Interpretações

Nos Estados Unidos, ou melhor, nas suas regiões meridionais, onde perduravam os ódios exacerbados pela guerra civil, viu-se a raça libertada sujeita a tenaz perseguição, que acarretou a emigração em massa de milhões de negros para os estados do Norte. Nos lugares, porém, onde puderam trabalhar em paz, como homens livres, os antigos escravos não se mostravam menos aptos ou menos produtivos do que os trabalhadores de qualquer outra raça ou procedência. Cita-se no parecer, a este respeito, a opinião exarada pelo comissário do governo americano, general Samuel Thomas, em 1865: "Não há, em parte nenhuma, um corpo de cidadãos mais enérgico e industrioso".

As condições do trabalho é que em verdade explicavam tudo, evidenciando, por toda parte, e em suas mais variadas feições, a superioridade do trabalho livre sobre o trabalho escravo. E o trabalhador negro liberto revelava-se tão bom, tão capaz, tão produtivo quanto o trabalhador livre, desde que o colocassem nas mesmas condições de trabalho deste último. Sua inferioridade, quando escravo, não provinha dele próprio, de tais ou quais estigmas de ordem biológica ou racial, mas sim da sua condição de escravo.

A transformação das condições do trabalho — eis, pois, bem compreensível, a base ou o ponto de partida para a reforma projetada. Certamente, a transição para o regime de trabalho livre se operaria em qualquer caso com mais ou menos dificuldades; porém, a gradação destas dificuldades seria sem dúvida alguma determinada pelas medidas que em tempo útil se tomassem — ou não se tomassem — no sentido de favorecer o mais adequadamente possível aquela transformação. Esse, e não outro, o objetivo do governo e não outro o objetivo do governo Sousa Dantas, quando apresentou o projeto de 15 de julho, que Rui Barbosa justificou e defendeu com admirável clarividência e energia, sem sair dos limites do bom senso, da prudência e da moderação; sem nenhum apelo a "fantasias radicais", como ele próprio diria, no texto do parecer, e era pura verdade.

Os escravistas não compreendiam as coisas assim. Seus olhos nada mais enxergavam, neste assunto, além dos interesses privados do seu grupo,

Rui Barbosa e a escravidão | 155

e daí, a oposição cega e feroz[11] que ofereceram ao projeto, estrangulando-
-o no nascedouro e por fim derrubando o gabinete Sousa Dantas. A Rui,
como não lhe podiam tirar mais, tiraram a cadeira de deputado.

*

O voto em separado de Sousa Carvalho apresenta-nos uma súmula
muito significativa da cegueira e da ferocidade com que a oposição escravista combateu o projeto. Sua publicação junto ao parecer de Rui Barbosa,
permitindo cotejo imediato, ajuda-nos a medir até que ponto pode levar
a paixão política insuflada por interesses contrariados. A acreditar no tre-
mebundo defensor do regime da escravidão, o projeto, se convertido em
lei, viria inevitavelmente "perturbar o trabalho"... "estremecer a ordem
pública"... "ferir o interesse nacional"... "abater e arruinar as classes abas-
tadas e ordeiras do país"... pois o que se tinha em vista era a... "espoliação violenta e desonesta de grande número de cidadãos, especialmente
da classe mais ordeira, mais útil, e para bem dizer a única de brasileiros
abastados — os agricultores". Seria, "além de injustiça, uma violência, uma
desonestidade, uma covardia" — pretender responsabilizar os pobres senhores de escravos pela existência da escravidão... E é pelo menos muito curioso verificar que estes senhores de escravos, grandes fazendeiros
e proprietários, se consideravam a si mesmos como sendo os elementos
mais importantes das chamadas "classes laboriosas" do país — das quais
excluíam, naturalmente, a massa de trabalhadores escravos.

---

[11] "Não exagero, senhores; porque toda a nossa história, neste meio século, não registra orgia igual de más paixões desaçaimadas, cenas de fúria, de demência, de perfídia,
como as dessa epilepsia organizada, que se desencadeou contra o governo abolicionista, desde os clubes secretos da lavoura até às mancomunações de corredores, desde as
vilanias sorrateiras até às declamações apopléticas, desde as verrinas de antagonismo
parlamentar até o sussurro das conspirações de porão, desde a babugem das lesmas su-
balternas até à esfuziada contínua dos pelotões de mamelucos." Isto diria Rui em 1886,
por ocasião da morte do segundo José Bonifácio (Rui Barbosa, *Elogios acadêmicos e
orações de paraninfo*, Rio de Janeiro, Revista da Língua Portuguesa, 1924, p. 89-90).

156 | Interpretações

Para Sousa Carvalho, o projeto de 15 de julho, que a nós nos parece hoje tão prudente e moderado, estava todo ele inçado de "disposições comunistas". E comunistas eram os seus defensores. Nada menos. Comunista Sousa Dantas. Comunista Rui Barbosa[12]. Mas a tremenda acusação não ficava limitada ao debate teórico dos princípios contidos no projeto. Sousa Carvalho denunciava abertamente o governo como cúmplice nas "manifestações subversivas", que então se efetuavam no Rio de Janeiro. Lá está escrito, no seu voto, textualmente, que o projeto não passava de... "pretexto para agitação, revolução e subversão social, aproveitado por anarquistas"...; que o gabinete só pensava em... "lisongear os anarquistas e gritadores das ruas"... e por isso favorecia as... "passeatas incendiárias e demonstrações estrondosas"... Mais ainda: permitia-se que certa "associação comunista" promovesse... "ruidosa agitação contra uma propriedade legal, em edifícios públicos, no seio de uma escola, de ensino superior"... Ora, aquelas "manifestações subversivas" eram apenas as manifestações organizadas pela Confederação Abolicionista, em cuja direção figuravam, entre outros, André Rebouças, Bittencourt Sampaio, Aristides Lobo, José do Patrocínio, José Américo dos Santos, João Clapp, etc. Quanto à "ruidosa agitação" realizada no edifício de uma escola superior, por uma "associação comunista", outra coisa não foi senão uma festa promovida pelo Centro Abolicionista da Escola Politécnica, do qual faziam parte alguns professores que se chamavam André Rebouças, Enes de Sousa, Paulo de Frontin, Getúlio das Neves, Benjamin Constant...

Os proprietários de escravos, sentindo a ameaça que pairava sobre os seus interesses, não recuavam diante de nenhum excesso, desde que isso lhes desse ganho de causa. Diziam, no entanto, que não lutavam

---

[12] Acusações idênticas sofrera em 1871 o gabinete Rio Branco, também acoimado, em pleno parlamento, de "governo comunista, governo do morticínio e do roubo". Rui transcreve no parecer as palavras proferidas então por certo deputado, o qual acusava Rio Branco de desfraldar as velas "por um oceano onde voga também o navio pirata, denominado *A Internacional*". Recordemos, a propósito, que aquele ano de 1871 fora o ano da Comuna de Paris...

unicamente em defesa de interesses imediatos. Lutavam também por um princípio — o princípio de propriedade. O projeto Dantas pretendia decretar a emancipação apenas dos escravos sexagenários, e esse era na verdade um objetivo bastante modesto; mas a questão — a grande questão — é que ousava propor a emancipação sem indenização. Sem indenização: eis aí negado, deliberadamente, o princípio de propriedade. Num dos muitos artigos, que publicou na imprensa, em defesa do projeto, Rui Barbosa sumariava assim a argumentação dos adversários:

> O projeto de 15 de julho é combatido pela opinião conservadora na imprensa e no parlamento, como um latrocínio aos possuidores de escravos. A tentativa do ministério 6 de junho é uma tentativa de roubo contra os donos de uma propriedade tão legítima quanto qualquer dos gêneros de propriedade, cujo respeito a legislação constitucional e civil do país nos afiança. Esbulhar o senhor dos cativos sexagenários seria um atentado tão odioso como o de esbulhar o capitalista das suas apólices, o trabalhador do seu salário, o proprietário urbano dos seus prédios, o agrícola dos seus campos, o criador do seu gado. A lei não tem autoridade para alforriar, ainda mesmo os velhos e os inválidos, *senão pagando*. E para dar a este princípio uma expressão superior a interpretações divergentes, para pôr em alto relevo que não se tratava, por parte dos senhores, de um interesse, mas de um verdadeiro princípio, não faltou quem sugerisse ao governo, como terreno de conciliação, um acordo que assegurasse aos proprietários qualquer remuneração ligeira, mínima, imponderável no orçamento, mas que, pelo seu simples caráter de indenização, reconhecesse, sancionasse, legalizasse a *propriedade* servil.[13]

Forçoso é reconhecer que esta reivindicação transacional, proposta sob a forma de uma indenização meramente simbólica, emprestava aos opositores do projeto uma certa aparência de convicção desinteressada, e contribuía mesmo, de certa maneira, ao reforço da posição em que se colocavam. Que o projeto negava o direito de propriedade sobre os escravos, não podia haver nenhuma dúvida, e Rui era o primeiro a afirmá-lo, não

---

[13] Artigo de Grey, no *Jornal do Comércio* de 1º de março de 1885.

158 | Interpretações

só no seu parecer como ainda nos seus artigos de jornal. Reafirmá-lo-ia, anos mais tarde, como um título de glória para o ministério 6 de junho. Assim, em 1886, no discurso pronunciado na sessão celebrada em São Paulo, em homenagem a José Bonifácio, o moço, recentemente falecido:

> Com o ministério 6 de junho amanhece no governo a idade abolicionista. Até esse tempo o abolicionismo lavrava na consciência pública; mas a propriedade servil prelevava com poderio absoluto, acautelada no mundo oficial. O senador Dantas quebrou esse encanto formidável, negando, no projeto 15 de julho, a propriedade-escravidão. A libertação incompensada dos escravos sexagenários era em germe a emancipação gratuita de todos os escravos.[14]

Assim também, em 1888, já depois do 13 de Maio, num festival em honra do senador Dantas:

> O que imprimia caráter radical ao projeto Dantas, entre todos os outros tentames de transação, está em ser ele o único onde, proscrevendo-se a indenização, se firmava na maior transparência, com o princípio da liberdade gratuita, a negação da propriedade servil. A escravidão compreendeu-o; viu nesse ensaio libertador a célula da abolição incondicional; e, percebendo que jogava a sua sorte, envidou assomos inauditos, no delírio de um desespero descomunal, para subverter a audácia dessa iniciativa numa catástrofe exemplar.[15]

Páginas inteiras do parecer são consagradas ao debate da questão: a propriedade sobre o escravo é uma verdadeira propriedade? de que natureza? em que limites? Todos os elementos históricos, jurídicos, políticos e morais, que estas perguntas envolviam, são aí submetidos a uma análise que se pode considerar definitiva. Também a malévola imputação de "comunismo" e "socialismo" — que os escravistas levantavam contra o projeto, porque o projeto, diziam eles, pretendia "violar" o princípio de propriedade — Rui a examina de frente, sem subterfúgios nem reticências,

---

[14] Rui Barbosa, *Elogios acadêmicos e orações de paraninfo*, cit., p. 88-9.

[15] Rui Barbosa, *Novos discursos e conferências* (Coligidos e revistos por Homero Pires. São Paulo, Saraiva, 1933), p. 89.

pondo a coisa nos seus devidos termos. É claro que um comunista ou um socialista não poderia concordar, então, e ainda menos hoje, com algumas das motivações de ordem teórica, por ele apresentadas. Mas isto, creio eu, vem a ser mais um argumento a seu favor e a favor da natureza, da inspiração e das intenções do projeto.

Na série de artigos que publicou durante os primeiros meses de 1885, em defesa do ministério, voltaria Rui a sustentar os seus pontos de vista, investindo com redobrado vigor contra as posições inimigas. Como é fácil de imaginar, a questão da propriedade servil aparecia no centro de toda a polêmica. As palavras seguintes, com que ele concluía um de tais artigos, fornecem-nos, ao meu ver, a melhor definição da verdadeira essência política do problema em debate: "Confessemos, pois, que já não é mais lícito falar sem ridículo nesse *direito inviolável e sagrado* do proprietário servil, e estabeleçamos a questão no único terreno sensato: o dos interesses morais e econômicos do país, o da sua reputação, o da educação do seu caráter, o das conveniências da sua prosperidade"[16].

Os escravistas, naturalmente, não compreendiam nada. Não queriam compreender; não podiam compreender. O interesse ferido tapava-lhes o entendimento. Rui, instruído pela experiência histórica universal, conhecia, muito bem o que havia no fundo da incompreensão escravista[17]. Por isso mesmo, não se deixava embalar por nenhuma quimérica ilusão: sabia que era humanamente impossível evitar a cega intransigência do adversário. Mas daí a sua própria intransigência, pois não podia haver transigência na pugna entre o ódio e a esperança: "O princípio da indenização ficava repudiado para sempre, e rotos com ele os famosos títulos

---

[16] Artigo de Grey, já citado, no *Jornal do Comércio* de 1º de março de 1885.

[17] "A escravidão gera a escravidão, não só nos fatos sociais, como nos espíritos. O cativeiro vinga-se da tirania que o explora, afeiçoando-lhe a consciência à sua imagem. O grande proprietário de escravos é principalmente um produto moral de trabalho servil. Pode compreender a benevolência, a caridade, a filantropia individual para com os oprimidos. Mas não lhe é possível a iniciativa heroica de uma reforma que revolva pelos fundamentos a massa servil." (Discurso no teatro Politeama, em 1885, incluído no volume *Discursos e conferências*, cit., p. 54-5).

160 | Interpretações

de senhorio da raça branca sobre a negra. Essa intuição iluminou em um relâmpago o futuro, e travou a pugna entre o ódio e a esperança"[18].

*

Em boa e lídima verdade, a pugna entre o ódio e a esperança era apenas a expressão, em termos altos de eloquência, de outra espécie de pugna, que se travava no chão duro e rasteiro da economia. Por motivos diversos, mas convergentes, que os estudiosos da nossa história bem conhecem, a seguinte situação se desenhou, em dado momento da economia brasileira: a escravidão, sobre a qual descansara até ali todo o nosso sistema de produção, já não bastava para sustentar o ritmo de desenvolvimento dessa produção. Sem necessidade de entrar em pormenores, podemos apontar alguns dados mais característicos.

Convém lembrar, desde logo, que não se tratava só da insuficiência numérica de braços escravos. O sistema de trabalho baseado no braço escravo é que não bastava mais para atender às novas condições de produção que o próprio desenvolvimento da economia nacional vinha exigindo, de ano para ano. Indicações concretas a esse respeito se encontram em mais de um depoimento contemporâneo. Eis, por exemplo, um quadro exato da situação, delineado pelo insuspeito senador Cruz Machado, 1874:

> Não creio que haja, por ora, nas propriedades agrícolas em atividade falta de braços para o trabalho; o que nelas subsiste é a deficiência de organização regular e consideráveis desperdícios de tempo e capitais. O total da produção destes estabelecimentos está aquém da força empregada; e enquanto não fornecerem os agentes do trabalho todos os recursos, de que são suscetíveis, há manifesto desequilíbrio que se agravaria cada vez mais à medida que fossem os trabalhadores mais numerosos.[19]

[18] Rui Barbosa, *Elogios acadêmicos e orações de paraninfo*, cit., p. 89.

[19] Citado por João Cardoso de Meneses e Sousa, *Teses sobre a colonização no Brasil*, p. 175. A mesma coisa havia percebido José Bonifácio, com o seu olho de águia, meio século antes: "As artes não se melhoram: as máquinas, que poupam braços, pela abundância

Cruz Machado se referia especialmente à situação da lavoura baiana; mas a mesma coisa se passava por toda parte, com mais ou menos acuidade, quer em relação à lavoura da cana-de-açúcar, predominante nas províncias do Nordeste, quer em relação à lavoura do café, nas províncias do Centro-Sul.

Assim também melhor podemos explicar o fenômeno, que se verificou aqui no Centro-Sul, de deslocamento do café de uma zona para outra. Na realidade, o café fugia das terras cansadas do Vale do Paraíba, em busca das terras novas e melhores do oeste paulista, não só por serem aquelas cansadas e estas novas e melhores; o café buscava igualmente novos e melhores métodos de trabalho, necessários à sua expansão. É certo que junto com o café se deslocavam também grandes massas de escravos, a ponto de Nabuco poder afirmar, ainda em 1883, que a escravidão "florescia" apenas na província de São Paulo[20]; não menos certo, porém, é que surgiam ali fazendeiros menos apegados à rotina, homens novos, de mentalidade já moldada ao influxo dos modernos processos de cultura. Estes fazendeiros, pela primeira vez no Brasil, empregaram arados nas suas plantações de café, conforme revelou João Pedro Carvalho de Albuquerque, em relatório apresentado ao governo imperial, que o incumbira de proceder a um inquérito sobre a situação dos colonos europeus estabelecidos na lavoura paulista. O relatório está datado de 1870 e nele se lê o seguinte:

> Parece fora de dúvida que uma das causas de não ser próspera a lavoura é ainda o uso do antigo sistema de plantação; tanto que nos municípios em que já se trabalha com as máquinas e instrumentos agrícolas tem-se colhido inúmeras vantagens; por exemplo, em Limeira, onde existem cerca de 40

extrema de escravos nas povoações grandes, são desprezadas. Causa raiva, ou riso, ver vinte escravos ocupados em transportar vinte sacos de açúcar, que podiam conduzir uma ou duas carretas bem construídas com dois bois ou duas bestas muares". E ainda esta observação de quem vira o arado na Europa: "... 20 escravos de trabalho necessitam de 20 enxadas, que todas se poupariam com um só arado" (*Representação à Assembleia Geral Constituinte e Legislativa do Império do Brasil sobre a escravatura* — por José Bonifácio de Andrada e Silva, Paris, Firmin Didot, 1825, p. 17).

[20] Joaquim Nabuco, *O abolicionismo* (São Paulo-Rio, Civilização Brasileira, 1938), p. 206.

162 | Interpretações

máquinas, movidas a vapor, e um sem-número de outras, que se movem por meio de água e de animais, e onde é comezinho o trabalho aratório; na grande e pequena lavoura.[21]

Por motivos idênticos, colocavam-se os fazendeiros progressistas de São Paulo à cabeça do movimento colonizador. No referido relatório se registra o fato de se haverem fundado ali, de 1852 a 1857, mais de quarenta colônias com cerca de 4.450 indivíduos, entre os quais quinhentos brasileiros constituindo 89 famílias. Bem se compreende que enquanto durasse a escravidão no Brasil não era possível atrair a imigração em massa de colonos europeus, e as cifras o demonstraram plenamente, com o salto formidável que deram às vésperas e depois do 13 de Maio de 1888[22]; mas o essencial era começar.

O economista inglês Knowles, citado por J. F. Normano[23], via na construção de estradas de ferro um fator decisivo para a abolição do trabalho servil. Mas a construção de estradas de ferro constitui sabidamente um dos índices mais seguros de desenvolvimento econômico de qualquer país. A regra não podia falhar no Brasil, e de fato não falhou, como se pode facilmente verificar, à vista dos algarismos: 1854, inauguração do primeiro trecho da Mauá; 1858, inauguração do primeiro trecho da Pedro II; 1864, inauguração do primeiro plano inclinado no Cubatão. Em 1867, possuíamos seis ferrovias em tráfego, com cerca de 700 quilômetros; em 1875, 22 estradas com 1.660 quilômetros em tráfego, 1.300 quilômetros

[21] Citado por André Rebouças, *Agricultura nacional* (Rio, A J Lamoureux & Co, 1883), p. 80. Ainda, sobre o emprego do arado na província de São Paulo, o mesmo Rebouças fez publicar uma nota no jornal da Sociedade Auxiliadora da Indústria Nacional, contendo informações que recebera de um amigo, em 1868, e são reproduzidas no seu livro.

[22] O prof. Vincenzo Grossi (*Storia della colonizzazione europea al Brasile e dell'emigrazione italiana nello Stato di S. Paulo*, 2. ed., Milão-Roma-Nápoles, Albrighi, Segati &C, 1914, p. 350) registra os seguintes algarismos, relativos à entrada de imigrantes no estado de São Paulo entre 1878 e 1899: de 1878 a 1879 — 3.481; de 1880 a 1884 — 15.899; de 1885 a 1889 — 168.289; de 1890 a 1894 — 320.315; de 1895 a 1899 — 420.296.

[23] João Frederico Normano, *Evolução econômica do Brasil* (São Paulo, Companhia Editora Nacional, 1939), p. 107.

em construção e mais de 6 mil quilômetros em estudos; em 1880 já se contavam 3.397 quilômetros em pleno funcionamento. Paralelamente às estradas de ferro, desenvolviam-se outros meios de transporte: rodovias, rios navegáveis, canais, aparelhamento de portos marítimos, etc.[24] Comparem-se estes dados com os marcos cronológicos da luta contra a escravidão: a primeira ferrovia depois da extinção do tráfico negreiro; o impulso tomado pelas construções a partir da lei do ventre livre; os 3.400 quilômetros existentes na ocasião em que Joaquim Nabuco aparecia na Câmara dos Deputados. Tais coincidências não são obra do acaso.

Calogéras resumiu, com justo senso interpretativo, o fato dessa espécie de interdependência ou nexo histórico entre a construção de vias férreas, o movimento imigratório e a campanha abolicionista. Em muito poucas palavras ele disse tudo: "As vias férreas somavam 513 quilômetros em 1866, 932 em 1872 e 3.397 em 1880. Crescia a imigração, e já se sentia que a mão de obra branca provaria a solução do problema servil"[25].

Considerem-se ainda certos outros fatores de ordem externa. As comunicações do Brasil com o mundo se ampliavam e intensificavam. O desenvolvimento da técnica, que tamanho impulso tomava então na Europa e na América do Norte, não podia deixar de por sua vez refletir-se beneficamente sobre o desenvolvimento da economia brasileira. Os arados empregados na lavoura paulista eram na sua maioria de procedência norte-americana. Tornava-se evidente, por outro lado, que os produtos brasileiros seriam varridos do mercado mundial, a menos que se cuidasse de melhorar tecnicamente os nossos métodos de produção. Rui transcreve, no parecer, as observações feitas a propósito por um economista inglês,

---

[24] "As linhas férreas iam coincidindo, nas várias zonas com outros meios de comunicação, tais como estradas de rodagem, rios navegáveis, e até, em algumas províncias, canais que se iam abrindo. A navegação a vapor, principalmente, tanto marítima como fluvial, começou a prestar poderoso concurso à solução do problema das comunicações, quer internas, quer do país com o exterior." (Rocha Pombo, *História do Brasil*, Rio de Janeiro, W. M. Jackson, 1935, v. IV, p. 136.)

[25] João Pandiá Calogeras, *Formação histórica do Brasil* (Rio de Janeiro, Pimenta de Mello, 1930), p. 370.

164 | Interpretações

segundo o qual o Brasil, mantendo o regime de trabalho escravo, caro e pouco rendoso, não mais poderia competir com os países similares da América já libertos da escravidão.

Tudo isso — fatores internos e externos que se entrelaçavam e cada vez mais ampliavam o seu raio de influenciação sobre as condições econômicas do país — ia criando um ambiente novo, em que as forças produtivas nacionais se viam compelidas a buscar novas formas e novos processos de trabalho, sob pena de deperecimento. A escravidão, que teria representado um recurso inelutável, nas condições em que foi estabelecida a economia colonial, se convertera já num empecilho ao desenvolvimento ulterior daquelas forças produtivas. Um fazendeiro progressista da Bahia afirmava, em 1870, que o trabalho servil contrariava "o progresso da sociedade"[26]. E Sílvio Romero, em escrito datado de apenas alguns dias depois do 13 de Maio de 1888, dizia que tínhamos sido impelidos à libertação dos escravos — "além de motivos morais, pelo fato do escravo começar já então a ser um trambolho, uma desvantagem diante do trabalho livre"[27].

Tal, em verdade, a base concreta sobre a qual se desenrolava a pugna entre o ódio escravista e a esperança abolicionista, a que Rui Barbosa aludia no seu discurso. Mas nesse mesmo discurso, referindo-se aos interesses que se obstinavam em manter ou prolongar o regime de escravidão, o orador, com inteira percepção dos fatores objetivos da campanha, chamava-os muito justamente de "interesses decrépitos"[28].

Tampouco lhe escapava à percepção o fato de que interesses decrépitos produzem mentalidade decrépitas, e que a decrepitude tenta sempre impedir o avanço dos acontecimentos em disparada. Foi assim com a abolição: a decrepitude obstinada tentando barrar o caminho e os acontecimentos avançando em marcha dia a dia mais impetuosa. O projeto

---

[26] Apud André Rebouças, *Agricultura nacional*, cit., p. 178.

[27] Sílvio Romero, *História da literatura brasileira* (Rio de Janeiro, José Olympio, 1943), v. I, p. 27.

[28] Rui Barbosa, *Elogios acadêmicos e orações de paraninfo*, cit., p. 139.

de 15 de julho não passou. O ministério Dantas caiu. Outros ministérios subiram, levados ao poder por mãos decrépitas metidas em luvas de transação. Mas tudo inútil. O 13 de Maio acabou chegando, e chegando mais depressa do que esperavam mesmo alguns que o desejavam.

*

Duas semanas antes do 13 de Maio, em discurso que pronunciou na Bahia, e certo já da vitória definitiva da causa abolicionista, conforme lembra o sr. João Mangabeira, no seu livro sobre Rui[29], este último exortava a opinião pública do país a não aceitar a abolição como o "termo de uma aspiração satisfeita". A abolição, no seu entender, exprimia apenas um "fato inicial", um "ponto de partida", o "lema de uma idade que começa"; depois dela, em consequência dela, em conexão com ela, "reforma sobre reforma", outras reformas deviam ser reivindicadas: "... a liberdade religiosa, a democratização do voto, a desenfeudação da propriedade, a desoligarquização do senado, a federação dos estados unidos brasileiros... com a coroa, se esta lhe for propícia, contra e sem ela, se lhe tomar o caminho"[30].

Efetivamente, a reforma de 13 de maio foi apenas a primeira de uma série de reformas, que a coroa não pôde ou não soube conceder, e por isso tiveram de ser realizadas pela revolução republicana. Tivemos então, com o 15 de Novembro, a federação, a desoligarquização do senado, a liberdade religiosa, um começo de democratização do voto... todas as reformas constantes do programa de Rui, exceto uma — e justamente a mais importante de todas, aquela que representava a condição econômica, política e social indispensável à rigorosa aplicação da reforma de 13 de maio: a desenfeudação da propriedade.

---

[29] João Mangabeira, *Rui — o estadista da República* (Rio de Janeiro, José Olympio, 1943), p. 288.

[30] Rui Barbosa, *Discursos e conferências*, cit., p. 204.

166 | Interpretações

Como Rui Barbosa, os abolicionistas mais esclarecidos compreendiam e proclamavam que o problema da escravidão e o problema do latifúndio estavam intimamente ligados entre si, não sendo possível dar completa solução a um sem resolver do mesmo passo o outro. Mais ainda: se alguma prioridade, em grau de importância, se devesse estabelecer entre ambos, o problema da terra seria colocado em primeiro lugar. Esse aliás sempre foi o pensamento das melhores cabeças de estadistas e publicistas que tivemos, desde antes da Independência. Baste-nos recordar um José Bonifácio, um Tavares Bastos, um André Rebouças — para caracterizar três momentos culminantes.

André Rebouças, grande engenheiro, grande inteligência, mas medíocre escritor: talvez essa circunstância se deva em boa parte o não ter ele exercido, na política do Segundo Reinado, nem mesmo na campanha abolicionista, a influência primordial que lhe cabia. Era o tipo do apóstolo, mas sem os meios de expressão necessários e adequados à importância do seu apostolado. Como quer que seja, ele foi, segundo suponho, o homem do seu tempo que melhor penetrou no conhecimento das condições históricas da economia brasileira. Os seus escritos, mal escritos embora, seriam ainda hoje de plena atualidade, e muitas das soluções técnicas, por ele propostas para a reorganização do trabalho rural em nosso país, aparecem-nos como verdadeiras antecipações a serem aplicadas em nossos dias.

Os seus primeiros artigos versando tais assuntos datam de 1874; mas ainda em seguida ao 13 de Maio, Rebouças continuava na brecha, batendo-se com o mesmo ardor e a mesma devoção pelos seus planos de reforma agrária, nos quais a escravidão e o latifúndio eram tratados como um só problema. As anotações do seu diário, posteriores ao grande dia da abolição, denunciam a tenacidade e a coerência dos propósitos que o animavam. Vale a pena citar algumas:

Em 14 de maio de 88: "Esboçando o projeto da nova Propaganda Evolucionista Democrática. (Democracia rural — Liberdade de consciência — Liberdade de comércio)".

Em 26 de junho: "O Presidente do Conselho João Alfredo apresenta na Câmara o desgraçado projeto de 300.000 contos para o Landlordismo escravocrata. Oposição imediata de Joaquim Nabuco em discurso, e minha em discussão, depois da sessão, com os ministros João Alfredo e Ferreira Viana".

Em 27 de junho: "A *Cidade do Rio* publica meu artigo — Aristocracia mendicante — em oposição ao projeto João Alfredo".

Em 17 de julho: "Redigindo um projeto de Lei para Educação, Instrução e Elevação do nível moral dos libertos, em contraposição aos projetos de proteção aos fazendeiros e comissários de café, inspirados ao Presidente dos Ministros por Andrade Figueira, Ramalho Ortigão, etc., sob a dolosa rubrica de — Auxílios à Lavoura".

Em 24 de julho: "Desagradável discussão, na Câmara dos Deputados, depois de terminada a sessão, com o Presidente João Alfredo pela sua esmola-indenização, agravada por mais um empréstimo sem juros, de 6.000 contos, acompanhado de uma série de favores ao Banco do Brasil, isto é, ao centro mais refratário à Abolição e à Democracia Rural, deixando no olvido os libertos e o proletariado agrícola deste império…".

Em 1º de agosto: "Dou ao conselheiro Manuel Alves de Araújo, deputado pelo Paraná, uma nota sobre pequena propriedade rural, para incluir no seu discurso".

Em 4 de março de 89: "Em Petrópolis… Na Estação com o Imperador conversando sobre os trabalhos destes últimos dias — Imposto Territorial — Cadastro — Abolição do latifúndio, complemento indispensável da Abolição do escravo [sic]".

Em 26 de março: "Escrevendo para a Cidade do Rio de Janeiro [sic] algumas notas sobre a elevação do negro pela Propriedade Territorial, único meio de impedir sua reescravização"[31].

Iludia-se, no entanto, Rebouças, ao esperar da monarquia, que já apresentava sinais visíveis de consumpção, algum sério movimento no sentido

---

[31] Cf. André Rebouças, *Diário e notas autobiográficas* (Rio de Janeiro, José Olympio, 1938).

168 | Interpretações

de atacar o problema sobre todos grave da propriedade da terra. Mas a grande verdade é que a república também não teve forças para atacá-lo. E assim, abolida, a escravidão, mas conservado o latifúndio, ficou tudo pela metade, e até menos de metade. Os "libertos" de 13 de maio, sem terras para trabalhar e sem leis que os amparassem devidamente, acabaram reescravizados sob novas e não menos odiosas formas de cativeiro: o eito a salário de fome, a peregrinação de gleba em gleba, a degradação na miséria e no desespero. A abolição resultava numa "ironia atroz", exclamaria Rui Barbosa, trinta anos mais tarde, ao examinar o estado em que ficara o escravo manumitido:

> Estava liberto o primitivo operariado brasileiro, aquele a quem se devia a criação da nossa primeira riqueza nacional. Terminava o martírio, em que os obreiros dessa construção haviam deixado, não só o suor do seu rosto e os dias da sua vida, mas todos os direitos da sua humanidade, contados e pagos em opróbrios, torturas e agonias. Era uma raça que a legalidade nacional estragara. Cumpria às leis nacionais acudir-lhe na degradação, em que tendia a ser consumida, e se extinguir, se lhe não valessem. Valheram-lhe? Não. Deixaram-na estiolar nas senzalas, de onde se ausentara o interesse dos senhores pela sua antiga mercadoria, pelo seu gado humano de outrora. Executada, assim, a abolição era uma ironia atroz.[32]

José Bonifácio, no projeto que havia elaborado para a Constituinte de 1823, já indicava a conveniência de converter os negros alforriados em pequenos proprietários, cabendo ao Estado facultar-lhes a possibilidade de adquirir lotes de terra e os meios necessários ao seu cultivo[33]. Também o projeto de 15 de julho, apresentado pelo ministério Dantas, sessenta anos depois, propunha a adoção de medidas semelhantes, como se pode verificar

---

[32] Rui Barbosa, "A questão social e política no Brasil". Conferência incluída no volume *Campanha presidencial*, p. 116-7.

[33] "Art. X. Todos os homens de cor forros, que não tiverem ofício, ou modo certo de vida, receberão do Estado uma pequena sesmaria de terra para cultivarem, e receberão outrossim dele os socorros necessários para se estabelecerem, cujo valor irão pagando com o andar do tempo" (cit., p. 29-30).

pela leitura dos parágrafos 14 e 15 do art. 2º. Num e noutro caso tratava-se de medidas parciais, e relacionadas, em suas referências a terras, com as terras pertencentes ao Estado. Mas em ambos aparecia inseparável o binômio emancipação-terra, a assinalar a fórmula mais adequada à solução do grande problema também expresso em termos binários: escravidão-latifúndio.

Só em 1888 se resolveu a metade da questão. A outra metade permaneceu intacta, e intacta permanece até hoje[34]. O caso é que, liquidada legalmente a instituição servil, e aberta a porta à imigração em massa de colonos europeus, os grandes proprietários e fazendeiros de café — sobretudo aqueles das zonas mais novas e mais prósperas — limitaram-se à adoção de métodos por assim dizer meramente quantitativos na substituição do braço escravo pelo braço livre. A coisa resultou até em bom negócio, de vez que o escravo se tornara mais caro que o colono. Demais, o essencial, para eles, consistia em conservar intacáveis os seus privilégios semifeudais de propriedade, nos quais a república não teve coragem de tocar. Sílvio Romero, estudando a situação econômica e social do país durante a primeira década deste século, assim se exprimiu acerca do assunto:

> A consequência deste errôneo modo de colonizar é aquela mesma a que já aludi: o não se ter constituído a democracia rural, não se criarem as pequenas culturas...
>
> Daí o conservarem, de alto a baixo, as nossas agriculturas principais francos sinais de espúrio feudalismo: o senhor e os escravos, ontem; o fazendeiro e os colonos, hoje.[35]

---

[34] "Cinquenta e cinco anos se passaram sobre esse programa e a propriedade continua enfeudada. Na mais reacionária, iníqua e estúpida de suas formas — na enfiteuse, instituto do direito romano, expandido sob o domínio feudal. Forma parasitária da propriedade, pela qual o *landlord* usufrui e dissipa, nas cidades, o foro que lhe paga o camponês, na dura labuta de todos os dias, curvado sobre a terra, mãe comum de todos os homens" (João Mangabeira, *Rui — o estadista da República*, cit., p. 289).

[35] Sílvio Romero, *O Brasil na primeira década do século XX* (Lisboa, Typ a Editora Ltda, 1912), p. 92.

170 | Interpretações

Não nos esqueçamos de acrescentar que em tudo isso tiveram os fazendeiros pleno apoio dos poderosos comissários de café, igualmente interessados na manutenção e no incremento da monocultura em larga escala do grande produto de exportação que possuíamos.

Ao cabo de tudo somos irresistivelmente levados a acreditar que aquela meia solução não foi talvez nem mesmo uma meia solução, mas uma pura escamoteação, com perdão da palavra. Coisa aliás que Rui previra com singular intuição; quando, no mais aceso da batalha parlamentar, em 1884, ao medir o alcance da resistência escravista, denunciava o perigo futuro de um "abolicionismo servido pelos inimigos da "abolição"[36].

*

Seria difícil, para não dizer impossível, proceder a uma revista completa, mesmo em tom sumário, de todos os aspectos da questão dos escravos, tais quais foram expostos e analisados no parecer que constitui a parte central e principal do presente volume. Por outro lado, não posso imaginar até que ponto haveria utilidade em pormenorizar as circunstâncias históricas e políticas do momento em que o parecer foi elaborado; tanto mais que isso resultaria em repetir o que já é do conhecimento geral. Eu devia necessariamente limitar-me a apenas pôr em relevo certos aspectos e circunstâncias que me parecessem mais importantes, quer por sua significação intrínseca, quer por sua repercussão contemporânea e ulterior. Foi o que tentei fazer.

Fevereiro de 1944.

---

[36] Discurso na Câmara dos Deputados, em 28 de julho de 1884.

UMA BIOGRAFIA DO PADRE FEIJÓ

A biografia do padre Diogo Antônio Feijó, que o sr. Otávio Tarquínio de Sousa acaba de publicar[1], pode ser apresentada como um modelo no gênero, tanto pela riqueza e excelência da documentação quanto pela probidade da linha interpretativa, em que a simpatia pelo personagem não exclui a análise sempre objetiva e inteligente. Das suas páginas, ao passo que as vamos percorrendo, vai emergindo a figura singular de Feijó, desde o momento incerto em que veio ao mundo, filho de pais incógnitos, firmando-se depois, pouco a pouco, da meninice à juventude e da juventude à maturidade, os traços cada vez mais vigorosos do lutador que não conheceu tréguas, até ao instante derradeiro, quando a morte o libertou do sofrimento e da humilhação. A personalidade do sacerdote e do estadista aparece-nos de corpo inteiro, ao cabo destas páginas, com o seu jeitão agreste de matuto perdido na Corte, com a sua casaca civil de padre que apenas na hora da missa metia-se em hábitos talares, com a sua carranca austera e compacta solidamente plantada sobre os ombros largos, e onde Kilder notou, a par da expressão de benevolência, um certo ar felino bastante característico.

A tentação política, que acabaria por empolgá-lo para o resto da vida, foi atraí-lo entre os cenobitas do Patrocínio, em Itu, arrancando-o dali, de um ambiente de pura cogitação espiritual, para fazê-lo deputado às Cortes de Lisboa. Isto se deu em 1821, e Feijó estava já com 37 anos de idade. Daí por diante pode-se dizer que a sua vida se confundiu com a vida política do Brasil durante largo e agitado período, abarcando a Independência, o

---

[1] Otávio Tarquínio de Sousa, *Diogo Antônio Feijó* (Rio de Janeiro, José Olímpio, 1942). (Coleção Documentos Brasileiros).

7 de abril, a Regência e a Maioridade, até 1842, com o malogro da sedição de Sorocaba e a sua morte pouco tempo depois. A sua biografia havia de estar, por conseguinte, intimamente ligada à história desse período, que tamanha importância teve em nossa formação de país livre e independente, e que o sr. Otávio Tarquínio de Sousa conhece como ninguém.

Esse período se caracteriza, sobretudo na sua primeira fase, pelo sentido liberal das lutas populares contra o absolutismo. Pedro I, distanciando-se de mais em mais da posição assumida em 22 e levando de desilusão em desilusão os elementos mais moderados da opinião política, criou para o regime que encarnava, e em consequência para si próprio, uma situação inconciliável com a vontade e os sentimentos do país. Por toda parte, de norte a sul, crescia e vibrava a agitação liberal e exaltava-se o horror ao absolutismo. Ao chegar aqui a notícia da revolução que derrubara Carlos X, rei absolutista da França, Armitage, que então vivia, no Rio, notou a enorme repercussão, entre nós, desse acontecimento longínquo. O sr. Otávio Tarquínio cita a observação registrada pelo historiador inglês: "O choque foi elétrico. Muitos indivíduos no Rio, Bahia, Pernambuco e São Paulo iluminaram suas casas por esse motivo. Excitaram-se as esperanças dos liberais e o temor dos corcundas, e estas sensações se espalharam por todo o Império por meio dos periódicos". Estes periódicos — num total de 53 jornais, que se publicavam no Rio e nas províncias, em 1830, nada menos de 43 eram de feição liberal — criavam e alimentavam outros tantos focos de propaganda de ideias políticas. Era a marcha a passo acelerado para o 7 de abril...

Era o advento de uma nova era, e o 7 de abril marcou realmente o início de uma nova era, mas não de uma nova era de paz e tranquilidade. Pelo contrário, o choque dos partidos, dos grupos e das paixões recomeçaria em seguida, com redobrada fúria, extremando os combatentes, pondo à prova os chefes e reagrupando as forças sociais que uns e outros representavam. Feijó viveu então os seus grandes dias, que foram também os dias dramáticos de uma batalha sem mercê.

Homem de formação liberal, mas de temperamento autoritário e duro, desse contraste nasceu o seu drama. Deputado, ministro, senador, regente, chefe de uma sedição malograda no fim da vida — faltou-lhe, evidentemente, o senso do equilíbrio e o tato da manobra política, e daí os seus erros fatais. Sem querer avançar demasiado, eu diria que os seus erros no Ministério da Justiça e sobretudo na regência contribuíram preponderantemente para abrir caminho à reação conservadora de 36.

Dois momentos supremos assinalaram em toda a sua plenitude a têmpera do grande lutador que foi o padre Feijó. O primeiro, quando, na qualidade de ministro da Justiça, apresentou à Câmara o seu relatório famoso, documento de certo modo sem par em nossa história política, e o sustentou com ânimo inquebrantável contra os Andradas. O duelo Feijó-Martim Francisco, que se prolongou por várias sessões da Câmara, constituiu na verdade um espetáculo que ainda hoje, à distância de mais de cem anos, nos empolga e nos comove. E não se pode dizer que o Andrada ilustre, gigante da tribuna, tivesse levado a melhor nesse reencontro com o padre rústico, "criado na roça" e "desconhecendo as etiquetas da Corte", conforme confessava e se justificava. Mas Feijó acabou perdendo a partida e demitindo-se do ministério.

Com a sua saída do governo, a crise política, ao invés de serenar, recrudesceu mais ainda... e assim permaneceu durante anos, numa sucessão de crises e conflitos para os quais ninguém encontrava remédio eficaz. Nem podia encontrar: eram crises e conflitos próprios ao processo de reajustamento das forças sociais de um país jovem e vigoroso, que acabava apenas de cortar as cadeias da sua dependência colonial. E Feijó e os outros chefes de grupos e facções, seus amigos ou inimigos, desempenhavam o papel que as circunstâncias lhes ditavam, mas poder-se-ia dizer que o desempenhavam de improviso, sem estudo nem sequer conhecimento prévio da peça. Daí os sofrimentos pessoais, as amarguras, as desilusões, as decepções... Feijó, homem íntegro e honrado, sem dubiedade nem malícia, "ingênuo", como ele próprio gostava de se dizer, empregando a palavra no melhor sentido, foi por tudo isso uma vítima preferida pelo jogo cruel da história.

A sua passagem pela regência resultou num tremendo e desastroso equívoco, e o rompimento com Evaristo, seu principal eleitor, seu

174 | Interpretações

companheiro e amigo de sempre, mostra melancolicamente quanto havia de irreparável nesse equívoco. O sr. Otávio Tarquínio fixa num julgamento perfeito e definitivo a natureza das causas imediatas que levaram Feijó a fracassar na regência:

> Tomando posse de um cargo de tamanhas responsabilidades e em circunstâncias da maior delicadeza, as mais altas qualidades de Feijó, ao atrito e ao choque de forças adversas, iam exaltar-se, como reação, até o extremo dos defeitos correspondentes. Sua firmeza degeneraria em intransigência teimosa; sua visão lúcida dos homens e das coisas, em amargo pessimismo; seu natural feitio reservado, em desconfiança hostil; seu desapego aos bens e honrarias, em desprezo por todo o mundo.

O segundo momento culminante da sua carreira política viveu-o Feijó ao rebelar-se contra o golpe de força do governo que decretara a dissolução prévia de uma Câmara recém-eleita e ainda não empossada. Era um desafio violento a que os liberais não podiam fugir e que só podiam enfrentar de armas na mão. Feijó, recolhido ao seu sítio de São Carlos, gravemente enfermo, sentindo aproximar-se o instante derradeiro da morte, não hesitou, porém: abandonou tudo e entrou na conjura. Porque esse velho doente, escreve o seu biógrafo com justificada admiração, "esse velho doente, que no retiro de sua pequena fazenda cuidava de preferência da outra vida, guardava no fundo da carcaça quase imprestável a mesma alma impetuosa, a mesma flama, o mesmo dom moço e fresco de comover-se, de apaixonar-se, de indignar-se". O fim inglório da sedição de Sorocaba é bem conhecido: Feijó acabou preso, deportado, processado, humilhado, e morria um ano e meio depois. Mas, em compensação dos seus erros, deixava-nos assim o legado de um exemplo imorredouro.

Novembro de 1942.

Guerra e após-guerra

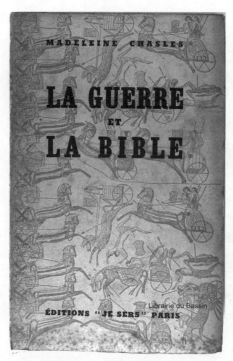

Capa do livro *La guerre et la Bible*, de Madeleine Chasles.

A GUERRA, A BÍBLIA E HITLER

Para fugir um pouco à obsessão deprimente da guerra atual, tenho tentado um processo diversivo, que me parece ótimo não só por ser diversivo em si mesmo como ainda por outras razões: a leitura (não me atrevo a dizer: o estudo) da história de velhas guerras que no passado afligiram esta pobre humanidade. É uma espécie de remédio homeopático para a tensão de nervos em que vamos vivendo. Bem entendido, não se trata de querer fugir por fugir à terrível realidade dos nossos dias, mas tão só de fugir a esta obsessão que deprime e devasta o nosso sistema nervoso e, por consequência, a nossa própria capacidade de resistir à crise. De toda maneira, a perspectiva de séculos e de milênios nos proporciona o mais eficaz dos sedativos para os olhos da inteligência, ao mesmo tempo que nos leva a estabelecer muitas comparações instrutivas e ainda a proceder a certas pesquisas laterais cheias de imprevistos interessantíssimos.

A uma primeira experiência neste sentido fui levado, sem nenhum plano prévio, pelo livro *La guerre et la Bible*, da escritora francesa Madeleine Chasles[1], publicado em fevereiro ou março do corrente ano. Trata-se de um volume cujo interesse não reside só no título, mas se estende amplamente por trezentas e tantas páginas. A autora, pacifista e sensível às dores humanas, confessa que hesitou algum tanto antes de embrenhar-se pelas histórias de guerra contidas no corpo do livro sagrado: "Pensamos às vezes que a Bíblia, o livro de Deus, deveria poupar-nos as narrativas de batalhas e de massacres" (p. 19). Vencida, porém,

---

[1] Madeleine Chasles, *La guerre et la Bible* (Paris, Editions "Je sers", 1940).

178 | Interpretações

a hesitação inicial, e enfrentando abnegadamente as asperezas da tarefa que se traçara, a escritora nos conduz pela mão operosa através do relato bíblico dos muitos e sangrentos embates sustentados pelo povo eleito desde os tempos mais remotos.

*

A primeira das guerras mencionadas na Bíblia ocorreu quando ainda vivia Abraão, conforme se lê no capítulo XIV do *Gênesis*[2]. Os reis cananeus Bara de Sodoma, Bersa de Gomorra, Senaab de Adama, Semeber de Seboim e Segor de Bala "tinham estado sujeitos doze anos ao rei Codorlaomor; e no ano décimo terceiro se subtraíram da sua obediência" (*Gen.*, XIV, 4). Codorlaomor, que era rei de Elam, chamou em seu auxílio a Anrafel rei de Senaar, Arioc rei do Ponto, e Tadal rei das gentes, para juntos darem combate aos desobedientes. Estes últimos, longe de se intimidarem, diz o texto sagrado que "se puseram em campanha, e ordenaram as suas tropas em batalha no vale das Árvores contra aqueles príncipes" (*Gen.*, XIV, 8). Mas a coligação organizada pelo poderoso Codorlaomor era mais forte e esmagou facilmente os rebeldes. Os reis de Sodoma e de Gomorra pereceram e os outros fugiram. As duas mal-afamadas cidades foram devidamente pilhadas pelos vencedores, que levaram todas as riquezas e provisões nelas existentes e bem assim o que restava dos habitantes de ambas, como escravos.

Ora, aconteceu que um dos prisioneiros feitos em Sodoma se chamava Ló e era sobrinho de Abraão. Avisado do ocorrido por um fugitivo, o patriarca se lançou em defesa do parente aprisionado pelas tropas de Codorlaomor. Para isto, refere a Bíblia, "escolheu os mais resolutos dos seus servos, em número de trezentos e dezoito" (*Gen.*, XIV, 14), e partiu no encalço dos reis vencedores. O pequeno exército de Abraão realizou

---

[2] Para as citações do texto bíblico sirvo-me aqui da versão portuguesa do padre A. P. de Figueiredo.

A guerra, a Bíblia e Hitler | 179

uma bela proeza: em duas etapas, a primeira de duzentos e a segunda de cerca de cem quilômetros, conseguiu atacar de surpresa as forças dos reis vitoriosos, desbaratando-as e recobrando a Ló "com tudo o que lhe pertencia, como também as mulheres e o povo" (*Gen.*, XIV, 16).

Infelizmente, nenhuma informação precisa se vê no livro de mme. Madeleine Chasles, nem tampouco na Bíblia, sobre a composição quantitativa das tropas de Codorlaomor e seu aliados. Mas com toda a certeza eram enormemente mais numerosas que a reduzida tropa de Abraão. Como explicar então a vitória do patriarca? Parece claro que o fator "surpresa", utilizado por Abraão, foi decisivo. Era da regra dos combates que estes se travassem à luz do dia, em campo raso, frente a frente. Assim se bateram os exércitos das duas coligações adversárias, no vale das Árvores, conforme se descreve na Bíblia. As tropas de Codorlaomor venceram porque eram naturalmente mais fortes, mais aguerridas, mais bem preparadas; decerto, porém, elas seriam mais ou menos equivalentes em número às tropas dos reis rebelados, pois do contrário não é crível que estes últimos se pusessem em campanha. Ora, Abraão muito provavelmente teria sido esmagado, com os seus 318 homens, se os tivesse conduzido a uma batalha frontal, em campo aberto. Ele sabia da enorme superioridade numérica dos outros; lançou mão, portanto, do fator surpresa: "deu sobre os inimigos de noite", relata o *Gênesis* (XVI, 15), isto é, inesperadamente, enquanto o adversário dormia. Abraão buscou nos dados da própria fraqueza numérica um novo elemento de combate — a surpresa. Ele agiu com astúcia, rapidez e destemor, demonstrando possuir qualidades de consumado guerrilheiro. O que não é de estranhar, se aceitarmos a hipótese de alguns arqueólogos, que dão o patriarca como originário da tribo dos *habirus*, povo nômade que vivia na Mesopotâmia meridional, na época de Rim-Sin, rei de Larsa, aí por volta de vinte séculos antes de Cristo[3].

---

[3] Ver, p. ex., sir Leonard Woolley, *Abraham: decouvertes recentes sur les origines des hebreux* (trad. A. e H. Collin-Delavaud, Paris, Payot, 1936), p. 38-9.

180 | Interpretações

*

Depois dos combates consignados no capítulo XIV do *Gênesis* e até à época em que os filhos de Jacó se estabeleceram no Egito, não encontramos nos textos bíblicos nenhuma descrição de luta importante, de guerra propriamente dita, não se devendo levar em tamanha conta os conflitos locais e episódicos — "lutas fratricidas, violentas disputas entre pastores dependentes de poderosos *cheiks*", esclarece mme. Madeleine Chasles (p. 43) — que se desenrolaram durante todo esse largo período avaliado em três séculos.

Diz-nos a Bíblia que a descendência de Jacó permaneceu no Egito precisamente 430 anos — "completos os quais, todo o exército do Senhor nesse mesmo dia saiu" (*Êx.*, XII, 41), em busca da terra prometida, através do deserto. Esta referência do *Êxodo* ao "exército do Senhor" deve ser entendida num sentido extensivo de "povo do Senhor", ou seja, todo o povo de Israel, em marcha para a conquista de Canaã. Mas já no segundo ano do êxodo, teve Moisés de cuidar muito a sério da organização militar dos seus homens, criando um verdadeiro exército de combatentes, com todas as características militares de formação enquadrada para a guerra. "Com rigorosa, exatidão, escreve Mme. Madeleine Chasles, procedera-se ao recenseamento dos homens válidos, dois anos depois da saída do Egito, pondo-se Israel em pé de guerra (p. 57)." A operação censitária revelou um total de 603.550 "machos de vinte anos e para cima, que podiam ir à guerra" (*Num.*, I, 20), assim discriminados, tribo por tribo: tribo de Rubem, 46.500 homens; de Simeão, 59.300; de Gad, 45.650; de Judá, 74.600; de Isacar, 54.400; de Zabulon, 57.400; de Efraim, 40.500; de Manassés, 32.200; de Benjamim, 35.400; de Dan, 62.700; de Aser, 41.500; de Neftali, 53.400. Não figurando aí a tribo de Levi, consagrada ao serviço sacerdotal, e por isso isenta do serviço militar. O enquadramento deste grande exército — não há exagero: tratava-se de um exército de 600 mil homens[4] — obedecia a uma técnica perfeita de comando e hierarquia: no comando supremo, como generalíssimo, o próprio Moisés; à frente de cada tribo, um príncipe, como general de divisão; cada tribo ou divisão se subdividia em brigadas de mil homens, comandadas por tribunos; cada brigada por sua vez se subdividia em batalhões de cem homens, sob o comando de centuriões.

Está bem visto que Moisés não teria conseguido levar a bom termo a sua tarefa gigantesca, se logo de começo não tivesse organizado militarmente as suas forças, para enfrentar as tribos estranhas, que por diversas vezes tentaram barrar-lhe o caminho. Além disso, a organização militar em si mesma, completando, com a civil e a sacerdotal, a base triangular do que poderemos chamar o seu governo, permitiu-lhe ainda evitar que os distúrbios internos, impossíveis de prevenir dadas as próprias circunstâncias do êxodo, assumissem caráter catastrófico e fatal aos seus desígnios. Considere-se por um minuto o que seria aquela multidão imensa, movendo-se durante quarenta anos pelas planícies áridas e intermináveis, acampando temporariamente nos raros oásis encontrados, e devastada pela "ação dissolvente exercida sobre ela pela vida dispersiva do deserto"[5], para se avaliar um pouco o vulto sobre-humano das dificuldades que desafiaram a capacidade genial de Moisés.

*

[4] Na verdade, estes algarismos nos parecem demasiado altos, e eu não saberia dizer até que ponto se pode dar crédito às estatísticas dos historiadores antigos, bíblicos ou profanos. Heródoto, p. ex., conta que os exércitos de terra levantados pelo rei Xerxes contra a Grécia somavam "170 miríades de homens" (VII, 60), atribuindo ao próprio Xerxes, mais tarde, o cálculo de "mil vezes cinco mil" (VII, 103).

[5] Adolph Lods, *Israël, des origines au milieu du VIII siècle* (Paris, Renaissance du livre, 1930), p. 360.

182 | Interpretações

O profeta sem par[6] morreu às margens do Jordão, com a terra prometida ao alcance da vista[7]; mas antes, por mandado do próprio Senhor, transmitiu a Josué o tremendo legado do seu posto.

"A hora da grande conquista havia soado", adverte mme. Madeleine Chasles (p. 68). Sob o comando de Josué, com efeito, é que se vão travar as grandes batalhas pela posse de Canaã.

Jericó foi a primeira cidade sitiada e tomada por Josué. É muito conhecida a narrativa bíblica desta primeira grande vitória, alcançada pelo sucessor de Moisés; mas é realmente tão movimentada e sugestiva que eu não resisto à tentação de resumi-la aqui.

Antes de atacar a cidade, o general Josué, precavido e astuto, mandou secretamente dois espiões sondarem o terreno adversário: "Ide, ordenou ele, e reconhecei bem a terra e a cidade de Jericó" (*Jos.*, II, 1). Os espiões partiram "e entraram em casa de uma mulher prostituta por nome Raab, e pousaram em sua casa" (idem). O rei de Jericó foi logo avisado pelo seu serviço de contraespionagem (meu Deus, como estas coisas são velhas!) e mandou pegar os dois sujeitos. Mas Raab, que deve ser a padroeira da chamada "quinta coluna" do nosso tempo, despistou os agentes de Jericó dizendo-lhes: "Confesso que eles vieram à minha casa; mas eu não sabia de onde eram, e quando se fechava a porta sendo já escuro, saíram eles ao mesmo tempo, e não sei para onde foram. Ide após eles depressa, e encontrá-los-eis" (*Jos.*, II, 4-5). Mentira; os espiões de Josué estavam escondidos: "Ela tinha feito subir os homens ao soalheiro de sua casa, e os tinha coberto com a palha de linho, que ali havia" (*Jos.*, II, 6). Passados uns dias, conseguiram eles regressar ao acampamento, sãos e

---

[6] "E não se levantou mais em Israel profeta algum como Moisés, com quem o Senhor tratasse cara a cara; nem semelhante em sinais e portentos, como os que, em virtude da sua missão, fez na terra do Egito a Faraó, e a todos os seus servos, e a todo o seu reino, nem semelhante em todas as coisas fortes, e maravilhas grandes, quais as que obrou Moisés à vista de todo o Israel" (*Deuteronômio*, XXXIV, 10-12).

[7] "E o senhor lhe disse: Eis aí a terra, pela qual jurei a Abraão, Isaac e Jacó, dizendo-lhes: Eu a darei à tua posteridade. Tu a viste com os teus olhos, e não passarás a ela" (*Deut.*, XXXIV, 4).

salvos, contando ao general tudo o que lhes tinha acontecido. As informações eram preciosas, pois Josué "levantando-se de noite desacampou o exército: e saindo de Setim ele, e todos os filhos de Israel, chegaram ao Jordão, e aí se detiveram três dias" (*Jos.*, III, 1). Depois disso, todo o povo hebreu, acompanhando os sacerdotes, que conduziam a arca do concerto, atravessou o Jordão a pé enxuto. Repetição, em escala, mais modesta, do milagre do mar Vermelho. O caso é que este acontecimento produziu enorme pânico nas hostes inimigas, as quais perderam o alento e, em consequência, se recolheram para dentro dos muros da cidade, desencorajadas de enfrentar peito a peito as tropas de Josué, protegidas do Senhor. "Jericó estava fechada e bem fortificada, pelo temor que nela havia dos filhos de Israel, e nenhum ousava sair nem entrar" (*Jos.*, VI, 1). Tudo inútil, porém. Sobre Jericó pesava uma condenação inapelável. Iavé chamou a Josué e lhe disse:

> Eis aí pus eu na tua mão a Jericó, e ao seu rei, e a todos os seus valentes homens. Dai volta à cidade todos os homens de guerra uma vez no dia: e fareis o mesmo seis dias. Mas no dia sétimo os sacerdotes tomem as sete trombetas, de que se usa no ano do jubileu, e marchem adiante da arca do concerto: e rodeareis sete vezes a cidade, e os sacerdotes tocarão as trombetas. E quando as trombetas fizerem um sonido mais largo e penetrante, e vos ferir os ouvidos, todo o povo a uma voz dará um grande grito, e então cairão os muros da cidade até aos fundamentos, e cada um entrará por aquele lugar que lhe ficar defronte. (*Jos.*, VI, 2-5)

Assim se disse e assim se fez, cumprindo-se rigorosamente as instruções de Iavé. E chegado o sétimo dia, "levantando todo o povo a grita, e soando as trombetas, tanto que a voz e o sonido chegou aos ouvidos da multidão, caíram de repente os muros, e cada um subiu pelo lugar que lhe ficava defronte: e tomaram a cidade, e mataram a todos os que nela encontraram, desde os homens até às mulheres: e desde as crianças até aos velhos. Passaram também ao fio da espada bois e ovelhas e jumentos" (*Jos.*, VI, 20-21). Depois da espada, o fogo: "E puseram fogo à cidade, e a tudo o que se achou nela, à exceção do ouro e da prata, dos vasos de bronze,

184 | Interpretações

e de ferro, que consagraram para o tesouro do Senhor" (*Jos.*, VI, 24). Da espada e do fogo só escaparam os parentes da prestimosa dama Raab, merecidamente premiada: "Mas a Raab prostituta, e à casa de seu pai, com tudo o que ela tinha, salvou Josué a vida: e ficaram habitando no meio de Israel até ao dia de hoje: porque ela ocultara os mensageiros, que ele tinha enviado a reconhecer a Jericó" (*Jos.*, VI, 25).

Comentando este caso da queda de Jericó, mme. Madeleine Chasles observa que certos espíritos críticos desconfiam algum tanto da sua veracidade histórica. A fim de melhor confundi-los, utiliza-se ela de sólidos argumentos científicos, fornecidos por dois eminentes arqueólogos contemporâneos, o prof. Garstang e sir Charles Marston, os quais, depois de aturadas escavações feitas no sítio identificado como sendo o próprio local da lendária Jericó, chegaram à conclusão de que os documentos lá encontrados comprovam as afirmações do texto bíblico. Sir Charles Marston expôs o resultado das suas pesquisas em livro cujo título equivale a uma definição: *La Bible a dit vrai*[8]. Das citações colhidas nesse livro por mme. Madeleine Chasles, em apoio da sua argumentação, limito-me a copiar esta afirmativa categórica: "As escavações de 1932 e de 1933 arruinaram completamente a teoria de uma fraude piedosa por parte de Josué"[9]. Para desvanecer qualquer dúvida que ainda nos reste, mme. Madeleine Chasles nos transmite o seguinte esclarecimento, bebido na lição daqueles homens de ciência e que me parece da maior importância: "Esta região [de Jericó] é frequentemente sujeita a abalos sísmicos. É muito provável que a queda das muralhas tenha sido causada por um tremor de terra, mas em condições extraordinárias e no momento preciso. É nisto que está o milagre" (p. 75). Excetuando-se a pequena questão do milagre, suponho que neste ponto o acordo pode ser declarado unânime entre os espíritos críticos e os não críticos.

---

[8] Não conheço o livro: louvo-me nas referências feitas por mme. Madeleine Chasles.
[9] Cit. à p. 75 de *La guerre et la Bible*.

*

Creio que se pode concordar também com mme. Madeleine Chasles quando ela afirma que as campanhas dirigidas por Josué o colocam e acreditam entre os maiores chefes militares da história. É verdade que a queda de Jericó, decisivamente ajudada pelo provável terremoto, pode suscitar alguma hesitação no julgamento do seu tino estratégico e da sua capacidade tática. Mas esta primeira impressão algo desfavorável se apaga em breve, à medida que vamos percorrendo o relato das terríveis batalhas por ele sucessivamente sustentadas na guerra pela conquista de Canaã.

A destruição de Hai, sobrevinda em seguida à de Jericó, marca uma vitória líquida e definitiva, que Josué alcançou com as suas próprias forças, sem nenhuma ajuda de elementos fortuitos ou estranhos. Depois de um pequeno revés inicial, que lhe pôs à prova a paciência e a tenacidade, ele concebeu uma hábil manobra, levada a cabo com mão de mestre, a fim de atrair e melhor bater as tropas de Hai. Sugestão de Iavé ou inspiração da própria inteligência — pouco importa discriminar de onde partiu a ideia: o fato concreto e visível é que ele, Josué, ganhou a batalha em consequência de dispositivos previamente estabelecidos e executados com firmeza.

Não se pense que as vitórias de Josué foram obtidas com facilidade, sobre adversários fracos e desprevenidos. Pelo contrário, escreve mme. Madeleine Chasles, "as tribos cananeias defendiam encarniçadamente o seu território" (p. 80). Refere neste ponto o texto bíblico que os reis de Jerusalém, de Hebron, de Jerimót, de Laquis e de Eglon, temerosos de enfrentar cada um por sua vez as tropas de Israel, "fizeram liga entre si, para combater contra Josué e contra Israel de comum acordo e com um mesmo desígnio" (*Jos.*, IX, 2). Os reis de Asor, de Madon, de Semeron, de Acsaf, aliados a outros reis vizinhos, "saíram com as suas tropas, uma multidão de gente tão numerosa como a areia que há nas praias do mar, e um número imenso de cavalos e carroças", e "vieram unir-se junto às águas de Meron, para pelejarem contra Israel" (*Jos.*, XI, 4-5). Nada disso impediu que Josué prosseguisse na sua marcha inexorável, reduzindo e esmagando

186 | Interpretações

todas as resistências, até ocupar com o seu povo as terras conquistadas. No final da campanha, nada menos de 31 reis indígenas tinham sido batidos, "desde Baalgad no campo do Líbano, até ao monte, parte do qual se eleva para a banda de Seir: e Josué deu esta parte em possessão às tribos de Israel, a cada uma seu quinhão, tanto nas montanhas como nas planícies e campinas" (*Jos.*, XII, 7-8).

Grande chefe na paz como o fora na guerra, tal se mostrou Josué durante os muitos e dilatados anos em que ainda viveu, governando pacificamente o seu povo. Não se enganara Moisés ao lhe deixar nas mãos o bastão de comando, e a sua figura cresce de mais em mais aos nossos olhos quando o colocamos em contraste com os sucessivos chefes mais ou menos medíocres que governaram ou tentaram governar Israel durante o longo período chamado dos Juízes. Período este que se caracteriza, segundo a justa observação de mme. Madeleine Chasles, pela ausência de unidade política de Israel, cada tribo querendo viver a seu modo, autônoma e isolada, com o consequente debilitamento da coesão nacional que o gênio de Moisés havia modelado no deserto. "Semelhante situação", acentua a escritora, "não podia deixar de enfraquecer as forças de resistência da nação, tornando possíveis as invasões dos Moabitas, dos Madianitas, dos Filisteus, e bem assim as revoltas dos reisetes cananeus" (p. 90).

*

A esta altura da experiência a que fui levado — com muito proveito para mim — pela mão diligente de mme. Madeleine Chasles, um diacho de ideia começou a insinuar-se com insistência entre as páginas que eu ia lendo, perturbando-me a atenção e tentando-me com a perspectiva de uma verificação verdadeiramente fascinante. A coisa se tornou de tal sorte irresistível, que eu não tive outro jeito senão deixar de lado o livro da escritora francesa. (*excusez-moi, madame!*) De resto, se o deixava de lado, por algum tempo, eu o fazia sem lhe faltar ao devido respeito, visto que o não substituí por outro livro qualquer, mas precisamente pelo livro dos

A guerra, a Bíblia e Hitler | 187

livros, por aquele mesmo imenso livro em cujas páginas inexauríveis ela buscara os elementos necessários à composição do seu volume: já se entende que me refiro à Bíblia. Pois é certo. Tomei em mãos o livro sagrado, procedendo então a uma leitura sistemática do *Pentateuco*, ou melhor, do *Hexateuco* — do *Gênesis* ao *Josué*.

Ao cabo dessa incursão metódica, por minha própria conta, através dos seis primeiros livros bíblicos, o meu diacho de ideia se havia desenvolvido normalmente, adquirindo contornos precisos, sem contudo cristalizar-se em nenhuma fórmula conclusiva. E eu prefiro expô-la assim mesmo, sob as vestes de mera conjetura, o que exclui naturalmente qualquer presunçosa atitude de autossatisfação. Ela poderá exprimir-se mais ou menos do seguinte modo: *As origens mosaicas ao hitlerismo*; ou deste outro: *O hitlerismo é uma tentativa de transposição histórica do mosaísmo*; ou ainda, de maneira mais personalizada: *Hitler pretende ser o Moisés do povo alemão*[10]. Deus me livre e guarde da fácil tentação de tramar irreverências em torno de coisas tão sérias. Mas justamente porque elas são mesmo demasiado sérias é que eu me julgo na obrigação de revelar os pontos de referência que suscitaram a minha suposição[11].

Um dos princípios essenciais que orientam a política de Hitler — o princípio racista — tem a sua origem, aparentemente, na teoria da diferenciação qualitativa das raças. Homem que não admite dúvidas, Hitler afirma cem por cento que o povo alemão, quintessência da raça ariana, é

---

[10] Eis como se referiu a Hitler, em artigo recente, o publicista inglês *lord* marquês de Crewe: "Sob a sua fascinação, o seu povo se submeteu a privações permanentes, como os seguidores de um profeta a guiar uma hoste obediente, através do deserto, para uma terra prometida" (*Diário de Notícias*, Rio de Janeiro, 12 out. 1940).

[11] Em artigo sob o título "Hitler inspirado pelos judeus", publicado em 1938, no *Dom Casmurro*, Evaristo de Morais já havia notado os pontos de identidade existentes entre o "racismo" hitlerista e o conceito mosaico de superioridade racial dos judeus. Esse artigo se acha reproduzido em livro de publicação póstuma (Evaristo de Morais, *Os judeus* (São Paulo-Rio, Civilização Brasileira, 1940), p. 133-6); mas eu só o li depois de estampado o meu trabalho na *Revista do Brasil*, n. de dezembro de 1940, pois do contrário ter-lhe-ia feito a devida referência (*Nota de 1944*).

188 | Interpretações

qualitativamente superior aos demais povos da terra. É o "povo eleito" — o novo "povo eleito", visto que o antigo, descendente de Jacó, degenerou e se dispersou — ao qual o Todo-Poderoso incumbiu da nova e gloriosa tarefa histórica de reorganizar o mundo. Isto explica por que o hitlerismo dá tamanha importância ao problema da preservação racial, não permitindo que o sangue puro do povo alemão se degrade em misturas com sangues de baixa qualidade. Tratando deste problema no *Mein Kampf*, que é a Bíblia do nazismo, Hitler condena de modo categórico todo processo de cruzamento das raças, liquidando a controvérsia com o seguinte argumento de ordem sobrenatural: "Praticar semelhante processo é pecar contra a vontade do Eterno, nosso Criador"[12]. Tanto pela forma quanto pelo conteúdo, tal argumento aparece aos nossos olhos como simples e tardia tradução de algum versículo perdido do *Pentateuco*.

Sabe-se como era rigorosa e severa a este respeito a legislação mosaica, que punia quase sempre com a pena de morte os seus transgressores. Em mais de um passo do *Pentateuco* se mostra a mão de ferro de Moisés a castigar sem misericórdia aqueles que por qualquer motivo poluíam o sangue de Israel com outro sangue estranho. Só de uma vez, quando o povo eleito se achava ainda acampado em Setim, ordenou o profeta um terrível massacre — tão terrível que a gente custa a creditar na sua veracidade. Veja-se o capítulo XXV dos *Números*... Diz o texto que ali "foram mortos vinte e quatro mil homens" (*Núm.*, XXV, 9).

A teoria do "espaço vital", estabelecida pelos sociólogos do nacional-socialismo a fim de justificar as conquistas territoriais planejadas por Hitler, encontra-se também no *Pentateuco*. E a teoria da "terra prometida". Os termos empregados são diversos num e noutro caso: "espaço vital" e "terra prometida"; mas o objetivo em vista é o mesmo. Que não há nenhuma identidade de sentido histórico entre os dois casos — de pleno acordo. A identidade do pensamento expresso é, porém, inegável, não me importando verificar até que ponto vai a diversidade da sua inspiração ou da sua

---

[12] Adolph Hitler, *Mein Kampf* (versão francesa, Ed. Sorlot, 1938), p. 286.

origem, num caso e noutro. E afinal, mais importante que a identidade do pensamento, nos dois casos, é a identidade dos processos postos em prática para a sua objetivação: a conquista a ferro e a fogo.

E chegamos aqui à teoria da "guerra total". Salvo engano da minha parte, o inventor da fórmula "guerra total", ou pelo menos quem a desenvolveu e sistematizou como doutrina de guerra, foi Ludendorff. Perfilhando-a e adotando-a como doutrina oficial, Hitler nada mais teria feito senão perfilhar e adotar um sistema, cuja aplicação correspondia ponto por ponto à sua própria concepção e servia, em consequência, aos seus próprios planos de conquista.

O que sobretudo caracteriza o sistema da "guerra total", creio eu, é o princípio da indivisibilidade ou indistinção entre os combatentes e os não combatentes. Ora, esta característica nós a encontramos como um constante invariável nos relatos bíblicos. Já citei o caso típico da tomada de Jericó, cuja população civil, depois de vencidos e trucidados os combatentes, foi toda ela passada ao fio da espada[13]. A exemplo do que fez em Jericó, Josué não poupou jamais os habitantes não combatentes das cidades e regiões que ia conquistando. Na batalha de Hai, refere o texto que "Josué não retirou a mão, que tinha levantada, tendo o escudo, até que foram mortos todos os habitadores de Hai" (*Jos.*, VIII, 26). Depois do esmagamento total de Hai, Josué caiu sobre as tribos coligadas por iniciativa de Adonisedec, devastando tudo, matando tudo, homens, mulheres, crianças e até mesmo os animais domésticos: "Arrasou pois Josué todo o território das montanhas e do meio-dia e das campinas, e a Asedot com os seus reis: não deixou aí resto algum, mas matou tudo o que tinha fôlego..." (*Jos.*, X, 40). A mesma coisa aconteceu às tribos que se aliaram em torno do rei Jabin de Asor: após derrotar os seus exércitos na batalha do Merom, Josué tomou Asor "e passou à espada toda a gente que ali morava: não deixou nela coisa com vida: mas destruiu tudo até

---

[13] A propósito da batalha de Jericó, ocorre-me lembrar que os métodos atuais da "guerra de nervos" tiveram ali a sua origem. Ver o cap. VI do livro de Josué.

190 | Interpretações

às últimas, e reduziu a mesma cidade a cinzas. E tomou, feriu e devastou todas as cidades circunvizinhas, e os seus reis, como lho tinha ordenado Moisés servo do Senhor" (*Jos.*, XI, 11-12). Não tiveram melhor sorte os enacins das montanhas de Hebron, de Dair e de Auab: Josué arrasou as suas cidades e "não deixou nem sequer um da raça dos enacins" (Idem, 22), massacrando-os a todos sem exceção.

Certa passagem do *Deuteronômio* me chamou particularmente a atenção, pois que resume, em poucos versículos, os preceitos mosaicos relativos ao que chamamos hoje de espaço vital, guerra total e preservação racial. Trata-se de uma das muitas proclamações que Moisés dirige a Israel transmitindo a palavra de Iavé:

> Quando o Senhor teu Deus te tiver introduzido na terra, que vais a possuir, e tiver exterminado à tua vista muitas nações, os heteus, os gergeseus, os amorreus, os cananeus, os fereseus, os heveus, e os jebuseus, que são sete povos, muito mais numerosos do que tu és, e muito mais fortes do que tu, e o Senhor teu Deus tas tiver entregado, tu as passarás a cutelo sem que fique nem um só. Não celebrarás concerto algum com elas, nem as tratarás com compaixão. Nem contrairás com elas matrimônios. Não darás tua filha a seu filho, nem tomarás sua filha para teu filho. (*Deut.*, VII, 1-3)

"Porque tu és um povo consagrado ao Senhor teu Deus. O Senhor teu Deus te escolheu para seres o seu povo próprio, dentre todos os povos que há na terra" (Idem, 6).

*

A fim de melhor esclarecer o sentido das minhas conjeturas, entendi de bom aviso consultar algum historiador profano de Israel, a ver qual seria a sua interpretação dos fatos narrados no *Hexateuco*. Recorri ao já citado livro de A. Lods. Segundo este autor, Canaã teria sido ocupada pouco a pouco, mediante longo e lento processo alternado de guerras e de relações pacíficas. Assim sendo, não se pode tomar ao pé da letra, como realidade histórica verificada, tudo quanto se lê nos textos bíblicos atuais, sobretudo aquela espantosa carnificina relatada pelos historiógrafos deuteronomistas. Estes últimos, adversários fanáticos e intratáveis do paganismo, o que principalmente faziam, nas suas narrativas, era exprimir o "desejo" que os animava, de exterminação sagrada dos inimigos. Como se dissessem: "eis aqui o que se devia ter feito para preservar Israel da contaminação"[14].

Não me cabe aqui — nem caberia na índole deste trabalho — entrar no debate de tão difícil questão, sobre a qual existe uma bibliografia imensa[15], a fim de averiguar até que ponto as narrativas bíblicas correspondem à verdade histórica. Para a minha hipótese, aliás, é completamente indiferente que aquelas narrativas sejam ou não verdadeiras, sejam ou não a expressão exata de acontecimentos reais. O que eu avanço, e ainda assim a título conjectural, é que Hitler teria sido poderosamente influenciado pela ação e pelos preceitos atribuídos a Moisés e tais quais se acham expostos na redação vulgarizada dos textos bíblicos. Não me parece demasiado supor que Hitler tenha lido atentamente a Bíblia, e que a figura e a obra de Moisés o empolgassem acima de tudo no livro sagrado. Isto não implica negar qualquer suposição de outras leituras e outras influências, que se tenham feito sentir, em grau variável, na formação doutrinária e política do chefe nazista. Podemos reconhecer a possibilidade de outras influências e ao mesmo tempo supor, como eu suponho, que a influência mais profunda foi exercida pelos livros mosaicos.

Não se julgue tampouco que eu estou querendo comparar Hitler a Moisés. Bem sei, como toda a gente, que Moisés viveu aí pelo XIII século antes de Cristo e que Hitler está vivendo no XX século depois de Cristo, e que no decorrer destes 3.300 anos aconteceram muitas coisas importantes no mundo. Compará-los equivaleria a comparar as duas épocas. Seria comparar — permitam-me a imagem meio extravagante, mas muito

---

[14] Adolph Lods, *Israël, des origines au milieu du VIII siècle*, cit., p. 379-86.

[15] Ver o livro do prof. J. Coppens, da Universidade de Louvain, *L'histoire critique de l'Ancien Testament* (Tournai-Paris, Editions Casterman, 1938), resumo interessantíssimo de toda a questão no concernente ao A. T.

192 | Interpretações

expressiva no seu violento contraste — as barbas imponentes da estátua de Miguel Ângelo ao mofino bigodinho de... Carlitos. Na verdade, eu me limito meramente a pensar que a comparação entre Moisés e Hitler é feita, ou sentida, ou premeditada pelo próprio Hitler. Seja, porém, como for, creio que estaremos todos de acordo em assinalar como traço dominante da personalidade de Hitler o seu tom, o seu caráter, o seu todo de profeta — de profeta, convém acentuar, à maneira de Moisés. Tudo nele denota e denuncia a presunção profética ou, mais propriamente, a presunção mosaica. Esta presunção é que o leva a proclamar aos povos do mundo que os planos nazistas são traçados sobre uma perspectiva de mil anos. Certo detalhe conhecido dos seus métodos define bem o iluminado que há em Hitler: é o seu hábito de recolher-se e isolar-se no cume de Kelstein, nas vésperas das grandes resoluções — ao que se supõe, a fim de confabular pessoalmente com o Todo-Poderoso. Era o que fazia Moisés, quando subia ao Sinai para receber instruções de Iavé.

Que os hitleristas tenham aplicado mais imediatamente contra os judeus de hoje muitos dos preceitos que os judeus da Antiguidade teriam aplicado — ou desejado aplicar — contra os povos adversos, não há nesta inversão histórica de papéis nada de inconciliável com a hipótese por mim estabelecida. O ódio terrível e fundamental, o ódio por assim dizer orgânico de Hitler pelos judeus, ódio que espuma e esbraveja em cada página do *Mein Kampf*, pode muito bem derivar de algum misterioso e sutil processo psicológico produzido por tal ou qual justaposição ou contraposição de afinidades essenciais[16]. Quem sabe até se a ascendência de Hitler não vem do sangue de Esaú?

Novembro de 1940.

---

[16] "Deixemos à raça alemã e à raça judia (tornadas hoje inimigas porque as move o mesmo complexo de inferioridade, mas cujos gênios têm afinidade tão profundas) o gosto da catástrofe, a celebração do nada" (Georges Bernanos, A França não morreria sozinha, *O Jornal*, Rio de Janeiro, 24 out. 1940).

POSIÇÃO E TAREFAS DA INTELIGÊNCIA

Em suas linhas gerais, o programa de guerra e de após-guerra traçado pelos grandes líderes das Nações Unidas é bem claro: extirpar da face da terra o nazi-nipo-fascismo e promover a reorganização do mundo sobre mais amplas bases democráticas. Mas a imensa tarefa de democratização do mundo, pelo que se depreende de documentos publicados e insofismáveis, não vai limitar-se ao puro domínio da organização política — o que equivaleria a deixá-la incompleta e sujeita a toda sorte de deformações e falsificações; ela deverá assentar os seus fundamentos primordiais em nova estruturação econômica da sociedade, e além disso deverá consequentemente abranger os mais largos domínios da cultura. Parafraseando a célebre fórmula positivista, poder-se-ia adotar o seguinte lema para a reorganização do mundo de após-guerra: a democracia política por princípio e a democracia econômica por base; a democracia cultural por fim.

Democracia política significa, em essência, qualquer que seja a modalidade da sua aplicação, o estabelecimento da igualdade de direitos políticos para todos os cidadãos: e daí decorre o direito de livre escolha dos governantes por parte dos governados, e também, como desdobramento lógico, a responsabilidade daqueles perante estes últimos.

Democracia econômica, segundo o mesmo princípio de igualdade, deve significar, para todos os cidadãos sem exceção, por um lado o dever de trabalhar e produzir para a comunidade, e por outro lado o direito de participar da riqueza criada pelo esforço comum.

Democracia cultural vem a ser aquela que torna possível a todos os homens e mulheres sem exceção gozar livremente dos benefícios da cultura, por meio da instrução integral — científica, literária, artística, técnica,

194 | Interpretações

profissional — facultada a todas as capacidades. Para nós brasileiros, democracia cultural quer dizer o seguinte, concretamente: liquidação do analfabetismo; instrução gratuita desde a escola primária até às escolas superiores; livre acesso ao ensino superior, segundo a vocação de cada qual; em suma, abolição de todo e qualquer privilégio ou monopólio em matéria de instrução.

*

Mesmo deixando de parte os assuntos mais estritamente políticos e sobretudo os econômicos, em cujo trato nem todos se aprazem, parece-me incontestável que os aspectos mais propriamente culturais dos problemas de após-guerra interessam de modo muito particular a todos os intelectuais: escritores, artistas, pensadores, homens de ciência. E interessam num duplo sentido: tanto em relação aos seus direitos quanto em relação aos seus deveres. Direi ainda que esta guerra nos está conduzindo a uma conjuntura histórica em que a correlação entre tais direitos e deveres se apresenta pela primeira vez em toda a sua plenitude, abrindo amplas perspectivas ao esforço de democratização da cultura.

Aí estão os meios modernos de comunicação e divulgação conferindo à palavra escrita e falada, e bem assim à imagem e ao som, um poder de penetração e influenciação entre as massas populares como não se viu nunca em nenhum período anterior da história. Este fato só por si nos fornece a medida da imensa e iniludível responsabilidade que compete aos intelectuais na tarefa de reconstrução social do mundo, imposta pelas condições históricas da nossa época. Ao mesmo tempo, porém, que estabelece para os intelectuais tamanha soma de responsabilidade, esse enorme poder de penetração e influenciação lhes proporciona possibilidades de libertação e independência própria como jamais puderam eles prever no passado.

Sabe-se que no passado, e ainda agora em muitos casos, os escritores, os artistas, os homens de pensamento dependiam completamente da classe dominante, isto é, da pequena camada supostamente superior e que a si mesma se atribuía o papel de dirigir e governar a sociedade. As obras da inteligência, no plano artístico tanto quanto no plano científico, eram feitas unicamente para divertir ou servir a essa pequena camada. A cultura era um privilégio, um monopólio, do mesmo modo que a riqueza e a posição social. As grandes massas populares — conservadas em baixo nível de vida material e intelectual — nem sequer podiam interessar-se pelos problemas da cultura, e muito menos podiam tirar qualquer benefício dela. Mas o desenvolvimento da técnica moderna criou possibilidades infinitas e imprevisíveis no concernente à produção em larga escala não só de objetos de consumo como também de meios de instrução e cultura. As máquinas de imprimir livros e jornais, de transmitir imagens e sons, de transportar pessoas e coisas com rapidez jamais suspeitada — para citar o mais novo e mais visível — são máquinas prodigiosas, que já estão estabelecendo e poderão ampliar muito e muito mais, no futuro, as bases concretas para o desenvolvimento ilimitado dos meios de instrução e cultura das massas. Tudo isto nos mostra principalmente que o desenvolvimento da técnica, que tende a suprimir as terríveis e injustas desigualdades sociais no domínio da riqueza material, tende paralelamente a produzir resultados semelhantes no domínio das coisas espirituais.

E assim, por via de consequência, vamos a caminho de assistir ao rompimento definitivo dos laços de dependência e subordinação que prendiam os intelectuais aos interesses da minoria, de privilegiados. Por outras palavras: com o deperecimento histórico dos privilégios de toda natureza, os intelectuais — na sua qualidade de produtores de obras literárias, artísticas e científicas — não mais terão de trabalhar para divertimento ou proveito de uns poucos; libertos da tutela secular, a sua inteligência estará então necessariamente restituída ao povo, colocando-se ao serviço do povo, contribuindo direta ou indiretamente para a elevação do nível cultural das massas populares.

Postas as coisas nestes termos, tudo faz crer que o processo histórico de reordenação da sociedade humana — cujo curso o fascismo tentou em

196 | Interpretações

vão barrar — tornará enfim possível, aos escritores e intelectuais em geral, aquilo de que eles mais necessitam: a independência. Independência de viver, de pensar, de criar, de produzir. Mas, simultaneamente, a par do pleno reconhecimento dos seus direitos à independência, estabelecida em bases concretas, maiores se tornam também os seus deveres e as suas responsabilidades para com as massas populares, que reivindicam para si uma cada vez maior participação nos benefícios da cultura.

*

Direitos, deveres e responsabilidades da inteligência... Aqui nos vemos frente a frente ao tão debatido problema — espécie de papão, que é hábito reviver, nos momentos de crise, para susto de uns e justificativa de outros. Eu não acredito muito no papão em si mesmo, mas sou levado a acreditar que ele nem sempre é revivido com boas intenções. Todavia, acredito ainda menos na eficácia dos julgamentos às boas e más intenções alheias — e assim, ao que suponho, mais acertado será não tomar conhecimento do papão como tal, não pensar em sustos nem justificativas, e examinar a coisa com a maior simplicidade possível, sem inúteis complicações. Benda, Maritain, Mac Leish, e não sei mais que outros ilustres debatedores da questão, que nos perdoem; mas vamos deixá-los de lado, como se não existissem, e ponhamos o assunto em chão batido e liso, animados do só propósito de compreender e fazer compreender. Nada de ambições especulativas: contentemo-nos com o terra a terra demonstrativo, modestamente, sem receio de incorrermos na pecha de primários. Não nos envergonhemos tampouco de usar e mesmo abusar de métodos por assim dizer didáticos. O que mais importa é pôr as coisas em termos acessíveis, compreensíveis e — eu ia acrescentar indiscutíveis... mas isto afinal já seria pretender demasiado.

Buscaremos em nossa própria história literária os modelos e exemplos de que necessitamos para ilustrar, concretamente, o nosso ponto de vista. Veremos então que o nosso passado literário, com toda a sua notória

Posição e tarefas da inteligência | 197

pobreza, nos oferece muitos e variados casos que podemos tomar como outras tantas lições para os dias de hoje. As diferenças de tempo — e são diferenças formidáveis! — servirão apenas para acentuar o que há de básico e essencial, como comportamento e atividade, na posição assumida pela inteligência brasileira em cada uma das etapas que marcaram o desenvolvimento histórico da nacionalidade.

*

Gregório de Matos Guerra não foi só o maior poeta brasileiro do século XVII; ele foi realmente o nosso primeiro grande poeta. Sílvio Romero opinava com razão que a ele, e não a Anchieta ou a qualquer outro, se devia conferir o título de fundador da nossa literatura: "Foi filho do país; teve mais talento poético do que Anchieta; foi mais do povo; foi mais desabusado; mais mundano, produziu mais e num sentido mais nacional"[1]. Sílvio observava ainda, como uma das características do poeta baiano, a ausência, na sua obra e na sua vida, de qualquer artifício literário: "o poeta não vai por um caminho e o homem por outro; a vida do indivíduo ajusta-se à obra do poeta". Além disso, acrescentava o crítico, Gregório de Matos Guerra estava, como poeta e como homem, "em perfeita harmonia com o seu meio"[2].

Gregório ganhou fama, ainda no seu tempo, principalmente como poeta satírico, ferino e desabusado. Por sua conta correm, por isso mesmo, numerosa e terríveis pilhérias, não raro cheias de escabrosidades. Ele foi, nesse sentido, um precursor do português Bocage. Mas é claro: a sátira é por excelência a arma da inteligência desarmada. Desarmada — mas corajosa, intrépida, insubmissa. Sílvio Romero compreendeu muito bem essa qualidade do tremendo satírico, prevenindo

[1] Sílvio Romero, *História da literatura brasileira,* (3. ed., Rio de Janeiro, José Olympio, 1943), p. 39.

[2] Idem.

198 | Interpretações

o leitor contra qualquer falsa interpretação: "Não se infira daí que o nosso Guerra fosse um homem sem dignidade; ao contrário, ele tinha grande inteireza de caráter, tinha coragem contra os grandes; era um homem simples e resoluto. Odiava apenas a fatuidade de seu tempo; foi o censor de sua época"[3].

Gregório de Matos aparece-nos hoje, a três séculos de distância, não só como um exemplo e um modelo, mas ainda como o poeta nacional que fincou em nossa literatura o primeiro marco de uma tradição — a tradição mais tarde continuada pelos poetas da Inconfidência Mineira, pelos poetas e escritores da Independência e do Romantismo, pelos poetas e escritores da Abolição e da República. Tradição de luta e de participação nas lutas populares, a que poderemos filiar o Movimento Modernista de 1922.

Essa tradição, convém esclarecer desde já, nem sempre aparece sob a forma de vontade consciente e deliberada, pois de fato se manifesta ou se realiza por mil meios diferentes e às vezes até por meios aparentemente contraditórios.

*

Os poetas mineiros de Vila Rica podiam muito bem deixar de "tolices" e não se meterem em confabulações perigosas com o "doido" do Tiradentes e seus comparsas. Os sonetos de Cláudio Manuel da Costa, as odes de Alvarenga Peixoto e as líricas de Tomás Antônio Gonzaga já lhes tinham proporcionado tudo quanto, em matéria de "glória literária", podiam eles ambicionar então. Cláudio, já beirando os sessenta anos, advogado sem grande clientela, infeliz na sua vida privada, ia arrastando merencoriamente os seus dias. Alvarenga Peixoto, maduro, ardoroso, deixando a advocacia pelo negócio da mineração, ia até bem de vida. Gonzaga era magistrado de profissão, mas a sua vocação era amar, e a doce e bela Marília, com os seus dezesseis anos em flor, resumia para ele

---

[3] Ibidem, p. 43.

o mundo inteiro e o melhor que havia no mundo. Eram amigos entre si e amigos dos demais letrados de toga e de batina que por ali havia, e todos eles estimavam a boa prosa das tertúlias eruditas, cheias de citações latinas e reminiscências dos bons tempos de Coimbra.

Mas o fato é que as coisas públicas não andavam como era de mister. O povo murmurava. As queixas contra os governadores mandados pela Metrópole aumentavam cada vez mais. Sobretudo contra Luís da Cunha Meneses, que governou as Minas Gerais de 1783 a 1788, recresceram os murmúrios e as vozes de revolta. Ele se mostrava um duro instrumento de opressão e espoliação da gente mineira. Foi quando apareceram as *Cartas chilenas*, em que o governador, rebatizado pela sátira com o apelido transparente de Fanfarrão Minésio, era zurzido de alto a baixo, e exposto à risota vingativa de toda uma população descontente e queixosa.

As *Cartas chilenas* traziam a firma de um poeta desconhecido: Critilo. Mas quem era Critilo? Um criptônimo, um pseudônimo, que até hoje não foi identificado. Uns o atribuem a Gonzaga; outros a Cláudio; outros a Alvarenga; e ainda outros a Alvarenga e Gonzaga, e mesmo aos três, de colaboração. Fosse, porém, quem fosse o misterioso Critilo, o certo é que as *Cartas chilenas* provam esta coisa importante: os poetas mineiros de Vila Rica não se isolavam com os seus sonetos clássicos, as suas odes exaltadas, as suas líricas amorosas: eles na realidade sentiam com o povo das Minas os mesmos desapontamentos, os mesmos vexames, os mesmos castigos. Lançaram mão da arma que melhor podiam manejar: a sátira, fazendo da sátira um instrumento de luta contra o mau governo, contra o sistema reinante de opressão e espoliacão imposto ao povo, com mão implacável, pelo mandatário da coroa portuguesa.

E não ficaram nisso. Acabaram juntando-se aos conjurados de Tiradentes, que pretendiam a independência da pátria oprimida e espoliada. Pagaram com a vida ou o degredo a sua participação na luta. Mas com isso redouraram de glória perene os seus sonetos, as suas odes e as suas líricas. E o seu sacrifício não vale só como exemplo: vale sobretudo como uma herança sagrada da inteligência brasileira.

200 | Interpretações

*

Vemos, no caso dos poetas mineiros da Inconfidência, que eles participaram do movimento político de então não só como cidadãos, entrando mais ou menos ativamente na conjura, mas também como poetas, isto é, como autores das *Cartas chilenas* (mesmo que um só deles tenha sido o redator da famosa sátira, com certeza os outros seriam pelo menos coautores morais na sua inspiração e elaboração). Não interessa aqui apurar e concluir que as *Cartas chilenas* pouco valem como obra poética propriamente dita, isto é, como obra de arte; isso em nada diminui a sua significação como documento de primeira ordem — espécie de depoimento literário comprobatório da participação de Cláudio, Gonzaga e Alvarenga, como cidadãos e como poetas, no movimento político do seu tempo — e participação tal que lhes custou por fim a vida ou a liberdade.

Mas a Inconfidência Mineira ainda nos oferece outro exemplo muito importante de participação, se bem que participação do outro lado da barricada: é o caso do poeta português Antônio Diniz da Cruz e Silva, o celebrado autor do *Hissope*, despachado do Porto, onde era desembargador, para funcionar como juiz no processo dos inconfidentes. Um historiador insuspeito, o inglês Aubrey Bell, diz que ele "se mostrou implacável na condenação dos poetas brasileiros [...] acusados de conspirarem a favor da independência do Brasil"[4]. Sendo que um desses poetas conspiradores, Alvarenga Peixoto, era seu companheiro na Arcádia Ulissiponense.

Pode-se avançar, evidentemente, que o juiz-poeta Cruz e Silva funcionou no julgamento dos conspiradores-poetas na sua qualidade de juiz e não de poeta e que o seu julgamento incidiu contra os acusados como conspiradores e não como poetas. Pode-se ainda alegar, a favor de Cruz e Silva, que ele procedeu no caso como português em defesa daquilo que su-

---

[4] Aubrey Fitz Gerald Bell, *A literatura portuguesa* (trad. Agostinho de Campos e João Gualberto de Barros e Cunha, Coimbra, Impresa da Universidade, 1931), p. 366.

punha ser o verdadeiro interesse de sua pátria, contra o qual conspiravam os acusados. Provável ou não, a hipótese é perfeitamente aceitável, e nela encontramos confirmação para a tese que estamos sustentando: a da participação do intelectual na vida política.

O intelectual participa como intelectual, como profissional ou como cidadão, separadamente ou concomitantemente, pouco importa, mas participa. Participa até pela "abstenção", mesmo quando sincera e desprevenida, pois a "abstenção", bem feitas as contas, equivale a participação passiva ou por omissão. Em suma, todos participam, ainda que não pensem nisso ou não o desejem deliberadamente.

A grande questão a apurar consiste em saber a "quem" ou a "que" serviu ou vai servir a participação. O poeta-juiz Cruz e Silva participou e serviu, como juiz, em favor da coroa portuguesa contra a independência do Brasil. Sim, participou e serviu como juiz — mas este fato não pode ser suprimido ou escamoteado da biografia do poeta Antônio Diniz da Cruz e Silva.

*

Durante as primeiras décadas do século passado mais ou menos até ao fim do período regencial, pode-se dizer que a literatura brasileira só se manifestou em função das lutas políticas pela Independência e pela consolidação do novo Império. Os melhores nomes literários de então, na prosa como na poesia, nós os encontraremos, de um modo ou de outro, completamente integrados no movimento político que visava à construção de um Brasil autônomo, senhor do seu próprio destino.

O período romântico, que se seguiu, apresenta sem dúvida características bem diferentes. O romantismo entre nós coincidiu — mais ou menos como na Europa, e não por acaso, mas como expressão literária de um certo período histórico — com a relativa estabilização do Império, coisa visível sobretudo a partir de 1840, e daí o seu caráter menos diretamente ou menos aparentemente político, se o compararmos com a produção literária do período precedente. Mas o nosso romantismo, que era um movimento importado, realizou aqui uma tarefa de luta pela independência da literatura nacional — como uma continuação, em termos literários, daquilo que havia sido antes realizado, em termos políticos, pela geração da Independência.

Gonçalves de Magalhães, Porto-Alegre, Gonçalves Dias, Álvares de Azevedo, Casimiro de Abreu, Fagundes Varela — eis alguns dos poetas mais "puros" do romantismo brasileiro. Na sua obra, porém, o que mais vale não é o "romântico" e sim o "brasileiro", isto é, o que existe nela de mais nosso, de mais deliberadamente nosso, de mais procuradamente nosso. Por outras palavras: o que sobreleva na sua obra é menos o elemento "estética" — forma de expressão — do que o elemento "substância" — neste caso o tema ou o assunto nacional, mas nacional, convém observar, num sentido por assim dizer agressivo, de repúdio intencionalmente violento ao não nacional. Por onde podemos concluir que entre os poetas mais "puros" do nosso romantismo havia, neste particular, senão uma intenção, pelo menos um impulso absolutamente "impuro".

Se querem um exemplo típico, citarei o mais típico de todos: a *Canção do exílio* de Gonçalves Dias. Ela não é apenas a expressão poética da saudade da terra natal, mas também — por um lado, a afirmação violenta, através de contrastes e comparações, dos motivos nacionais da saudade sentida pelo poeta — e, por outro lado, a negação dos motivos não nacionais, e negação tanto mais violenta quanto mais inexata e injusta, logicamente falando.

*

Grande nome do romantismo brasileiro é José de Alencar, e em José de Alencar o intelectual, o escritor, o político são manifestações inseparáveis de uma mesma individualidade forte e extremamente combativa. Seus romances teriam sido uma forma amena (mas às vezes não muito) de combate, e, neles, o que é mais interessante, os elementos "estética" e "substância" mais ou menos se equivalem e se equilibram, empenhados por igual na luta por um antilusitanismo radical. Romancista, poeta, teatrólogo, crítico literário, jornalista, publicista, panfletário, Alencar foi ainda jurisconsulto, orador parlamentar, ministro de Estado, homem de partido, político militante apaixonado e tenacíssimo. E é por tudo isso, por este conjunto de atividades intelectuais e práticas, e não somente pelos seus romances, que ele nos aparece hoje como sendo a figura mais poderosa e mais representativa do nosso romantismo.

O romantismo é por toda parte um movimento contraditório. No Brasil a sua contradição residia principalmente em que ele foi um movimento dinâmico, renovador, progressista, quando se batia pela independência da literatura brasileira, e ao mesmo tempo conformista, não raro retrógrado, quando aparecia como expressão de um período de estabilização política, que a classe dirigente cuidava de consolidar e conservar. E é justamente em José de Alencar que semelhante contradição se mostra mais viva: reformador, revolucionário no domínio da literatura propriamente dita; mas conservador, reacionário dos quatro costados no domínio da política propriamente dita. Demolidor da gramática e da temática lusas; mas defensor intransigente do sistema político em que o poder se concentrava nas mãos dos senhores de escravos.

E Castro Alves? o romântico Castro Alves? Castro Alves é o nosso grande poeta social. Homem da sua época e do seu povo, nele o romantismo é sinônimo de paixão, e é no fogo desta paixão que o poeta se funde com a sociedade em que vive. Daí a coexistência e a simultaneidade, na sua poesia, do individual e do social, do lírico e do heroico. Ele é duplo e uno — e foi o único, em todo o nosso romantismo, que deu solução adequada às contradições próprias da escola.

Castro Alves realiza o que se poderia chamar o tipo do poeta absoluto — o poeta que ao mesmo tempo e dentro do seu tempo "canta, batalha e vaticina", conforme o definiu Rui Barbosa[5], melhor que ninguém.

---

[5] Rui Barbosa, *Elogios acadêmicos e orações de paraninfo* (Rio de Janeiro, Revista de Língua Portuguesa, 1924), p. 28.

204 | Interpretações

*

Castro Alves morreu em 1871, mas a sua voz permaneceu viva, e potente como a própria voz do Brasil progressista em luta contra a escravidão. Com a sua voz permaneceu também o seu exemplo de poeta e de cidadão.

A campanha abolicionista foi no Brasil uma campanha simultaneamente política e literária. Sobretudo a partir do momento em que Joaquim Nabuco pôs a sua palavra de ouro, dentro e fora do parlamento, a serviço da grande causa. Os melhores jornais cariocas daquele tempo, a *Gazeta de Notícias*, a *Gazeta da Tarde* e depois a *Cidade do Rio*, campeões do abolicionismo, eram igualmente jornais literários, redigidos e colaborados por escritores de nome já feito e pelos jovens de mais talento que iam surgindo[6].

As revistas literárias afinavam pelo mesmo diapasão. Nem é preciso insistir em mencionar a tantas vezes lembrada *Revista Ilustrada* de Angelo Agostini, que tamanha influência exerceria na propaganda da abolição.

O que se passava no Rio repetia-se, com mais ou menos intensidade, nos principais centros intelectuais da província. Toda a gente sabe aliás que as academias de direito de São Paulo e do Recife sempre foram focos irradiantes de agitação política e literária.

A propaganda abolicionista, de certo ponto em diante, caminhou lado a lado e não raro se confundiu com a propaganda republicana. A par do seu sentido político, havia, sem dúvida, na luta pela libertação dos escravos, muita dose de sentimentalismo; na luta pela república não havia nada disso: era uma luta de caráter e de finalidades puramente políticas. Mas

---

[6] De Luis Murat, que se contava entre esses jovens, é o seguinte exato depoimento: "Todos os poetas, todos os romancistas, todos os oradores, todos quantos, em suma, manejavam a palavra com eloquência e talento, se associavam à mesma ideia, viviam do mesmo sonho, fatiavam o mesmo pão. Uma grande parte da campanha abolicionista foi travada pelos poetas, cujos nomes não apareciam nos artigos de fundo, mas que as necessidades do momento, e a perfeita consubstanciação das nossas vontades e do nosso escopo, tornavam aptos a manejar a mesma pena" (Luis Murat, *Poesias escolhidas*, Rio de Janeiro, Jacinto Ribeiro dos Santos, 1917, Prefácio, p. XIV).

Posição e tarefas da inteligência | 205

de uma e de outra participavam os intelectuais com igual combatividade. À exceção de Nabuco, de Rebouças, de Taunay e mais algum outro, que se mantiveram fiéis à monarquia, na sua grande maioria eram todos eles ao mesmo tempo abolicionistas e republicanos. Lembremos, de todos, o nome por excelência representativo: Raul Pompeia. O tipo acabado do puro escritor, do esteta, do artista cem por cento: e ninguém mais apaixonadamente político do que ele.

*

Feita a abolição e implantada a república, seguiu-se o período de consolidação do novo regime — cerca de vinte anos pejados de problemas e entrecortados de lutas políticas. Do debate e da ação que encheram esse período participaram, de uma forma, ou de outra, não só os escritores que vinham da propaganda abolicionista e republicana, como, também, aqueles que apareceram e se firmaram depois de 89.

Para não falar em Rui Barbosa, que foi propriamente um homem político, podemos desde logo citar os três grandes críticos literários da geração: Sílvio Romero, José Veríssimo, Araripe Júnior; nenhum deles confinou a sua atividade literária ao domínio do puro esteticismo. Outros três nos acodem de pronto: Lúcio de Mendonça, Valentim Magalhães, Medeiros e Albuquerque; todos três militantes políticos exaltados. Euclides da Cunha surge como um gigante, com o seu grande livro: interessado até à raiz dos cabelos com os problemas políticos e sociais, e tendendo francamente para o marxismo[7]. Aluísio Azevedo abandonou a literatura, mas os romances que deixou representam uma contribuição de primeira ordem como documentário de uma época. Dos grandes poetas da geração, apenas Raimundo Correia e Alberto de Oliveira podem ser apontados até certo ponto como "indiferentes"; mas foram sujeitos dignos, de mentalidade livre e progressista. O velho Luís Delfino foi político militante.

[7] V. nos *Contrastes e confrontos* o capítulo "Um velho problema".

206 | Interpretações

Augusto de Lima, idem. Vicente de Carvalho foi jornalista, preocupado com os assuntos políticos e econômicos, e é autor do poema "Fugindo ao cativeiro" — tudo quanto há de mais interessado. Olavo Bilac e seu amigo Coelho Neto morreram participando de atividades políticas e sociais[8].

*

O movimento simbolista, que se processou durante o período de implantação e consolidação da república, pode ser caracterizado como sendo uma espécie mais refinada de romantismo decadente, e seus corifeus e sectários se aproximaram o mais que era possível da posição ideal preconizada pelos "puros", "indiferentes" e "abstencionistas". Não por acaso surgiu o simbolismo, entre nós, como simples imitação ou contrafação do simbolismo europeu, por isso mesmo com um sentido mais inteiramente reacionário do que o romantismo — sobretudo o nosso romantismo, que possuía elementos de natureza libertária. O simbolismo correspondia de certo modo à fase de consolidação do novo regime; correspondia apenas de certo modo, convém frisar a restrição, pois semelhante "correspondência"

---

[8] Já no fim da vida, o próprio Bilac faria o balanço da geração literária a que pertencera, dizendo o seguinte, que é categórico:
"E permite-me que insista em poucas palavras no valor do serviço que me parece o maior de quantos prestamos ao Brasil. Aluímos, desmoronamos, pulverizamos a pretensiosa torre de orgulho e de sonho em que o artista queria conservar-se fechado e superior aos outros homens; viemos trabalhar cá em baixo, no seio do formigueiro humano, ansiando com os outros homens, sofrendo com eles, padecendo com eles todas as desilusões e todos os desenganos da vida; e isso, porque compreendemos em boa hora que um homem, por mais superior que seja ou por mais superior que erradamente suponha ser aos outros, não tem o direito de fechar os olhos, os ouvidos, a alma, às aspirações, às esperanças, às dúvidas da época em que vive: — quem faz isso comete um crime de lesa-humanidade. Assim, não nos limitamos a adorar e a cultivar a Arte pura, não houve problema social que não nos preocupasse, e, sendo 'homens de letras', não deixamos de ser 'homens'. O artista tem certamente o dever de sempre reservar na sua vida um lugar, recatado e sagrado, para o culto exclusivo da sua Arte; mas, para isso, não é mister que viva, entre os outros homens, como um espectro sem vida real, numa ataraxia que o isole da existência da comunhão" (Olavo Bilac, *Ultimas conferencias e discursos*, Rio de Janeiro, Francisco Alves, 1927, p. 79-80).

se explicaria principalmente pelo "desejo", isto é, pelo interesse da fração mais conservadora das classes dominantes em estabilizar a própria situação. Já sabemos que nem sempre desejo e realidade coincidem; mas isso é outra coisa.

Não estou inventando nenhuma teoria, nem tampouco traçando um esquema no papel. Estou apenas tentando apresentar o simbolismo como uma coisa viva, um movimento literário ligado a certo momento e a certos fatores da nossa vida política e social. E longe de mim supor que fenômenos dessa ordem se processam mecanicamente, num jogo simples e simplista de causa a efeito. Bem sei que se trata de um jogo muito sutil, em que a correlação de influências e contrainfluências se estabelece através de fios ocultos e impalpáveis, e que só à distância de anos, quando o fato é interpretado à luz da experiência histórica, vem a ser possível descobrir e perceber esses fios de intercomunicação. Tal o critério que me leva a afirmar que o movimento simbolista, no Brasil, correspondeu de certo modo à fase de consolidação do regime instituído em 1889, sendo ao mesmo tempo um movimento não só decadente — como os próprios simbolistas o chamavam — mas também tipicamente reacionário; o que parece contraditório. Parece contraditório e o é realmente — na medida em que a literatura reflete, no alto, as contradições que se desenrolam no solo e no subsolo da sociedade. Concretizando: a república de 89 originou-se e nasceu de uma série de fatores políticos, econômicos e sociais de natureza progressista; mas, como acontece em todos os movimentos revolucionários, trouxe no seu bojo, de cambulhada, outros fatores de natureza contrarrevolucionária, isto é, opostos aos primeiros. E foram estes últimos fatores — encarnados pela fração mais conservadora das classes dirigentes — que acabaram por dominar de novo a situação, e daí o seu interesse e o seu desejo de estancar o desenvolvimento progressivo do regime implantado pela revolução. Se não o conseguiram inteiramente e por tempo indefinido, já se vê que a culpa não foi sua. Ora, o simbolismo, com os seus intuitos de arte arquipura e os seus requintes estupefacientes, com o seu manifesto de evasão voluntária das feias realidades

208 | Interpretações

deste mundo, produzia exatamente a espécie de arte e literatura que no momento mais convinha aos manejos da contrarrevolução: ópio para a inteligência, à semelhança de outros ópios já de longa data ministrados ao povo.

Se é exato que o simbolismo como tal, como escola ou movimento, durou pouco, não menos exato é que a sua influência perdurou e se estendeu, sob formas e denominações diversas, mas sempre dentro da mesma trama reacionária. Aqui mesmo no Brasil temos prova incontestável deste fato. Comparem-se as datas, os autores e as obras, e ver-se-á a reação simbolista batendo caminho paralelo ao caminho batido pela reação filosófica, ambas influenciadas inicialmente por certas condições políticas e sociais, mas por sua vez exercendo tenaz influência sobre essas condições, a ponto até de marcar alguns momentos de predomínio na direção da vida brasileira. A reação espiritualista em filosofia teve entre nós um mestre: Farias Brito, e esse mestre fez escola, e dessa escola saiu um discípulo, herdeiro e sucessor que se chamou Jackson de Figueiredo, o qual viria a formar a sua própria escola, de onde vieram a sair primeiro o Centro Dom Vital e mais tarde a Ação Integralista Brasileira e seus sucedâneos políticos. As coisas se engrenaram e desdobraram com absoluta visibilidade: reação espiritualista, reação simbolista, reação religiosa, reação política... E isto nos fornece um bom lastro para a seguinte afirmativa: que não existe neste mundo nenhuma arte quimicamente pura.

Todavia, nem tudo era espiritualismo e simbolismo, pelo contrário. Novos escritores iam aparecendo, formados sob o influxo de outra ideologia e chamados a desempenhar um papel mais ativo e mais positivo, quer como escritores, quer como cidadãos. Dessa geração, cuja obra ganhou corpo no decorrer dos três primeiros lustros deste século, um nome há que se destaca em grande relevo: Lima Barreto. Eis alguém que a nossa história literária vai colocando no mesmo plano em que se encontram Manuel Antônio de Almeida, Machado de Assis, Raul Pompeia, Aluísio Azevedo; pois bem, trata-se justamente de um romancista que tomou posição aberta e extremada no debate político do seu tempo, e cujos romances só podemos compreender e avaliar devidamente quando, antes e depois deles, lemos os libelos políticos contidos no seu livro *Bagatelas*. Outros nomes não menos significativos, senão tão importantes, podem ser alinhados em seguida ao de Lima Barreto: um Fábio Luz, medíocre romancista, mas escritor de consciência pura e grande coração, a vida inteira votada ao serviço das massas oprimidas; um Domingos Ribeiro Filho, que se tornaria, depois de haver tentado o romance de tese, o mais corrosivo e ágil polemista literário entre os seus contemporâneos; e estes dois poetas: Augusto dos Anjos e Hermes Fontes, tão diferentes entre si, mas irmanados na mesma desesperança e afinal esmagados sob os escombros de um mundo que começava a desabar.

*

Machado de Assis: eis a "objeção" que se poderia opor a alguns dos exemplos apontados até aqui. É o maior nome da nossa literatura, aquele cuja longa carreira literária abrangeu mais de trinta anos do Segundo Reinado e quase vinte da República. E, no entanto, Machado de Assis viveu sempre afastado das lutas políticas: nem mesmo a campanha abolicionista, de caráter mais propriamente social do que político, o teria interessado. Isto é o que geralmente se afirma e reafirma, de um lado para exaltar e de outro para condenar, e não falta quem ame repetir velhas e revelhas conjeturas acerca do seu pessimismo, da sua maldade, da sua indiferença pelas dores humanas, etc. etc. etc.

Peço permissão para discordar tanto dos que exaltam quanto dos que condenam. Machado de Assis, ao meu ver, não foi assim tão abstencionista como uns e outros nos querem à força fazer crer.

Direi, antes de mais nada, que o exemplo da sua vida como homem e como escritor já constitui, por si mesmo, uma forma ou um modo de afirmação moral, da qual não me parece difícil extrair certas ilações de natureza política. Seja como for, eu suponho que em último caso mais vale um escritor honesto sem partido do que um escritor partidário até à raiz dos cabelos, mas desonesto — desonesto como escritor ou como homem, o que vem a dar na mesma. Não há dúvida que tudo é relativo neste mundo, inclusive o ponto de vista moral de conceituação do que é honesto e do que não é honesto; mas com igual critério de relatividade é que melhor poderemos opinar nesse complicado problema das correlações entre literatura e política. Assim como os "abstencionistas" cem por cento frequentemente se atolam no pântano da pior forma de participação, que é a participação por omissão covarde ou interesseira; assim também os "participacionistas" cento e um por cento não menos frequentemente enveredam pelos atalhos perigosos do sectarismo intolerante, antidemocrático e afinal de contas contraproducente. Cara e coroa: duas faces opostas da moeda; mas a moeda é a mesma.

Com referência à obra literária de Machado de Assis, é coisa elementar, porém boa de lembrar-se, que ela deve ser julgada em bloco, no seu todo, e não fragmentariamente ou parcialmente. Ele não foi só um escritor de ficção ou de poesia, mas também um jornalista, um cronista, que durante dezenas de anos comentou, à sua maneira, os acontecimentos nacionais e mundiais. Não era um jornalista político e não tomou partido, como partidário, entre liberais e conservadores, entre monarquistas e republicanos; mas as suas preferências liberais e democráticas transparecem em cada linha que deixou escrita. Apenas leitores superficiais ou preconcebidamente de má vontade não se dão conta disso. Outro sinal das suas tendências pessoais está na qualidade dos amigos que ele mais estimava e que mais o estimavam a ele: um Quintino Bocaiúva, um Salvador de Mendonça, um Joaquim Serra, um Joaquim Nabuco, um José Veríssimo, um Euclides da Cunha. Em sentido inverso — e aqui estritamente em relação à sua obra de ficcionista — podemos recordar a qualidade de vários "inimigos" póstumos que mais o atacaram durante as comemorações do seu centenário, em 1939: integralistas, semi-integralistas, filo-integralistas...

Mesmo, porém, quando encarado estritamente como escritor de ficção ou de poesia, Machado de Assis — em contrário à opinião talvez mais generalizada — não pode ser apontado sem mais nem menos como um sujeito "indiferente" ao que se passava no seu tempo.

Posição e tarefas da inteligência | 211

Como poeta, e em coro com os poetas contemporâneos, cantou ele o martírio do México e da Polônia, em luta contra o opressor estrangeiro. Isto, para citar de pronto dois exemplos mais conhecidos. Dir-me-ão: versos da mocidade, nascidos da exaltação dos vinte anos; e eu responderei: mas versos que o poeta, ao expungir o seu primeiro livro, para reeditá-lo, aos sessenta anos, conservou intactos, reperfilhando na velhice a inspiração e o pensamento da juventude. Como ficcionista, o autor do *Quincas Borba* foi certamente o nosso escritor que melhor soube fixar, nos seus romances e contos, não só os costumes, mas também o caráter, principalmente o caráter, da sociedade brasileira do Segundo Reinado, através da versão fluminense ou carioca dessa sociedade. Em nenhum dos nossos ficcionistas de qualquer tempo se encontrará mais viva transposição literária de certos meios e ambientes do Rio de Janeiro de uma certa época. O pequeno mundo político, financeiro e jornalístico de então se acha admiravelmente bem retratado, sobretudo nos seus romances mais importantes, a partir do *Brás Cubas,* e a verdade é que nenhum dos nossos romancistas e contistas descreveu melhor a vida familiar da gente carioca, a vida quotidiana das classes médias, com os seus sofrimentos e as suas preocupações, com os conflitos domésticos, morais e sociais que resultam da própria convivência forçada de índoles e temperamentos nem sempre ajustados uns aos outros, com todos esses pequenos nadas de todos os dias, que enchem de conteúdo social a perpétua trama da existência em comum de homens, mulheres, crianças, bichos e coisas. E digam-me, por favor: que sátira política e social possui a nossa literatura de ficção, comparável a essa obra-prima que se chama *O alienista*? E as numerosas e inimitáveis páginas de efeito terrivelmente demolidor, que a cada passo deparamos em toda a sua obra? E se quiserem uma história de escravos, não de escravos embelezados e falsificados, à moda romântica, mas uma história em que a escravidão nos apareça como alguma coisa de intimamente mais hediondo, eu apontarei o conto "Pai contra mãe": que outro ficcionista brasileiro deixou coisa igual, no gênero?

Para encurtar razões, acrescentarei que Machado de Assis constitui, a meu ver, um exemplo típico de como o escritor, na sua qualidade

212 | Interpretações

exclusiva de escritor e pelos meios que lhe são próprios, pode realizar uma obra literária e artística aparentemente ou formalmente apolítica, mas na realidade com um conteúdo político e social dos mais ricos. E isto afinal é o que mais importa[9].

*

Referi-me acima ao parcial desvirtuamento a que foi conduzida a política republicana, ainda na primeira década após a implantação do novo regime, em consequência do recrescente predomínio de certos elementos retrógrados na direção dos negócios públicos. Não é aqui o lugar para a enumeração e análise dos dados que me levam a afirmar tal coisa; nem se trata de dados desconhecidos, embora em muitos casos ainda obscuros. O que não sofre dúvida, porém, independentemente de qualquer divergência interpretativa, é o fato do mau e vicioso funcionamento da máquina política montada em 1889. Mau e vicioso funcionamento que não só não se remediava como se agravava de ano para ano, provocando agitações e

---

[9] "Não sou de modo algum adversário da poesia de tendência como tal. O pai da tragédia, Ésquilo, e o pai da comédia, Aristófanes, foram ambos muito nitidamente poetas de tendência, e assim o foram igualmente Dante e Cervantes, e o que há de melhor em *A intriga* e *O amor*, de Schiller, é que se trata do primeiro drama político alemão de tendência. Os russos e noruegueses modernos, que produzem excelentes romances, são todos eles poetas de tendências. Mas eu creio que a tendência deve antes ressaltar da situação e da ação em si mesmas, sem que haja sido explicitamente formulada, abstendo-se o autor de fabricar e fornecer ao leitor a solução histórica futura dos conflitos sociais que descreve. Tanto mais que, nas circunstâncias atuais, o romance se destina a ser lido sobretudo pelos meios burgueses, por leitores que não pertencem diretamente ao nosso meio, e então, ao meu ver, um romance de tendência socialista preenche perfeitamente a sua tarefa quando, pela representação fiel das relações sociais, contribuiu para destruir as ilusões convencionais que se formam em torno de tais relações, para abalar o otimismo do mundo burguês, para alimentar a dúvida acerca da perenidade da ordem existente, mesmo que o autor não indique diretamente nenhuma solução, e mesmo, tal seja o caso, que ele não tome partido ostensivamente." Friedrich Engels, *Sur la litterature et l'art* (Paris, Sociales Internationales, 1936), p. 145.

Posição e tarefas da inteligência | 213

crises cada vez mais profundas, lançando o país numa situação de permanente anormalidade constitucional.

De tal sorte, as consequências da Primeira Guerra Mundial de 1914-1918, na qual acabamos também por ser envolvidos, caíram sobre nós como em terreno propício à germinação revolucionária de tumultos e revoltas. E assistimos então, durante alguns anos, ao corpo a corpo entre a ação popular e a reação governamental, com avanços e recuos de lado a lado, até que um dia, o dia 5 de julho de 1922, os canhões de Copacabana troaram nos ares como a erupção imprevista de um vulcão que estivesse a arder nas entranhas da sociedade brasileira. A reação conservadora tentou cobrir e tapar as crateras do vulcão com o sangue de alguns jovens tenentes; mas era impossível conter a lava revolucionária. Dois anos depois tivemos o segundo 5 de Julho, agora em São Paulo, e a seguir a marcha da Coluna Prestes sertão adentro, e mais tarde o 3 de outubro de 1930...

Evoco esses acontecimentos para situar no tempo a Semana de Arte Moderna, que também aconteceu no ano de 1922. Repare-se na importância desta data, que pode muito bem servir para assinalar um divisor de águas em nossa história: foi o ano do primeiro centenário da independência nacional, em cuja comemoração se procedeu a um verdadeiro balanço na vida econômica do país; foi o ano em que se deu organização definitiva ao primeiro partido nacional do proletariado brasileiro; foi o ano do primeiro 5 de Julho; foi enfim o ano da Semana de Arte Moderna. De toda a evidência, essas coisas não aconteceram simultaneamente por mero acaso: há entre elas um nexo qualquer, determinado por uma série de condições e fatores comuns. E é encarando as coisas assim que podemos ver a Semana de Arte Moderna como algo de muito semelhante a um 5 de Julho artístico e literário, ou seja, como a expressão inicial — informe e contraditória, mas já com um alcance decisivo — da revolução intelectual que ia imprimir novo impulso e traçar novos rumos ao desenvolvimento ulterior da inteligência brasileira, acompanhando, passo a passo, em seus movimentos de ação e reação, todo o processo de reajustamento do país às novas condições históricas legadas pela Primeira Guerra Mundial.

214 | Interpretações

Seria de todo em todo absurdo enquadrar dentro de qualquer esquema fechado e rígido as manifestações flutuantes da inteligência; mas, feita esta ressalva e vistas as coisas com um senso menos superficial e menos imediato, não será difícil verificar que o melhor da nossa atividade mental durante os três ou quatro últimos lustros leva a marca de 1922.

Pouco importa averiguar se antes de 1922 ou fora do Rio e de São Paulo houve algum movimento independente de renovação literária e artística[10]; como pouco importa indagar se antes ou fora de Copacabana houve algum levante com o mesmo sentido revolucionário. O que realmente importa, quer no plano artístico e literário, quer no plano político e militar, é que tanto a Semana de Arte Moderna quanto o 5 de Julho representam, historicamente, senão cronologicamente, dois momentos decisivos, que por isso mesmo adquirem um significado igualmente simbólico.

Podemos ainda observar que o paralelismo entre a Semana de Arte Moderna e o 5 de Julho não se limita à sua origem comum nem à sua significação histórica: ele continua a manifestar-se, em perfeita sincronização, através das diversas etapas da trajetória percorrida por ambos os movimentos — o "modernismo", nascido da Semana, e o "tenentismo", nascido do 5 de Julho. Não é preciso pormenorizar os fatos, com a citação de datas, acontecimentos, nomes e obras, para se compreender a natureza e o sentido desse paralelismo. Basta relembrar, *grosso modo*, a posição sobre que se foi colocando cada uma das principais ramificações em que se esgalharam posteriormente o "tenentismo" e o "modernismo": esquerda, centro e direita — e aqui me sirvo deliberadamente da classificação de sempre, convencional, mas insubstituível. E é fácil identificar os "tenentistas" e os "modernistas" que se encontraram, par a par, na mesma posição, e às vezes pulando juntos de uma para outra: na esquerda revolucionária, democrática, de tendência socialista ou não; no centro neutro, incolor,

---

[10] Deve-se destacar, por exemplo, o movimento do Recife, algum tanto posterior à Semana de Arte Moderna, mas autônomo. V. sobre o assunto o que escreveu o sr. Gilberto Freyre na introdução do seu livro *Região e tradição* (Rio de Janeiro, José Olympio, 1941).

Posição e tarefas da inteligência | 215

profissionalista, artepurista, espia-maré; e na direita reacionária, antidemocrática, filofascista, integralista.

*

Terminada essa breve excursão pelos montes e vales mais característicos do nosso passado literário, chegamos muito simplesmente à seguinte indução: que os escritores e artistas e seus movimentos ou escolas não aparecem nem se manifestam por obra meramente do acaso, e que, assim como são produzidos por um conjunto de tais e tais condições históricas, assim também passam a contribuir, com as suas obras, mesmo sem o perceberem, para o ulterior processo de desenvolvimento, desdobramento e transformação dessas condições.

Não conseguimos descobrir a pólvora, evidentemente, nem era esse aliás o nosso propósito. Mas, além da indução de ordem geral a que chegamos, ao cabo de tudo, não me parece nenhum exagero afirmar que obtivemos uma série de indicações muito úteis ao fim que temos em mira: tentar esclarecer, de maneira concreta, qual a posição mais justa que a inteligência brasileira deve ocupar na presente situação histórica mundial e nacional, e quais as tarefas daí derivadas que lhe compete enfrentar e realizar.

O que desde logo salta à vista como insustentável é a atitude de alheamento e indiferença, que alguns intelectuais pensam poder assumir diante dos acontecimentos de ordem política e social. Há nessa atitude — quando sustentada de boa-fé, naturalmente — um pouco de ingenuidade, outro pouco de mal-entendido e muito de perigosa ilusão. A ingenuidade reside no pressuposto de que os dons da inteligência são um privilégio independente das condições sociais de tempo e de lugar, e por isso mesmo cabe aos seus portadores o dever de o resguardar e conservar livre de impuros contatos. O mal-entendido resulta do seguinte: imaginar que a posição ativa e militante implica forçosamente obrigação partidária, sujeição a estranhas e misteriosas injunções, abdicação da própria personalidade. A ilusão, perigosa ilusão, está em que o "alheamento", a "indiferença", a "neutralidade" redundam quase sempre — e sempre, nos momentos mais agudos de crise — em proveito das forças de reação política e social, ou seja, precisamente, das forças que amordaçam e impedem as manifestações independentes da inteligência. O regime nazifascista, que se caracteriza pela aplicação intensiva dos métodos mais reacionários de exercício do poder, aproveitou-se à larga da "neutralidade" política de certos escritores, artistas e cientistas, servindo-se dela como de um meio tanto mais eficaz quanto mais "inocente" de propaganda e infiltração, e dessa forma convertendo a "neutralidade" em cumplicidade. Não é razoável pôr na testa de cada qual de tais escritores, artistas e cientistas, sem discriminação alguma, o rótulo de "cúmplice", de "traidor", de "reacionário", acusando-os a todos por igual de estarem conscientemente ao serviço do nazifascismo; mas, em última análise, é claro que a sua "neutralidade" só podia aproveitar, como sempre aproveitou, aos manejos da reação — e isto, exatamente isto, é que torna mais perigosa a ilusão dos neutros e abstencionistas.

Na realidade não existe nem pode existir uma posição ou atitude rigorosamente neutral, em que possa alguém, e muito menos um homem dedicado às coisas do espírito, refugiar-se e isolar-se das lutas que se travam no meio onde ele vive. Como poderia o escritor, o artista, o cientista, que vai buscar na vida humana os motivos de toda a sua atividade mental, e dela recebe a seiva que alimenta a sua sensibilidade — como poderia ele alhear-se aos embates em que se empenham os seus semelhantes? Não é possível. De uma forma ou de outra, por mil meios e modos, inclusive pela inércia aparente e determinada, o escritor, o artista, o cientista, pelo fato mesmo de publicar a sua obra e comunicá-la a outrem, está intervindo, está participando, está tomando partido. Do contrário, a sua obra, tantas vezes também realizada com sangue, suor e lágrimas, ficaria sem objeto, perderia toda a significação e resultaria em pura monstruosidade. Mas, se assim é, dir-se-á talvez, para que diabo afligir-nos com um debate

Posição e tarefas da inteligência | 217

no vácuo? Se todos participam, tanto melhor, passem muito bem e vamos cuidar de outra coisa.

Eis por que, desde o início, eu me propus tratar da questão em termos concretos, longe de qualquer fascinação do vácuo. A questão assim exposta e examinada não só se mostra mais compreensível, como ainda reduz ao mínimo os motivos de controvérsia e os pretextos para sofisma. Em vez, portanto, de ficarmos a deblaterar interminavelmente em torno da antinomia participação ou abstenção, que bem analisada se revela vazia de sentido, pois que todos afinal participam, acredito mais acertado colocar o assunto em terreno firme, sobre o qual se torne menos difícil aproximar-nos de uma solução aceitável por toda a gente: a "que" ou a "quem" aproveita a participação? Naturalmente a indagação pode ser desdobrada tantas vezes quantos sejam os casos particulares em apreço.

*

Com a aplicação deste critério aos diversos exemplos já assinalados no curso da digressão retrospectiva que fizemos através do nosso passado literário, pode-se facilmente identificar e definir a posição de cada escritor e cada escola ou movimento em relação aos problemas e aos sucessos que se verificaram durante os quatro séculos da nossa história. A colônia em revolta contra a metrópole, a consolidação da independência nacional, a afirmação da nossa autonomia intelectual, o esforço pelo estabelecimento de uma economia progressista, a campanha abolicionista, a propaganda republicana, a luta pela democratização da república — e aqui menciono apenas os marcos políticos mais importantes do nosso desenvolvimento como nação — contaram sempre com a participação, muitas vezes decisiva, da fina flor da intelectualidade brasileira. Participação multiforme: direta ou indireta, positiva ou negativa, ativa ou passiva, coerente ou contraditória, consciente e voluntária ou não, abertamente ou disfarçadamente pró ou contra, mas sem faltar jamais, e iniludível nos seus resultados objetivos. Por mais que analise homens e obras, não vejo nenhum escritor

218 | Interpretações

ou artista colocado em posição que de alguma forma não se enquadre em alguma dessas alternativas.

O mesmo critério devemos então adotar para definir a posição de cada qual nas circunstâncias presentes, e ninguém ignora que se trata de circunstâncias excepcionais, sem precedentes na história da humanidade. Os sucessos relacionados com a Segunda Guerra Mundial estão abalando o mundo de alto a baixo, e os problemas do após-guerra vão se apresentando desde já com tremenda gravidade. Nenhum homem ou mulher, seja o exemplar mais puro da mais refinada civilização ou seja o selvagem de alguma ilha perdida em mar longínquo, pode furtar-se às consequências ponderáveis e imponderáveis deste entrechoque de nações e continentes. Tanto maior, por isso mesmo, a responsabilidade daqueles que, pelos próprios dons de inteligência e sensibilidade, dispõem de meios especiais de influenciação científica, artística e literária sobre a sociedade em que vivem.

No concernente ao nosso caso brasileiro em particular — que nos interessa, mais de perto, não por mesquinhas razões nativistas, mas porque este é o setor nacional onde vivemos e nos cabe resguardar —, a questão, ao meu ver, se resume em estabelecer quais as tarefas mais importantes e mais urgentes que aos intelectuais brasileiros caberia de preferência enfrentar e realizar. Feito isto, concretamente, cada escritor, cada artista, cada homem de ciência tomará a si o encargo de, por si só ou associado a outros, e pelos meios mais compatíveis com o temperamento e as possibilidades de cada um, contribuir para a realização de uma parcela das tarefas comuns.

Conforme deixei dito no início destas considerações, compreende-se e admite-se que nem todos os intelectuais sintam gosto ou inclinação por estudos econômicos e sociais ou por atividades políticas e partidárias; mas há muitíssima coisa a fazer no terreno da ação puramente cultural, e a isto não é possível furtar-se nenhum escritor, artista ou cientista, sob a alegação de incompatibilidades pessoais de gosto ou temperamento. Pode-se ainda admitir a alegação, feita por alguns, de absoluta incapacidade

Posição e tarefas da inteligência | 219

para qualquer espécie de atividade prática fora do seu trabalho de criação literária; artística ou científica; porém, a estes, lembraremos que mesmo aí, no puro domínio circunscrito à elaboração da obra de arte, de ciência ou de pensamento, é possível colaborar, cooperar, participar das tarefas comuns exigidas por circunstâncias excepcionais, como acontece agora: basta que o escritor, o artista ou o cientista não chegue ao extremo de se fechar em copas e encaramujar-se em meio de tais circunstâncias. Porque então, chegado voluntariamente a este extremo, o cavalheiro acaba simplesmente por se mostrar um não homem e por conseguinte um não escritor, um não artista, um não cientista. E neste caso a sua obra "desinteressada", mais que "desinteressada" com aspas, se revela uma coisa apenas desinteressante sem aspas.

*

Não é meu intuito aqui traçar planos nem estabelecer programas, mas apenas formular umas tantas sugestões de natureza prática — e praticável, segundo penso.

Estou convencido de que os intelectuais brasileiros como tais — como escritores, como artistas, como pensadores, como homens de ciência — poderão desempenhar desde agora um papel de incalculável importância na solução dos problemas, que o após-guerra vai colocar em termos de absoluta urgência, relativos à democratização da cultura, ou seja, à difusão entre as massas populares dos instrumentos de cultura, visando à elevação progressiva do nível cultural do povo brasileiro. Devemos compreender que isso não poderá ser realizado em grande escala por nenhum governo sem a cooperação e a colaboração dos mais interessados no assunto, que são justamente os intelectuais. Não nos iludamos com as aparências: vivemos ainda, no que se refere aos meios de instrução e cultura das grandes massas populares, pouco menos que em pleno regime colonial e escravocrata. O que existe nas capitais e nos centros mais populosos é muito pouco em relação às necessidades mais elementares da população dessas

220 | Interpretações

capitais[11] e desses centros, e equivale a zero, literalmente a zero, em relação às populações do interior. Quem conhece o interior do Brasil sabe que não estou exagerando nada; e quem tiver dúvidas, que examine os índices de analfabetismo assinalados em nossas estatísticas. Não é só confrangedor, é também vergonhoso. Referindo-se a Castro Alves, escreveu Joaquim Nabuco, alguns anos antes do 13 de Maio, que o poeta do "Navio negreiro" havia mostrado, com o seu exemplo, "que num país de escravos a missão dos poetas é combater a escravidão"[12]. O analfabetismo é também uma forma de escravidão — a escravidão da inteligência. Podíamos então parafrasear o dito de Nabuco e afirmar que num país de analfabetos a missão dos escritores é combater o analfabetismo. E com isso iríamos ao encontro daqueles que buscam uma "causa nítida" — semelhante à da libertação dos escravos — para a ela se dedicarem, como é o caso do poeta Augusto Frederico Schmidt, que um dia exclamou com a alma em desalento: "Sofremos todos nós da falta de uma fé, da ausência de uma campanha, da diminuição de não termos uma causa nítida para nos dedicarmos"[13]. Libertar a inteligência escrava, ensinar o povo a ler e escrever, lutar pela democratização dos meios de cultura — eis aí uma causa bem nítida, que está pedindo uma grande campanha nacional e pode encher de fé o coração vazio de toda uma geração.

Prevejo a esta altura certas objeções mais ou menos do seguinte teor: que alfabeto não é sinônimo de cultura; que a alfabetização das massas populares só por si não resolve nada; que nem sempre a ignorância do alfabeto é um mal, e muitas vezes o seu conhecimento redunda em mal

---

[11] A começar pelo Rio de Janeiro. Eis uma pequena prova, muito recente, e que se poderia multiplicar por muitas vezes mil: "Como já temos evidenciado, cresce dia a dia a população infantil da Barra da Tijuca. Na maioria são crianças pobres. Não têm onde aprender a ler e escrever, pois que é penoso, para as suas famílias de escassos recursos, conduzi-las até Jacarepaguá, onde se encontra a escola mais próxima". Etc. etc... (*Correio da Manhã*, 23 jan. 1944).

[12] Joaquim Nabuco, *O abolicionismo*, cit., p. 237.

[13] Augusto Frederico Schmidt, Castro Alves, poeta nacional (*O Jornal*, 11 jul. 1937).

maior; que o problema cultural mais urgente consiste na formação universitária das "elites" — a que pertencem os professores, os especialistas, os técnicos, isto é, os dirigentes.

Sabe-se muito bem qual a origem de algumas dessas objeções: elas partem de certos círculos retrógrados e ultramontanos secularmente empenhados em manter o povo na ignorância, longe das "tentações" produzidas pela letra de forma. Mas não faltarão pessoas de boa-fé que pensem semelhantemente, ou sustentem que outros problemas existem não só mais importantes como também mais imediatos, reclamando mais urgente solução. Não seja esta a dúvida, nem eu estou querendo erigir o analfabetismo em problema único ou mais grave do que qualquer outro. Na realidade, os problemas são múltiplos e igualmente graves, e não é possível cuidar de um qualquer isoladamente: o bom senso manda cuidar de todos e de cada um sem esquecer os laços de dependência existentes entre uns e outros — mas também sem cair no paralelismo esquemático e abstrato.

Por outro lado, a multiplicidade e a complexidade dos problemas exigem, como condição elementar para sua boa solução, que se divida e coordene o trabalho, distribuindo as tarefas e determinando os setores de atividade de cada grupo de indivíduos e até de cada indivíduo. Nem todos podem cuidar de tudo, e é natural que a cada um — indivíduo ou grupo de indivíduos — sejam atribuídos setores e tarefas mais condizentes com as suas possibilidades e capacidades. Regra básica e primária de toda organização de trabalho coletivo, e é partindo daí que eu entendo — talvez simploriamente, quem sabe — que aos intelectuais deve preocupar, acima de tudo, na hora atual e em previsão da hora próxima do após-guerra, o problema da democratização da cultura; porque o esforço tendente a resolvê-lo me parece constituir a tarefa mais importante, quase diria a tarefa específica dos escritores, dos artistas, dos homens de ciência e de pensamento, não só durante os próximos anos, durante muitos anos, sobretudo em países como o Brasil. Ora, democratização da cultura significa apenas difusão entre as massas populares dos meios e instrumentos necessários à aquisição e desenvolvimento dessa cultura. E o alfabeto, em que pese aos mestres de sabedoria no escuro, vem a ser exatamente o primeiro, o mais elementar dos veículos dessa difusão. Saber ler e escrever não é tudo; mas já é uma grande coisa, é pelo menos o começo, o primeiro passo, o primeiro de uma série que não pode ser série sem um primeiro. É o começo, é o primeiro passo para quem aprende; mas pode também ser um começo, um primeiro passo para quem ensina. Explico-me: não basta querer aprender nem querer ensinar; é preciso dispor de meios e possibilidades para uma coisa e outra. O que quer dizer que muitas vezes será necessário resolver primeiro o problema dos meios e possibilidades para depois chegar ao problema da alfabetização.

Alcançaremos, então, em casos tais, o seguinte resultado: o intelectual, mais ou menos refratário à consideração das questões econômicas, políticas e sociais, mas interessado nas questões de natureza cultural e empenhado na obra de alfabetização, verificará pela própria experiência, praticamente, concretamente, que não é possível tocar numa coisa sem mexer na outra, tal o grau de interdependência e correlação que liga umas às outras, e isto constituirá para ele um começo, um primeiro passo no sentido de uma compreensão mais justa de muitas questões que antes o aborreciam.

Todas estas coisas são afinal muito claras e muito simples de se compreender, de se enunciar, de se proclamar, mas complicadas e difíceis, quando postas em plano de realização. Sem dúvida, e isso precisamente é que nos dá a medida da enorme, da fundamental importância das tarefas a realizar. E que podem e devem e têm que ser realizadas, a menos que estejamos todos acumpliciados na mais triste e degradante mistificação de todos os tempos, quando escrevemos e dizemos que milhões de soldados estão morrendo, nos quatro cantos da terra, para que os sobreviventes e os que vierem depois possam viver num mundo melhor. O mundo melhor não surgirá por milagre da terra ensopada com o sangue dos heróis, dos grandes e pobres heróis-vítimas: os sobreviventes é que o terão de planejar e edificar, com o suor do seu rosto; tal a sua quota de sacrifício. E entre os sobreviventes, em cujos ombros pesa, tamanha responsabilidade, estão os intelectuais, aqueles que vivem da cultura, pela cultura e para a cultura, e aos quais incumbe, por tudo isso, a tarefa de contribuir para a edificação de um mundo melhor não só com o seu trabalho individual de criação e produção cultural, mas também, mas precipuamente, com o seu esforço organizado no sentido de semear, de popularizar, de democratizar os benefícios da cultura.

*

Releio o que ficou dito até aqui e sou o primeiro a sentir a deficiência e a insuficiência com que foram tratados mais de um aspecto das questões em apreço. Diversos desses aspectos seriam não só susceptíveis de mais amplo desenvolvimento como ainda poderiam ser desdobrados em conexão com outros aspectos nem sequer lembrados. Em todo caso, creio que toquei no que era essencial ou mais importante — bem entendido, dentro do plano que eu mesmo havia de antemão fixado.

E agora, para terminar à boa maneira em uso quando se procede ao exame de assunto mais próximo das áreas de ação que das de cogitação, seja-me permitido alinhar, sob a forma de itens, algumas conclusões que resultam, explícita e implicitamente, do conjunto de considerações expostas:

1) O intelectual por ser intelectual não pode fugir à pressão externa dos acontecimentos e é como intelectual que ele por sua vez reage sobre esses acontecimentos, participando ativa ou passivamente do posterior desenvolvimento dos mesmos.

2) Partindo desse pressuposto, e tendo em vista a situação criada no mundo pela guerra atual, mais e mais urgente se torna a necessidade de agrupar, coordenar e concentrar todas as formas de influenciação que os intelectuais — escritores, artistas, pensadores, homens de ciência — estão desde já exercendo e terão que exercer em muito maior escala no período de após-guerra.

224 | Interpretações

3) A tarefa imediata e de caráter geral, nos países em guerra contra o nazi-nipo-fascismo, se define por si mesma, enquanto durar o conflito armado: é contribuir por todos os meios ao alcance de cada um para o comum esforço de guerra, seja na frente militar, seja na retaguarda.

4) Mas é preciso desde já, para a própria garantia dos objetivos democráticos que constituem o programa de guerra sustentado pelas nações unidas, cuidar dos problemas e questões de ordem diversa que terão de ser enfrentados e resolvidos no período de após-guerra.

5) Entre esses problemas e essas questões figuram muitos que se relacionam mais diretamente com a vida cultural dos povos, e na solução deles deveria concentrar-se de preferência — de preferência, note-se bem — o esforço multiforme de todas as categorias de trabalhadores intelectuais.

6) Em muitos países, e é o caso do Brasil, a solução dos problemas culturais — que se exprime pela fórmula: democratização dos meios de instrução e cultura — depende primariamente da liquidação do analfabetismo.

7) Impõe-se, portanto, entre nós; como tarefa básica e central a ser enfrentada e realizada, principalmente — não digo somente, mas principalmente — pelos intelectuais brasileiros, a organização por eles de uma grande campanha nacional para a liquidação definitiva do analfabetismo no Brasil.

8) Da organização dessa campanha de energia, de fé e de tenacidade deveriam participar os intelectuais não só em seu caráter individual, mas também através de todas as instituições culturais existentes no país: academias de letras, de artes e de ciências, centros de estudos e pesquisas, institutos históricos e geográficos, pequenos grêmios literários tanto das pequenas cidades como dos subúrbios das grandes cidades, associações de estudantes e professores, de escritores e artistas, escolas, faculdades, colégios, cursos, grupos de amadores teatrais, bibliotecas públicas e gremiais, igrejas e obras religiosas de qualquer confissão ou seita, lojas maçônicas, etc. etc. etc.

9) Simultaneamente, ou por etapas sucessivas, conforme os variados e múltiplos casos locais, a campanha central contra o analfabetismo se desdobraria numa vasta série de iniciativas e obras culturais de grau progressivamente mais elevado: excursões de intelectuais pelo interior do país realizando conferências populares, promovendo exposições artísticas, espetáculos teatrais, exibições cinematográficas de feição educativa, festivais artísticos e literários, trabalhos científicos, etc. etc.

10) Entre outros muitos benefícios de ordem geral decorrentes de um movimento de tamanha envergadura, não devemos esquecer o seguinte, que interessa muito particularmente aos intelectuais: porem-se eles em contato direto com o povo brasileiro de todos os estados, verificando de perto as necessidades, os interesses, os sofrimentos, as angústias, os desejos, as aspirações das massas populares que habitam este país. E isto levaria os intelectuais a descobrirem novos e puros mananciais de emoção artística e de conhecimento científico, e abriria perspectivas insuspeitáveis e imprevisíveis ao subsequente desenvolvimento da ciência, da arte e da literatura brasileiras. O povo por seu lado viria a conhecer e ouvir os intelectuais patrícios, aprendendo a estimá-los e reconhecendo neles os "seus" escritores, os "seus" artistas, os "seus" mestres, os "seus" sábios.

A uma campanha assim, movimentada por homens de fé ardente e ativa e nutrida de ilimitada confiança nas massas populares, poderíamos em boa verdade chamar de luta pela democratização dos meios de instrução e cultura. Não faltará decerto quem sorria superiormente de tudo isso, alvejando com ironias ferinas o impenitente utopista... Peço desculpas mui respeitosas aos senhores céticos e pessimistas; mas não é a eles que eu me dirijo.

Janeiro-abril de 1944.

Apêndice

Caricatura de Florestan Fernandes, por Miguel Afonso.

AS TAREFAS DA INTELIGÊNCIA[1]

Interpretar as coisas, pensá-las, é uma espécie de doença dos intelectuais. Doença ou vício — como quis alguém — que se transforma em hábito, minando-lhes o modo de ser e roendo-lhes a capacidade primária de considerar as coisas com seus aspectos mais simples, elementares. O sr. Astrojildo Pereira, que reuniu em livro recente alguns de seus ensaios, mantém um equilíbrio saudável entre esses dois extremos: revela a capacidade por excelência do intelectual — aquela faculdade de pensar as coisas, de filtrar o mundo exterior por processos racionais – e ao mesmo tempo fica-se no terra a terra, gozando a impressão que todos sentimos ao pisar o "chão batido e liso".

Essa não é uma constatação gratuita. Quase todos os ensaios revelam esse lado atraente do sr. Astrojildo Pereira, dando-lhes uma unidade de forma e de intenção que às vezes o denominador comum das ideias contraria parcialmente. Está claro que a diversidade do assunto facilita bastante um resvale desses — de o livro não ter unidade absoluta de pensamento; ou melhor, é possível encontrar-se pequenas variações de tons, de um ensaio para outro, consequência também de uma diferença de tempo. Há trabalhos como "Sociologia ou apologética", crítica ao sr. Oliveira Viana, escrito em 1929, o qual mostra explicitamente um ponto de vista muito simpático que só muito ligeiramente e até nem implicitamente

[1] Esse escrito foi publicado originalmente no dia 1º de março de 1945 na *Folha da Manhã*.

230 | Interpretações

aparece em outros bons ensaios posteriores, como "Machado de Assis, romancista do Segundo Reinado", de 1939; "Romancistas da cidade: Manuel Antônio, Macedo e Lima Barreto", de 1941; "Rui Barbosa e a escravidão" e "Posição e tarefas da inteligência", de 1944, etc. Todas as "interpretações" têm, todavia, um ar de parentesco muito mais importante para o leitor: são uma fonte de sugestões, ativando o debate de alguns problemas sérios.

Nos limites de um artigo não se poderia tentar a empresa que o autor só resolveu em 301 páginas; por isso, limitar-me-ei a uma espécie de consideração a propósito do último ensaio, a que me referi acima: "Posição e tarefas da inteligência". Nele o problema da participação do intelectual na vida social do povo brasileiro é colocado concretamente. Em termos gerais, o sr. Astrojildo Pereira discrimina os "abstencionistas" e os "participacionistas" — concluindo pela participação de todos, pois a própria abstenção pode significar "participação passiva ou por omissão". Ambas as atitudes funcionariam como dois lados de uma moeda — cara e coroa — mas a moeda seria sempre a mesma: tal como a participação. O isolacionismo da inteligência, a "arte pela arte", porém, é condenada pelo sr. Astrojildo Pereira, que considera o desempenho pelos intelectuais de sua parte específica, no campo propriamente intelectual da democratização da cultura, como o meio através do qual poderão os escritores brasileiros chegar aos problemas de natureza política, social e econômica. A atitude do sr. Astrojildo Pereira é ampla e plástica e não se pode exigir de nenhum intelectual uma compreensão mais profunda e ativa de suas funções. Os problemas de cultura apresentam-se como pontos de partida e como meios para se atingir certos fins concretos — maior participação das massas na cultura, etc. — e enriquecimento das esferas de preocupação dos escritores. O sr. Astrojildo Pereira é sobretudo hábil na colocação desses problemas. Sempre mostra que a participação do intelectual deve ser específica — sem eliminar outras formas de participação —, mas ser específica, ficar no campo de suas atribuições culturais como escritor. Assim, a campanha pela democratização da cultura deve começar pela liquidação do analfabetismo, e a ela os escritores precisam se dedicar de preferência:

essa campanha pela liquidação do analfabetismo não é a única, porém é a principal, etc. Um leitor mal-intencionado diria que o sr. Astrojildo Pereira gosta de tirar castanhas do fogo sem queimar as mãos, substituindo o abstencionismo da "arte pura" pela semiparticipação do intelectual que teria sua atenção desviada para um campo de ação muito limitado. Contudo, a leitura do livro mostra no autor uma honestidade — não só intelectual — que o situa fora desse plano de cogitações e num lugar à parte entre os nossos escritores. Provavelmente, o sr. Astrojildo Pereira, que não desconhece os outros aspectos da questão, dá maior importância a esse papel ativo e restrito dos intelectuais. Por motivos de preferências pessoais, por causa das condições históricas e culturais do Brasil e do mundo e ainda devido à situação mesmo da "inteligência" brasileira.

Em todo caso, parece-me que não devemos afastar os intelectuais assim, por qualquer causa, por mais "nítida" que ela seja. A campanha contra o analfabetismo é um dos elos de uma grande corrente; um dos aspectos de uma imensa tarefa. A contribuição dos intelectuais não pode e não deve ser de forma alguma específica — caso contrário estaremos numa modalidade nova de traição da inteligência: a de participação intencionalmente restrita, mínima. Os intelectuais compreendendo a impossibilidade do abstencionismo, procurando limitar o quanto possível suas atividades e sua participação. É uma forma de fugir à luta, aceitando-a; é também um meio de a "inteligência" conservar-se a serviço das classes dominantes, calcando suas mãos na balança dos dominadores e oprimidos. Jogo duplo, amoral e perigoso, que poderia culminar no esmagamento da "inteligência" novamente.

Não. Parece-me que os intelectuais brasileiros não se devem iludir muito com as especificidades de suas funções. Sem trair a causa da "cultura" e sem deixar de fazer sua grande e histórica campanha contra o analfabetismo, em favor do povo — se é que de fato se preocupam com o povo brasileiro —, é preciso que caiam de rijo sobre o corpo da questão. Quem pensa os fatos não pode fazer uma separação assim brutal nas atividades da "inteligência", uma limitação tão violenta nas tarefas dos intelectuais e acreditar na eficiência de uma ruptura desse gênero exatamente no momento em que é necessário colocar as forças do pensamento e de ação no campo aberto da luta contra as forças da reação, do aproveitamento e da opressão. É inconcebível, mesmo, que os intelectuais cheguem a fazer isso; e seria uma enormidade se o fizerem, justificando-se com a causa da cultura e a causa do povo. A causa da cultura e a causa do povo sob certos aspectos são uma só. Não é possível dissociar uma da outra. Ou, mais precisamente, a causa do povo implica a causa da cultura. Os intelectuais têm que considerar isto, se quiserem evitar a definição errada de posições. E se querem de fato defender a causa do povo, é lógico que não poderão dar uma importância desequilibradora à causa da cultura; situá-la, isto sim, no conjunto das outras causas e reivindicações do povo. Só assim conseguirão algo sólido para o povo e para a causa da cultura.

De nenhuma forma é conveniente, pois, a atribuição de uma tarefa exclusiva ou preponderante à inteligência brasileira, em nosso momento histórico. Ninguém desconhece a gravidade da situação educacional do povo brasileiro e ninguém ignora as consequências que um melhoramento sólido traria a todos nós. Ninguém pode desdenhar o alcance econômico, social e político do elemento do nível educacional de nossas populações do campo e da cidade e o significado de sua participação maior na "cultura". Entretanto, esse admirável objetivo será alcançado com uma condição: que se atue sobre os vários fatores e condições do atual estado de fato. Aí as tarefas da "inteligência" são múltiplas. Ela deve começar por assumir várias posições de luta e de ação — pois que a definição da "posição" dos intelectuais só vale à medida que ela indica o preenchimento efetivo das diversas posições e a realização das tarefas correspondentes — e teríamos, para a "inteligência" brasileira, uma posição econômica, uma política, outra social, etc., todas intimamente relacionadas e interdependentes.

O intelectual não deve deixar as massas abandonadas às manobras que aqui e no estrangeiro estão se fazendo, visando desviar a atenção do povo do aproveitamento da guerra e do próprio massacre de seus interesses e reivindicações, facilitado às vezes por certos escritores. Os intelectuais não podem deixar de discutir concretamente as condições de vida do povo brasileiro, se quiserem conseguir qualquer coisa prática. A situação de nossas populações das zonas rurais e urbanas, do trabalhador do campo e da cidade, seu nível de vida e seus recursos econômicos, comparando-o os nossos escritores com o nível de vida e recursos econômicos dos que aqui passam por privilegiados: verificarão que o "cultural lag", a decalagem cultural, tem causas sociais econômicas, demográficas, políticas, etc., precisas. É necessário atuar sobre as causas quando se pretende eliminar ou agir sobre os efeitos. A mesma coisa pode-se falar de outros problemas característicos de nosso povo. Isso tudo quer dizer, como também reconhece o sr. Astrojildo Pereira, que a questão tem três lados: a democratização da cultura, que é o coroamento, o fim e o resultado; a "democratização política" e a "democracia econômica". O escritor nunca chegará à "democracia cultural" diretamente saltando seus princípios políticos e suas bases econômicas. O salto seria, além de perigoso, inócuo. É indispensável que a "inteligência" brasileira, compreendendo isso, não se negue a realizar suas tarefas em todos os três setores, integralmente, como o mundo moderno necessita. E não ficar imobilizada pelo fantasma do medo e do comodismo, comprometida por uma pseudocampanha, unilateral e por isso condenada de início.

Florestan Fernandes

Nelson Werneck Sodré em foto dos anos 1940.
Arquivo Olga Sodré.

MEU AMIGO ASTROJILDO PEREIRA

Já é fácil perceber que a memória nacional começa a esquecer os acontecimentos que definiram, há quase três decênios, a tormenta política que desabou sobre o nosso povo em abril de 1964. Estávamos, na época, atravessando um daqueles raros períodos, sempre curtos, de predomínio no Brasil de condições razoavelmente democráticas. Embora a aproximação da tormenta fosse já evidente, no início do ano, o fato é que a sua eclosão, a forma que assumiu, foi surpreendente. Havia mesmo, da parte de alguns, a ingênua confiança de que as forças democráticas detinham um poder suficiente para enfrentar e vencer o golpe em marcha. Havia até os que desejavam que ele eclodisse, certos de que seria esmagado e assim o regime se consolidaria. Não foi o que aconteceu. Como se sabe, o golpe triunfou em dois dias, sem encontrar resistência. Foi como um desabamento súbito, dominador, brutal.

Eu me encontrava em meu gabinete de trabalho, no Instituto Superior de Estudos Brasileiros (Iseb), quando fui avisado do irrompimento, em Minas, do movimento militar. Não tive dúvida, desde logo, de sua gravidade. Era notória a atividade conspirativa da reação, a organização de bandos armados, o derrame de recursos, a fúria de linguagem da imprensa, entoando o coro, a existência de agentes externos, em trabalho ostensivo nos meios militares, sindicais, políticos. Como a ação coordenadora da embaixada norte-americana, em que pontificava o então coronel Vernon Walters, sinistra figura, sempre presente nos círculos em que a trama se desenvolvia. A história das articulações então operadas já foi contada em detalhes por muitos dos seus participantes. Depois da vitória, cada um se ocupou, esmeradamente, em narrar os seus feitos. Isso é a crônica, uma crônica amarga. A análise histórica está por ser feita. De qualquer maneira, foi a empresa memorável da reação. E o país mergulhou, do dia para a noite, nas trevas de uma ditadura terrorista, longa e meticulosamente preparada, embora desencadeada com a brutalidade instantânea que lhe permitiu a rápida vitória. A falta de resistência surpreendeu os amotinados.

No Chile, onde, mais tarde, a fórmula se repetiu, a reação aplicou o "modelo brasileiro", resultando no massacre conhecido. Aqui, a repressão foi instalada desde as primeiras horas e o país assistiu ao desencadear de ações de uma ferocidade inédita entre nós. Constatou-se que, realmente, viver é muito perigoso.

Verificada a inexistência de qualquer foco de resistência às ações terroristas, passei à clandestinidade e, adiante, afastei-me do Rio de Janeiro. O Iseb foi, logo no primeiro dia, invadido por uma malta de desordeiros, recrutados no *lúmpen* da capital pelo então governador do estado. Foi inteiramente depredado, com os livros e documentos rasgados e atirados ao chão, os móveis e quadros quebrados, as poltronas destruídas — uma demolição em regra. Ali só se encontravam três empregados, de condição humilde. Foram convenientemente maltratados e recolhidos ao Dops onde passaram semanas. Apalermados com aquilo tudo, não sabiam que crime haviam cometido. Ninguém os ouvia. Já o terror havia assumido forma organizada e ao Rio chegavam ecos das ações terroristas desencadeadas nos estados. Em cada um deles, sátrapas dementados faziam misérias. O país estava entregue a um regime sinistro, em que ninguém sabia o dia de amanhã. Reinava o terror e, consequentemente, o medo.

Prisão e morte

Em maio, fui preso, passando da penitenciária de São José do Rio Preto ao Forte de Copacabana, para terminar na Fortaleza de Santa Cruz, onde encontrei dezenas de companheiros, que haviam sido desembar-

Meu amigo Astrojildo Pereira | 237

cados de um navio, primeiro destino que lhes coube, assim como civis e sargentos. Era inverno e um vento frio batia na rocha e nas muralhas centenárias. Todos os dias, uma lancha vinha buscar as vítimas do desatino, para longos e tristes depoimentos. Quando fui posto em liberdade, meus primeiros cuidados foram de retomar contato com os companheiros ainda em atividade. Nós nos reuníamos na Editora Civilização Brasileira e discutíamos providências, particularmente para a preservação da vida daqueles que padeciam nos cárceres disseminados pelo país. A ditadura ia de vento em popa e os que a haviam articulado e desencadeado, já com a frota de guerra norte-americana em nossas águas, tripudiavam sobre os vencidos.

Foi quando Valério Konder me deu as primeiras informações sobre a prisão de Astrojildo Pereira. Ele estava recolhido ao xadrez, no quartel do Méier da Polícia Militar, como preso político, misturado a presos comuns. Ali estavam, também, três dos meus assistentes no Iseb, jovens professores surpreendidos pela fúria policialesca, respondendo pelo inexpiável crime de me auxiliar no ensino de história, qualificado agora como subversivo. Ali compareci, certo dia, convocado por um beleguim que se dizia oficial do exército e vinha se esmerando em violência contra os que tinham a infelicidade de cair em suas garras. Era encarregado de uma farsa que ficou conhecida como IPM da Imprensa Comunista, segundo a divisão de trabalho estabelecida pela repressão.

O IPM — Inquérito Policial Militar — era a sigla que acobertava as ignomínias que tinham curso então. Haviam sido instalados centenas deles, quase sempre entregues a pessoas capazes de assumir encargo tão repulsivo. De categoria rotineira no meio castrense, era situado pelo Código de Justiça Militar para apuração de acontecimentos e ações suscetíveis de enquadramento no Código Penal Militar. Extravasando da categoria comum, a que era destinado especificamente, fora transformado, de súbito e por artes da ditadura, em instrumento político fascista, no melhor estilo e levado pelos seus encarregados, nesse nível, a ilimitados abusos e tropelias. Em suas condições de rotina, no âmbito castrense, durava nor-

238 | Interpretações

malmente um mês, com prorrogações de curta duração, concedidas por autoridade superior. Os que foram, então, estabelecidos pela ditadura não consideravam prazos, em muitos casos ultrapassavam meses a fio, e até anos. O IPM do Iseb, a que também respondi e foi um entre a meia dúzia com que fui brindado, durou vários anos e abrangeu três presidentes da República, além de numerosos ministros. Serviu para tudo, inclusive para intimidação eleitoral, complementando a farsa em que haviam sido transformados os pleitos, sob condições terríveis. Essa abrangência dava aos encarregados de IPM um poder imenso e sem o menor controle. Eles se constituíam mesmo em agência de poder, pois chegaram a enfrentar o do ditador de plantão, que fora "eleito" presidente da República pelo voto aterrorizado de um Congresso convenientemente expurgado de quem ousasse fazer oposição ou divergir.

Detendo esse poder e nele se desmandando, o beleguim do Méier, triste exemplo das mazelas da época, cometeu as maiores ignomínias. Astrojildo passara à clandestinidade, assim que o golpe se instalou. Já septuagenário e com a saúde abalada desde o enfarte que o acometera em 1961, não tinha condições para suportar tal situação, se ela se prolongasse. Valério Konder, que estava submetido, entre outros, também ao IPM de que era encarregado o sátrapa do Méier, sofrendo sucessivos e prolongados interrogatórios, para responder perguntas totalmente idiotas, recebia, quando comparecia perante o seu interrogador, constantes pedidos para que entregasse o seu amigo foragido, pedidos acompanhados de veementes promessas de bom tratamento. Nada aconteceria a Astrojildo, assegurava. Tratava-se apenas de formalizar um interrogatório, tomando depoimento a respeito da imprensa comunista. Ele precisava, além disso, de esclarecimentos a respeito de documentos encontrados em casa de Astrojildo. Poderia Valério ficar tranquilo que Astrojildo seria bem tratado e, tomados os depoimentos, iria em paz e com liberdade. O facínora arrombara, realmente, a entrada da casa de Astrojildo, no Rio Comprido, e devassara a sua biblioteca e particularmente o seu arquivo, depredando-os. Aquilo que o escritor arrumara com o seu rigoroso método e capricho, porque nos livros e documentos punha todo o seu desvelo, e que só ele conhecia, sabendo perfeitamente a localização de cada livro e de cada documento, fora transformado em um amontoado de papéis atirados ao chão, tendo o arrombador se apropriado de muitos deles.

A residência de Astrojildo era apenas o pavimento superior de um sobrado numa vila da rua do Bispo. A maior parte do espaço era destinada aos livros, em estantes que iam até o teto e ocupavam todo o compartimento, com uma folga apenas suficiente para a circulação. Havia ali verdadeiras preciosidades, livros que Astrojildo reunira ao longo de uma existência inteira de homem de pensamento. Mas a maior preciosidade estava nos documentos, que ele colecionara em grandes caixas de papelão. Esse arquivo — sem o qual seria difícil escrever a história do movimento operário no Brasil e a do PCB — era guardado em prateleiras, no banheiro de empregada (o casal jamais teve empregada), que não era usado como tal. Casal muito unido e de hábitos modestos, Inês e Astrojildo tinham poucas exigências de conforto, de sorte que o pequeno espaço destinado à rotina do casal era suficiente para eles. O beleguim não teve qualquer escrúpulo em invadir esse lar humilde e depredá-lo. Deixou a sua marca em tudo o que fez.

Valério Konder admitiu que a solução adequada para o problema de Astrojildo, para poupá-lo, pelo seu estado de saúde, e para poupar o seu arquivo ameaçado de novas depredações, seria a apresentação ao beleguim e a prestação do depoimento que ele exigia. Foi assim, finalmente, que Astrojildo, por sua própria vontade, compareceu ao quartel do Méier. Desmentindo sua promessa, o beleguim deteve-o, destinando-o a uma cela de preso comum. Ali, foi submetido a sucessivos interrogatórios, acompanhados de ameaças.

A casa não foi poupada. Por várias vezes, com o beleguim à frente, foi ela invadida por policiais e livros e documentos carregados. Os amigos de Astrojildo articularam-se, então, para preservá-lo de novas arbitrariedades. Nessa articulação somaram esforços não apenas os que estavam ligados ao preso por laços de identidade política, mas também pessoas as

240 | Interpretações

mais variadas e de tendências as mais diversas. Em verdade, essa solidariedade, acima de diferenças e de crenças, foi comum na época e a intelectualidade brasileira, com ela, enfrentou com dignidade o arbítrio ditatorial, que não recuava ante qualquer pessoa, desrespeitando a todos. Contribuiu para tal solidariedade, no caso de Astrojildo, contudo, e sem dúvida, a simpatia de que desfrutava, o respeito que a amplitude de sua visão e a coerência de seu procedimento tinham despertado sempre, a admiração pela sua obra, o carinho com que era cercado, em todas as áreas.

Em janeiro de 1965, foi ele posto em liberdade, por força de *habeas corpus*. Tendo se apresentado e não tendo sido capturado, o *habeas corpus* foi concedido, sem maior dificuldade. Era um período em que persistiam contradições curiosas: de um lado, a truculência desatinada; de outro, a vigência de dispositivos legais que, aqui e ali, dificultavam aquela truculência. Adiante, essa possibilidade de valer-se a vítima de tais dispositivos foi eliminada pela ditadura. Astrojildo fez então uma peregrinação que cumpriu rigorosamente, com a sua meticulosidade costumeira. Visitou todos aqueles que haviam lutado pela sua liberdade, pessoas e instituições, agradecendo a participação que haviam tido na luta.

Uma dessas instituições — depois sacrificada pela sanha da ditadura — foi o *Correio da Manhã*, que vinha travando luta desigual na defesa dos direitos humanos e que, no caso de Astrojildo, teve papel saliente. Era, agora, um jornal diferente daquele que, em março de 1964, participara do coro desenfreado que pedia ação drástica contra o governo de João Goulart, com editoriais cujos títulos — "Basta!" e "Fora!" — davam o tom, o diapasão da campanha vesânica e organizada contra o regime democrático, ainda que apoucado, em que vivíamos. Ele fez essa peregrinação com a sua habitual serenidade, com a elegância de maneiras que sempre ostentou, sem tisnar suas declarações com a injúria que teria sido compreensível em quem, sendo quem era, fora tão maltratado.

Esse ano de 1965, o seu último ano de vida, foi o de nosso convívio mais constante, salvo nos dias derradeiros. Ele estava combalido, tendo passado a parte final de sua reclusão hospitalizado. O panorama político a todos angustiava. Com os amigos, insisti em que aproveitasse aquela triste pausa, tão contrastante com a sua vida sempre ativa, para escrever as suas memórias. Resistiu muito e foi a custo que os amigos conseguiram que escrevesse as "Notas e reflexões de um capítulo de memórias", apreciando episódios recentes, dos tempos do governo de João Goulart. Esse fragmento permite avaliar a importância que teria o seu depoimento integral. E, consequentemente, a falta que faz para o conhecimento de uma época de que ele foi, sem dúvida, figura representativa, como testemunha e como protagonista. Escritor parco, ele não apenas por isso resistia às nossas solicitações, mas também por razões ancoradas em sua modéstia, que fazia com que fosse sempre infenso a colocar-se em evidência, sob qualquer motivo, refratário sempre a falar de si mesmo. Modéstia e refratariedade que explicam, por exemplo, a sua escusa permanente em rememorar e depor sobre o celebrado episódio da agonia de Machado de Assis quando, conforme Euclides da Cunha expressou tão bem, foi intérprete dos sentimentos do povo brasileiro.

A certa altura daquele ano de 1965, ausentei-me do Rio. Foi quando, em novembro, Astrojildo faleceu. Lastimei profundamente não ter acompanhado os seus últimos dias e o seu enterro no cemitério do Maruí, em Niterói. Otto Maria Carpeaux, que vinha tendo uma posição de intransigente resistência à ditadura e era por isso mesmo extremamente visado pela repressão, disse as palavras de despedida que Astrojildo merecia. Falou por todos nós. De regresso ao Rio e só então sabedor do desenlace, voltei à rua do Bispo, com Valério Konder. Inês, abalada com a perda e já longamente castigada pelas tropelias policialescas, contou-nos de seus males. Estava muito enfraquecida não apenas pela tristeza, mas por força da doença que a consumia. Dias depois, as irmãs levaram-na para São Paulo, onde faleceu logo. Estava muito acabada e não tinha resistência mais para suportar o agravamento do câncer que lhe minava o organismo.

O desaparecimento de Astrojildo e de Inês colocava um sério problema para os seus companheiros, amigos e admiradores. Havia necessidade de providência urgente para a remoção dos livros e dos documentos que

242 | Interpretações

ele deixara, para preservá-los e para permitir, adiante, em melhores condições, que recebessem o tratamento que mereciam, pelo que representavam, como patrimônio insubstituível, indispensável a todos que se interessassem pelo nosso passado mais recente, desde os fins do século XIX. Coube-me, de início, o encargo de encontrar um local onde esse precioso acervo pudesse ser conservado. As condições para isso eram extremamente difíceis. Não apenas aquelas ligadas à repressão policial em curso e crescente, gerando e mantendo um clima de terror que afetava a todos. Mas porque as pessoas que poderiam ajudar estavam dispersas, por vários motivos: exílio, clandestinidade, desaparecimento, prisão. Embalde bati a várias portas para tratar da medida preparatória e indispensável: encontrar um lugar para onde levar os livros e documentos deixados por Astrojildo.

Ele escolhera como testamenteiros Carlos Ribeiro e Valério Konder, ambos, e particularmente o segundo, extremamente visados pela repressão. Ainda assim, Valério me deu ajuda na busca do local adequado, mas não conseguimos sucesso. Não havia quem dispusesse, estando de acordo com a medida, de espaço para recolher aquele acervo, que tinha certo vulto. O tempo passava e não se encontrava solução. Foi por essa altura que as irmãs de Inês vieram ao Rio e nos explicaram que as despesas com a hospitalização de Inês e seu tratamento demandavam recursos e que elas necessitavam, para obtê-los, vender os livros do cunhado falecido, o que fizeram, à revelia da nossa vontade e do nosso conhecimento, logo adiante. Carlos Ribeiro lamentou amargamente, depois, essa solução infeliz, do nosso ponto de vista. Ele teria comprado os livros e teria pagado melhor do que o comprador que as irmãs de Inês escolheram.

O encargo para salvar o remanescente, constituído pelos documentos e recortes de jornal, e ainda importante, evidentemente, passou a um companheiro que, encaixotando o que restava, removeu tudo para determinado local e, depois, para outro. Desafortunadamente, foi o acervo objeto de nova depredação policialesca e, consequentemente, de novo desfalque. Finalmente, por obra do esforço de outros companheiros, o que restava, e era ainda uma preciosidade, foi removido para o Arquivo Histórico do Movimento Operário Brasileiro, em Milão, a benemérita instituição que a generosidade e a compreensão do povo milanês levantou e que tantos serviços vem prestando. Constitui, ali, insubstituível fonte de estudos. As peripécias que atribularam esse acervo constituíram amostra significativa do obscurantismo e da virulência da ditadura instalada no Brasil em 1964 e aperfeiçoada em 1968.

Posição política

Para alguns parece ser recente, dos nossos dias, o problema dilemático que se coloca para o partido a que pertenceu Astrojildo Pereira, o Partido Comunista Brasileiro: o de ser um partido de massas ou de contentar-se em ser uma seita a que poucos servem. Esse problema fundamental é antigo, nele, entretanto. Astrojildo esteve sempre, e destacadamente, entre aqueles que lutaram pela ampliação do partido, pela repulsa ao isolamento. Claro está que tal problema teve sempre, como condição para o seu desenvolvimento, a ação das forças reacionárias. Sem considerar essa componente, o problema não pode ser discutido e avaliado em sua complexidade.

O fato é que, tendo sido permanente a ação repressiva da reação, justamente interessada em que o partido permanecesse sempre como reduzida seita, foi também uma constante histórica no partido o esforço da direção em assegurar a continuidade do modelo seita. Entre os que sempre lutaram contra isso esteve Astrojildo Pereira, em toda a sua vida. Essa posição lhe valeu algumas incompreensões e muitas lutas. É fácil verificar, pela análise de alguns episódios, como sempre se colocou na posição de buscar alianças e sempre se bateu para romper um isolamento que não poderia ser uma espécie de sina, uma fatalidade irremissível.

O PCB e o tenentismo nasceram na mesma época, como se sabe. Aquele pretendia ser, desde sua fundação, um partido operário, o partido do proletariado. Este, embora não tivesse consciência disso e não definis-

244 | Interpretações

se o seu propósito senão como nacional, isto é, de todo o povo, nasceu e viveu embalado por idealizações e até princípios programáticos peculiares à classe média ou à pequena burguesia. Era, na verdade, uma aguerrida vanguarda da ascendente burguesia brasileira, já economicamente importante, mas ainda débil politicamente, sem grande influência no poder. Na medida do desenvolvimento do processo político, aqui, tenentistas e comunistas ocuparam amplo espaço no palco, mais e muito mais aqueles do que estes. O tenentismo, na sucessão de seus feitos, despertou a atenção nacional. Os comunistas, em seu partido, permaneceram quase despercebidos, mesmo para a classe operária, no terceiro decênio do século. O movimento tenentista representou séria ameaça ao governo estabelecido, não ao regime. O movimento que o PCB pretendia comandar não ameaçava o governo, embora, por princípio, por condição intrínseca, constituísse ameaça ao regime.

A república representou, no Brasil, a forma política como a ascensão burguesa, desenvolvida lentamente desde a segunda metade do século XIX, marcaria o seu avanço, com fases lentas e fases aceleradas. Era a república oligárquica, em que o poder estava nas mãos de forças políticas, que demoraram em articular-se em partidos, alicerçadas na propriedade da terra e na das riquezas nela exploradas. A dominação exercida por essas forças parecia não encontrar contestações até os anos 1920, quando elas se manifestaram com o movimento tenentista. Os preliminares, na verdade, haviam surgido com o chamado *civilismo*, em 1910. Mas este, passado o episódio eleitoral, dissipou-se e o domínio oligárquico não sofreu abalo algum.

Os primeiros abalos apareceram quando começaram a surgir as manifestações tenentistas, com o troar dos canhões do Forte de Copacabana, em julho de 1922. O PCB, fundado em março, com um pouco mais de três meses, portanto, dava os primeiros passos. A repressão que foi exercida contra os elementos tenentistas estendeu-se aos elementos comunistas. O tenentismo teve continuidade em sucessivos episódios, culminando com a Coluna Prestes que, depois de cruzar o interior do Brasil, internou-se na Bolívia no início de 1927. O PCB, que realizara o seu II Congresso em maio de 1925, encarou, em outubro de 1927, a questão do tenentismo. Ela foi posta em discussão e, na verdade, as opiniões se dividiram. Particularmente pelo esforço de Astrojildo Pereira e de Octávio Brandão, decidiu-se pela aproximação com a ala revolucionária do tenentismo.

A análise então feita pela direção do PCB da sucessão de revoltas militares permitiu a tomada dessa decisão, que não foi fácil. A tentativa de 5 de julho de 1922 era, naquela análise, apresentada como inserida em "um período de intensa agitação política democrática e popular". A de 1924, que ocorrera em São Paulo, merecia mais espaço. O movimento — reconhece essa análise — dominara por três semanas a mais rica cidade do país, "com o apoio e a simpatia da população em geral". No Sul, ocorrera, em seguida, "o formidável *raid* da chamada Coluna Prestes", visando a objetivos políticos: "sacudir as massas populares do campo e manter vivo, ampliando-o cada vez mais, o sentimento revolucionário do povo em geral". Os militares envolvidos nas revoltas "pertenciam à camada da pequena burguesia", desfrutando da simpatia de "elementos da pequena burguesia". Em 1922, o proletariado não tivera participação alguma, mas em 1924 esboçara-se "um movimento elementar de massas" e "intervenções episódicas do proletariado" haviam ocorrido mais tarde.

Em síntese, esses movimentos de rebeldia eram "expressão militar de um estado latente de rebeldia produzido pela instabilidade econômica e social do país", prosseguindo "num sentido cada vez mais popular, tendendo a agrupar a pequena burguesia e a massa trabalhadora em geral". No momento, isto é, após a internação da Coluna Prestes na Bolívia, atravessava um período intermediário "entre a ruptura com a burguesia liberal e uma aliança mais estreita com o proletariado". Era claro, consequentemente — dizia a análise —, que "uma situação revolucionária apressará esse processo". Era a "perspectiva provável"[1]. A análise, como se verifica,

---

[1] Edgar Carone, *O PCB (1922-1943)*, vol. I (São Paulo, Difel, 1982), p. 50-2.

246 | Interpretações

era tendente a uma decisão favorável à aproximação com os militares rebelados. Essa decisão encontrou, no entanto, séria resistência, englobando figuras da direção. Astrojildo Pereira e Octávio Brandão, particularmente o primeiro, assumiam, no caso, grave responsabilidade.

Coube-lhe a tarefa de estabelecer contato com Prestes na Bolívia. O encontro deu-se na segunda quinzena de dezembro de 1927, em Puerto Suarez, localidade boliviana próxima de Corumbá. Astrojildo contou o que se passou, anos mais tarde[2]. Nessa narrativa, começa por analisar a situação. A direção chegara à conclusão "de que a derrota sofrida se devia principalmente às posições sectárias do Partido". Levantava-se, consequentemente, "o problema dos aliados para a classe operária e para a participação da classe operária no movimento revolucionário em marcha". Daí a decisão de procurar "uma aproximação efetiva, em termos políticos, com a Coluna Prestes, que se havia internado na Bolívia justamente em fins de 1926 e cujo prestígio popular e revolucionário mantinha-se intacto e mesmo crescente". Na qualidade de secretário-geral do partido, ele cumpriria a tarefa, por força de decisão alcançada por maioria de votos.

Prestes recebeu-o, em companhia de dois oficiais da Coluna, em casa modesta. Nela passaram quase dois dias em longas conversas. Tratava-se — disse ele a Prestes — de "coordenar as nossas forças, tendo em vista os objetivos comuns". Era, em suma, "o problema político da aliança entre os comunistas e os combatentes da Coluna Prestes, ou, em termos mais amplos, entre o proletariado revolucionário sob a influência do Partido Comunista e as massas populares, especialmente as massas camponesas, sob a influência da Coluna e de seu comandante"[3]. Colocadas as coisas nesses termos, fora "a concordância estabelecida". Astrojildo levara alguns livros marxistas, que entregou a Prestes, com a esperança de que, na leitura deles, o chefe tenentista compreenderia o sentido da revolução. De volta,

[2] Astrojildo Pereira, *Formação do PCB (1922-1928)* (Rio de Janeiro, Vitória, 1962), p. 105-9.
[3] Ibidem, p. 108.

redigiu a longa entrevista que *A Esquerda* publicou, em dias seguidos, a partir de 3 de janeiro de 1928, data do trigésimo aniversário de Prestes.

A posição de Astrojildo Pereira na discussão da aliança entre o partido e o tenentismo, apesar de vitoriosa naquele momento, foi severamente criticada então e particularmente depois, tendo contribuído para gerar a situação que se desenvolveu desde a crise de 1928 até o afastamento de Astrojildo da função de secretário-geral e do próprio partido. Da parte de Prestes, o manifesto em que se afasta dos antigos companheiros de luta tenentista, como, da parte do partido, o retorno a um vesgo sectarismo, com a sucessão de pessoas as mais diversas na alta função que Astrojildo exercera até ali, levariam a um distanciamento cada vez mais largo entre um e outro. Aquilo que ficou conhecido como "luta contra o prestismo" assinalou esse distanciamento[4]. Astrojildo pagou por ter combatido sempre essa forma estreita de conduta política. O sectarismo teve a sua fase de avanço. Na realidade, encerrava-se, com a saída de Astrojildo, a fase de formação do PCB — entre 1922 e 1928 —, em que ele exerceu influência marcante. Abria-se, então, a fase contrastante que se prolongaria até a prática liquidação de 1940. O preço do sectarismo foi realmente muito alto, como sempre acontece.

Antes de seu afastamento do partido, entretanto, e após a aproximação com o tenentismo, ainda na época da luta pela ampliação política, Astrojildo comprovaria, na prática, a sua capacidade para a direção e o sentido antissectário de sua conduta. Foi no episódio do diário *A Nação*. Leônidas de Rezende, professor universitário, era dono desse jornal, que ocupava certo espaço na imprensa carioca. Tendo sofrido perseguições e prisão, em consequência de sua posição combativa, na luta contra o governo, definia uma posição idêntica à dos elementos tenentistas. Positivista por formação, estudara o socialismo e passara a esposar francamente o marxismo. Em fins de 1926 — note-se: a fase de aproximação do PCB com o tenentismo — ele procurou a direção do partido e estabeleceu o

---

[4] Edgar Carone, *O PCB (1922-1943)*, cit., p. 83-7.

248 | Interpretações

entendimento que permitiria a retomada da circulação do jornal, como órgão oficial daquele. Isso possibilitou ao partido, realmente, e em fase oportuna, com as eleições de que participaria o BOC, fazer a propaganda de sua política.

Entre 3 de janeiro e 11 de agosto de 1927, realmente, isso aconteceu. Foi uma fase de intensa atividade partidária que permitiria, entre outros feitos, a eleição de dois membros do partido à Câmara Municipal carioca, proeza importante, dada sua fraqueza até então. No primeiro número de sua nova fase, em dois editoriais sem assinatura, Leônidas de Rezende explicava por que se tornara comunista e por que o jornal adotava nova orientação. Manter um jornal diário era, realmente, um feito especial, de importância indiscutível, que o PCB não tinha as mínimas condições de efetivar. O gesto de seu proprietário vinha, assim, proporcionar aquilo que o partido não poderia, com as suas próprias forças, realizar. No segundo número, *A Nação* já mostrava a que vinha, publicando documento da CCE, carta aberta, dirigida a várias organizações políticas operárias e a certos políticos, tidos como pessoas de esquerda, propondo-lhes a formação de um Bloco Operário, com o fim de apresentação de candidatos comuns nas eleições de 24 de fevereiro ao Congresso Nacional. A carta era acompanhada de plataforma eleitoral, contendo as reivindicações imediatas da "massa laboriosa em geral".

Tratava-se da retomada de orientação nova e comunista do jornal diário ao lançamento de proposta de aliança eleitoral, de significativo esforço para sair do gueto em que a reação sempre timbrara em manter o PCB, na sequência do esforço para romper com o sectarismo, que foi a marca da ação de Astrojildo Pereira como secretário-geral. A boa vontade de Leônidas de Rezende, entregando à gestão e à orientação do partido um jornal diário na capital do país e numa fase eleitoral, quando o partido se lançara ao pleito com algumas possibilidades de sucesso, era uma preciosa ajuda, que não poderia senão merecer entusiasmo e compreensão. Claro que da parte de Astrojildo isso não era posto em dúvida e suas relações com o proprietário do jornal, que existiam mesmo antes do gesto daquele cedendo-o, foram sempre cordiais. Mas isso não aconteceu com outros dirigentes, com Octávio Brandão, por exemplo. Leônidas de Rezende vinha do positivismo e os artigos que redigia e publicava no jornal, que era dele, no fim de contas, não primavam pela ortodoxia marxista mas traziam a marca de uma ideologia heterogênea, fácil de ser percebida por qualquer leitor.

Frequentemente, elementos da direção do PC pretendiam discutir o direito de serem tais artigos publicados num jornal que se apresentava como órgão do partido e até ostentava, no cabeçalho, o símbolo consagrado, a foice e o martelo. Coube a Astrojildo, todo o tempo, a tarefa diplomática de evitar que o destempero dos sectários deitasse a perder uma ajuda tão importante. O jornal lançou-se em "trepidantes campanhas", narrou Astrojildo mais tarde. Não sem acrescentar: "campanhas que hoje nos parecem por demais trepidantes"[5]. A pregação desenvolvida pelo jornal contribuiu fundamentalmente para o sucesso eleitoral, "apesar do extremo sectarismo" então apresentado[6].

A presença de Astrojildo na direção do partido e do jornal evitou o pior, particularmente o atrito com o seu proprietário, que manteve a sua colaboração heterodoxa sem maiores consequências. Mas a reação não se conformou com a existência de um diário comunista na capital do país e tudo fez para lhe dificultar a vida. Em agosto, a própria direção decidiu suspender a circulação do jornal, decisão difícil, que não foi bem aceita por muitos companheiros e certas áreas do partido. Anos depois, Astrojildo analisou assim o episódio: "Apesar de todos os erros e falhas que se lhe possam apontar, *A Nação* soube resistir galhardamente a todos os obstáculos, superando-os e vencendo-os". Mas não deixou de indicar, com precisão: "Entretanto, desde já podemos constatar que a própria feição sectária e agitativa do jornal, um jornal destinado às massas, acabou por minar as bases em que devia sustentar sua força. E nisto *A Nação* era

---

[5] Astrojildo Pereira, *Formação do PCB (1922-1928)*, cit, p. 76.

[6] Ibidem, p. 77.

250 | Interpretações

o reflexo fiel da própria linha política, dos planos táticos e dos métodos de trabalho da direção do Partido"[7].

O episódio que girou em torno do aparecimento de *A Nação*, pouco discutido sempre, ocorreu em um dos raros períodos de existência legal do PCB. Em outro desses períodos, muitos anos depois, Astrojildo Pereira daria provas de sua posição constante em defesa da ampliação política do partido, de resistência à sectarização. O episódio ocorreu logo depois da vitória das forças aliadas contra o nazifascismo, quando se abriu a mais promissora perspectiva do estabelecimento, no Brasil, de um regime autenticamente democrático, perspectiva fechada pela intensificação da chamada Guerra Fria, que comprometeu todo e qualquer esforço nesse sentido. Emergindo da clandestinidade, então, Astrojildo, que desfrutava de grande prestígio nos meios intelectuais, aproximou-se deles e desenvolveu uma atividade cultural e política sempre de acordo com as suas convicções de que a abertura, a tolerância, a compreensão, permitindo o trabalho em comum, são condições indispensáveis para o avanço e asseguram a liberdade.

O seu primeiro e grande serviço foi realizado quando do I Congresso Brasileiro de Escritores, ocorrido em janeiro de 1945, em São Paulo. Não foi ainda, e infelizmente, contada a história dessa entidade. Quando isso acontecer, há de ficar evidente a importância destacada desse seu primeiro congresso. Para concretizá-lo foi mister um coordenado e intenso trabalho. Trabalhar com intelectuais é sempre difícil, pelo que eles têm de peculiar, ligado à vaidade e ao individualismo. Existindo e destacando-se enquanto indivíduos, o trabalho comum é para eles árduo, particularmente quando são compelidos a ceder um pouco do que pensam.

Mas a fase era favorável. A ditadura estadonovista agonizava com a derrota do nazifascismo. Os intelectuais formavam na primeira linha da resistência a um regime em fase final e ansiavam pela mudança que se anunciava no fluxo dos acontecimentos. Astrojildo, com o seu enorme

---

[7] Ibidem, p. 83.

prestígio e à sua habilidade no trato com os seus pares, teceu pacientemente a preparação e, depois, a realização do evento. Em uma e em outra, o seu papel foi relevante. As atenções gerais voltavam-se para ele. Na sua modéstia, sabia estimular e convencer os companheiros. Coube-lhe, por tudo isso, a tarefa extremamente delicada e importante de redigir, com mais dois companheiros, o documento fundamental que o congresso apresentou, a declaração de princípios. Ela foi, na verdade, o primeiro pronunciamento sério em defesa das liberdades democráticas, naquela fase histórica. Ela exigia a "completa liberdade de expressão" e pregava o advento de um governo eleito "por sufrágio universal, direto e secreto". Poucos se lembram que esse pronunciamento da intelectualidade, então unida, antecedeu de um mês a celebrada entrevista de José Américo de Almeida, mencionada sempre como pioneira na postura democrática, o que não foi verdade. Demais, sempre convém frisar que a "declaração de princípios" dos escritores era manifestação coletiva, enquanto a citada entrevista era um gesto individual.

A vocação literária de Astrojildo Pereira permitia-lhe, alicerçadas sempre as suas iniciativas no largo prestígio de que desfrutava, o trabalho de manter unidos os confrades. Para isso, pareceu-lhe fundamental a fundação de uma publicação em que todos, independentemente de condição ideológica, comparecessem e, juntos, apresentassem as suas ideias e criações. Daí o aparecimento da revista *Literatura*, que circulou, no Rio de Janeiro, entre setembro de 1946 e outubro de 1948. O propósito da revista era amplo e democrático. Nela deviam estar presentes escritores de todas as tendências. Secretariada por Jorge Medauar, contava, no conselho de redação, com escritores como Álvaro Moreyra, Anibal Machado, Artur Ramos, Orígenes Lessa, Graciliano Ramos e Manuel Bandeira. Astrojildo era a alma da revista, coletando as colaborações e organizando a matéria, sempre de boa qualidade. Nela escreveram Otávio Tarquínio de Sousa, Jorge de Lima, Raimundo Sousa Dantas, Guilherme Figueiredo, Lúcia Miguel Pereira, Francisco de Assis Barbosa e muitos outros. A revista, infelizmente, tirou apenas seis números.

A sua história pode ser dividida em duas fases, apesar de uma vida tão curta. A primeira, definida pela unidade dos escritores, consequente da derrota do nazifascismo e da queda do Estado Novo aqui, decorreu entre 1946 e 1947. A segunda resultou dos efeitos no Brasil da Guerra Fria, alimentada pela divisão do mundo, alimentada publicamente pelo discurso de Churchill em Fulton, passando pela virulência do imperialismo norte-americano desde o governo de Truman alicerçado no monopólio das armas atômicas. Entre nós, esses efeitos foram em crescendo, começando com a cassação, em maio de 1947, pelo Tribunal Superior Eleitoral, do registro do Partido Comunista Brasileiro, que mal atingira, nesse período novo de legalidade, dois anos de existência pública. Em outubro do mesmo ano, o governo Dutra, prolongamento da ditadura estadonovista, de que ele fora condestável, rompia relações com a União Soviética e, em janeiro de 1948, foram cassados os mandatos dos comunistas eleitos para o Senado, Câmara Federal e legislativos estaduais e municipais. O PCB respondeu com o famigerado Manifesto de Agosto, isto é, respondeu à sectarização com a sectarização.

Nesse fogo cerrado, *Literatura* não tinha condições para subsistir. Astrojildo, com extraordinário esforço, ia espaçando as edições da revista, mas não houve possibilidade de mantê-la além de outubro de 1948. De minha parte, procurei ajudá-lo, inclusive com um trabalho sobre o pós-modernismo. Éramos poucos, então, os que escreviam em *Literatura*. A divisão entre os escritores, gerada pela Guerra Fria e o seu correspondente como prolongamento do Estado Novo, pontilhada, na verdade, de erros de parte a parte, culminaria na infeliz luta eleitoral pela direção da ABDE, gerando e aprofundando antagonismos que passaram do nível ideológico para o nível das desavenças pessoais. A reação se deliciava com isso.

Típico, e só nesse sentido vai aqui mencionado, foi o pronunciamento de Manuel Bandeira, que se enfileirou, entre outros, também virulentos, como foi próprio do episódio e do tempo. Escreveu Bandeira:

> Houve um tempo em que vi com bons olhos os nossos comunistas. É que ainda não estava a par da política celerada deles. Por isso fui inocente útil. Coloquei meu nome em abaixo-assinados protestando contra a violência da

polícia. Fui convidado e aceitei saudar Pablo Neruda, numa festa comunista. A pedido deles, levei Neruda e Nicolás Guillén à Academia e saudei-os lá. Mas o incidente da ABDE me abriu os olhos. Hoje sou insultado por eles ao mesmo tempo que sou tido como comunista por muita gente. A verdade é que me recuso a admitir a forçosa alternativa do binômio sinistro: Rússia Estados Unidos. Se não houvesse possibilidade de salvação fora da opressão comunista ou do imperialismo norte-americano, então seria melhor que este mundo se espatifasse sob o poder das bombas de hidrogênio das duas facções.[8]

Todo o esforço para manter unidos os escritores em defesa de princípios que a todos interessavam resultou inútil. Ao sentido de ampliação, que presidira, até aí, a atividade de Astrojildo Pereira, e em que ele sempre se empenhara, sucedeu, em curto prazo, alimentados pela fúria da Guerra Fria, a intolerância reacionária mais descomedida, de um lado, e o sectarismo mais vesgo, de outro lado. Parecia que o inimigo era o confrade que se colocava em posição diversa e discordava de determinados propósitos. Pessoas de ânimo habitualmente sereno desmandavam-se agora e as diatribes se sucediam, mantendo um clima de hostilidade de todo em todo injustificável[9].

No início da segunda metade do século, período de grande turbulência política, o PCB viveu nova fase de liberdade. Do suicídio de Vargas, em 1954, ao golpe militar que, dez anos depois, implantou a ditadura aqui, repetiu-se o impulso às letras e às artes que tem caracterizado precisamente aquilo que a reação conheceu como "agitação", quando todos os problemas são discutidos e todas as coisas são postas em questão. Foi nesse período, a partir de 1958, que Astrojildo Pereira fundou e dirigiu a revista *Estudos Sociais*, em novo esforço para ampliar o horizonte político dos comunistas e agremiar novamente os intelectuais. *Literatura* fora

---

[8] Entrevista em *Comício*, Rio de Janeiro, ano I, n. 23, 17 out. 1952.

[9] Em seu livro *Literatura em revista* (São Paulo, Ática, 1984), Raul Antelo dedica um capítulo à *literatura*, com muita informação e uma análise deformada dos acontecimentos ligados à revista.

específica daquilo que o seu título indicava. *Estudos Sociais* não foi assim. Tratava, como o título deixava claro, de tudo aquilo que interessava à sociedade, com predomínio dos assuntos de conteúdo político, ainda no sentido mais estrito. A proposta era, agora, diferente: a revista, nessa fase, fazia claro que pertencia ao PC e era orientada por comunistas. Mas, por outro lado, pretendia-se aberta, para a discussão em alto nível de todos os assuntos que constituem a preocupação de cientistas, políticos, homens de letras. Definindo-se como publicação do partido, não discriminava os que não pertencessem às suas hostes, nem mesmo os que divergissem de sua orientação. A direção era coletiva, mas Astrojildo era, nela, a figura principal e decisiva.

Foi excelente revista, das melhores que o Brasil conheceu e certamente a melhor de sua época. Embora não mantivesse a amplitude que *Literatura* mantivera antes de 1947, e que abandonara nem só por culpa dos comunistas, tinha qualidade apurada em suas colaborações. Era uma revista do PCB, feita com inteligência e com visão larga dos acontecimentos e dos fenômenos. Astrojildo partilhava a direção com alguns companheiros do partido, ligados à direção deste. Esses companheiros, por vezes, lhe davam muito trabalho porque, em alguns casos, eram de um sectarismo absurdo e cego, que destoava totalmente daquilo que Astrojildo tinha como essencial. Como Astrojildo dispunha de ascendência sobre os demais e entre eles também havia pessoas inteligentes e de alto nível intelectual, a maior parte dos problemas era resolvida sem maiores consequências.

Fui colaborador de *Estudos Sociais*, convocado por Astrojildo. Meu trabalho, sobre a dialética na literatura, passou pelas mãos de um dos diretores, conhecido pela sua intransigente ortodoxia que depois passou a marcar uma posição antipartidária virulenta, como acontece com frequência. O meu trabalho fora escrito já há algum tempo e não trazia referência às fontes das citações. O redator citado pretendeu que eu refizesse, em exaustiva pesquisa, tais fontes, para gerar notas de barra de página. Para mim era mais fácil escrever outro artigo. Estive para pedir a devolução daquele que merecia do redator tais exigências e só não o fiz para evitar aborrecimentos a Astrojildo. Tudo acabou, no caso, da melhor forma e o artigo saiu como eu o entregara. Este foi apenas exemplo da absoluta falta de tato para lidar com intelectuais, velho calo partidário, que fizera sempre numerosas vítimas. O caso que menciono e de que fui parte teve como protagonista, do outro lado, do lado da redação, elemento que, na época, pretendeu, de outra feita, criticar com severidade — e ele era exemplar na severidade — trabalho de professor de renome, figura de grande projeção nacional e até internacional, que estava se aproximando do partido. O redator em questão parecia preocupado em evitar que isso acontecesse, em demonstrar que o partido deveria recusar tal adesão. O redator queria espinafrar o neófito. Esse mestre da intolerância, o oposto de tudo aquilo que Astrojildo representava, deixou o partido, adiante, e voltou contra ele as suas baterias. Pertencia ao conhecido bloco do "eu sozinho", deslumbrado consigo mesmo.

Caso semelhante ao de outro que, não na qualidade de colaborador de *Estudos Sociais*, que nunca foi, como sectário ululante, escreveu verrina terrível contra Carlos Drummond de Andrade, acabando na mesma vala do anterior, mas levando o capricho a escrever conhecido livro contra o partido, livro altamente conceituado nos meios reacionários, e que lhe abriu muitas portas. Foi o pagamento de uma apostasia não assentada em princípios, mas em deformações de caráter, a que a criatura humana, em suas debilidades, nem sempre pode resistir. Essas coisas comprovam que o sectarismo acoberta, frequentemente, insanáveis debilidades, que o tempo se encarrega de denunciar. Os prejuízos causados pelos desertores ficaram sempre com o partido, que pagou por eles, no juízo geral. A eles pertenceram os lucros.

Estudos Sociais teve sua publicação suspensa, em 1964, com o golpe militar que implantou a ditadura. Não havia, a partir daí, condições para a existência de uma revista de cultura daquele tipo. Foi a última empresa cultural de que esteve encarregado Astrojildo Pereira, que em todas colocou sempre o melhor de seu esforço e de sua cultura. Nela, ele teve oportunidade de divulgar documentos do seu arquivo particular,

256 | Interpretações

importantes para a história do PCB. Nessas publicações todas e na medida em que exerceu com liberdade a sua atividade, o seu trabalho intelectual, ele se manteve sempre fiel ao sentido amplo com que encarava a atividade intelectual de que jamais se afastou por vontade própria, mas por força do mandonismo vigente, a que o seu espírito de fidelidade e disciplina obrigava.

Formação do escritor

Entre as aptidões de que foi dotado e que lhe marcaram a personalidade, Astrojildo Pereira apresentava em destaque a de escritor, a de pessoa vocacionada para as letras. Ela esteve presente em todas as atividades que exerceu, da militância política ao jornalismo. O cenário em que a desenvolveu foi o do Rio de Janeiro, onde chegou adolescente e onde passou quase toda a sua vida. O Rio de 1905, quando ele chegou, estava ainda sob os efeitos da ação de Pereira Passos. O chamado "bota abaixo", como foi apelidada aquela ação, pelas demolições então operadas, estava praticamente terminado, mas os grandes edifícios que ocupariam os espaços vazios estavam ainda em construção. O Rio antigo, no centro, mudara de fisionomia e, com isso, também de hábitos. A partir daí é que a avenida Central, depois conhecida como Rio Branco, tornou-se o espaço por excelência para o passeio, as compras, o hábito do exibicionismo a que se davam muitos, passando a segundo plano a tradicional rua do Ouvidor, símbolo da cidade antiga, cortada de ruas desse tipo, estreitas, emparedadas entre sobrados. Mesmo os lugares frequentados por homens de letras haviam mudado. Era a época dos cafés, onde as pessoas podiam aboletar-se e passar o tempo a conversar[10].

Nessa cidade fascinante por tantos títulos, capital do país e seu maior centro urbano, passado o período de apertos do governo de Campos Sales

---

[10] Esses cafés foram imortalizados nas letras dos sambas de Noel Rosa e mereceram muita atenção de Lima Barreto.

e beneficiada pelo impulso renovador da época de Rodrigues Alves, a república oligárquica apresentava a sua vitrine iluminada, que disfarçava a pobreza e o atraso do interior do país. Nessa época, um lustro após o início do século, as letras brasileiras atravessavam um de seus períodos mais fecundos e brilhantes. A geração da Academia aprestava-se para deixar o palco e novos valores começavam a aparecer, muitos deles vindos dos estados para conquistar a capital. O meio literário, embora pequeno e por isso mesmo dominado por reduzido grupo de escritores mais destacados, ocupava espaço relevante na cidade, que guardava, apesar de tudo, muito de provinciano[11].

A imprensa, quando o número de jornais era grande, destinava largo espaço aos assuntos literários, não definira ainda a sua linguagem e usava largamente o estilo literário, mesmo na parte simplesmente noticiosa. A eloquência desfrutava ainda de muito prestígio e a retórica espraiava-se até na poesia, constituindo um de seus traços característicos. O *Correio da Manhã*, que nascera com o século, ocupava, nela, lugar de destaque já, neutralizando, na sua áspera linguagem de combate, a influência do provecto *Jornal do Comércio* e de outros, como *O País*, afeiçoados no apoio ao governo. As redações eram ninhos de homens de letras e por isso mesmo a imprensa demorava em adotar uma forma de redação, uma linguagem própria, distante do estilo literário. Lima Barreto iria caricaturar essa maneira de ser, particularmente no *Isaías Caminha*. Porque, ao lado da alta qualidade de escritores do nível de Machado de Assis, Nabuco, Euclides, havia, na verdade, a mediocridade insanável de muitos que se esmeravam na futilidade e no artificialismo.

Foi em cenário em que esses traços definiram a paisagem humana que Astrojildo Pereira passou os anos de sua juventude. Com a sua vocação para as letras, tudo o que as afetava lhe dizia respeito. Tratou, pois, vencendo uma timidez que ancorava em sua modéstia, de se aproximar do

---

[11] A paisagem urbana do Rio de Janeiro, emoldurando as letras, será fixada em Brito Broca, *A vida literária no Brasil — 1900* (2. ed., Rio de Janeiro, José Olympio, 1960).

258 | Interpretações

meio literário e do meio jornalístico. Foi a época em que ocorreu o episódio, na casa de Machado de Assis, que Euclides da Cunha imortalizou em página comovente. Astrojildo, ao longo de toda a sua vida, fugia sempre à recordação desse episódio. Só próximo da morte, saindo da prisão, a última, permitiu que um confrade voltasse a lembrar aquele episódio. O fato é que tal episódio não marcou apenas a sua afeição literária ao mestre Machado de Assis, mas a sua devoção às letras. Dava sentido ao que, nele, era intrínseco, profundo, sincero, espontâneo.

Machado faleceu em setembro de 1908 e já em 1910 surgia a campanha civilista. Ela assinalaria um dos aspectos curiosos da república oligárquica, o das crises políticas. Passado o período da consolidação do regime, realmente, este ficaria sob controle de um aparelho partidário que, embora tivesse tardado em aparecer, ganhou logo uma rigidez e um hermetismo singulares, tudo se passando em um círculo estreito de homens públicos que, com as suas bases nos estados, determinavam os destinos nacionais no Congresso e na Presidência. Ora, em 1910, a sucessão presidencial viria a assinalar que esse momento, o da passagem de um presidente a outro, com todo ritual estabelecido, era o único momento de crise, isto é, de abalo na estrutura rígida e hermética estabelecida.

Quando dissidências partidárias levantaram a candidatura de Rui, em oposição à de Hermes da Fonseca, articulada por Pinheiro Machado, opera-se a primeira crise sucessória do presidencialismo brasileiro. Mais do que isso: abre-se a perspectiva, pela primeira vez, de um prélio eleitoral democrático, quando o voto decidiria o destino nacional. Visto na distância histórica, o quadro não parece importante, pois julgamos sempre com as medidas do nosso tempo, muito diferentes. Colocado o episódio no contexto histórico, entretanto, isto é, inserido no quadro real do Brasil de 1910, ele ganha singular importância. O civilismo foi, na verdade, uma campanha política singular, quando muitas das mazelas do regime foram escalpeladas pela oratória pomposa de Rui, e as camadas populares interessadas no processo político tiveram a oportunidade de assistir e participar de algo novo no país. Essas camadas não eram, na realidade, muito numerosas e limitavam-se a algumas áreas urbanas onde a pequena burguesia já se encaminhava para a desilusão com o regime.

Parcela importante dessa classe, a intelectualidade, com os escritores em destaque, interessou-se intensamente pela campanha, participou mesmo dela. Nesse tempo, a imprensa dependia da opinião pública e não da publicidade com que as forças econômicas a controlavam, e a opinião pública era particularmente a opinião da pequena burguesia militante. A imprensa exerceu muita influência no desenvolvimento da campanha civilista e, consequentemente, na denúncia apaixonada das mazelas do regime. Astrojildo acompanhou a campanha civilista, dela participou como simpatizante do candidato de oposição. Nela colocou as suas esperanças por melhores tempos na vida política do país. A derrota do civilismo muito o marcou. Confidenciou-me, tantos anos depois, que sua ingenuidade lhe custara alto preço. A decepção com a derrota do civilismo foi nele intensa. As ilusões a respeito da possibilidade de alterações profundas na estrutura política do país desapareceram.

Hermes da Fonseca governou de 1910 a 1914. O seu período presidencial foi logo marcado pela revolta dos marinheiros, que deixou impressão muito forte na opinião pública, particularmente depois de episódios subsequentes, em que a reação cobrou dos amotinados da Ilha das Cobras o medo que sofrera com a ameaça dos canhões da esquadra, cobrança de que a chacina do *Satélite* foi clamorosa demonstração. Astrojildo acompanhou essa sucessão de acontecimentos com atenção e com tristeza. Aproximava-se da maioridade e sua decepção com o civilismo calara fundo em seu espírito. Já em 1911 tenta uma saída com a curta e inútil viagem à Europa. O resultado principal desses anos de aprendizagem estava na constatação de que o regime republicano brasileiro necessitava de alterações profundas para atender as necessidades do nosso povo. E de que os caminhos seguidos até aí, no nível puramente político, demonstravam sua inadequação e insuficiência para isso.

Não sei se na Europa, onde sua permanência foi curta, ou aqui mesmo, antes ou depois da viagem, Astrojildo começou a tomar conhecimento da

260 | Interpretações

literatura anarquista e a aproximar-se dos seus seguidores brasileiros, na sua maior parte anarcossindicalistas. Muito cedo, firmou-se como ativo militante anarquista. Era a fase em que os anarquistas tinham papel importante no movimento operário, com presença no Congresso Operário de 1912 e no III Congresso Operário de 1920, fazendo proselitismo nos vários jornais que mantinham. A Confederação Operária Brasileira (COB) constituía-se, na época, como entidade ativa, influindo muito nos movimentos grevistas, destacadamente no Rio e em São Paulo. Deles, o mais importante foi, sem dúvida, o de 1917, na capital paulista, quando apareceu, no calor da luta, uma organização operária para coordenar as ações[12].

Astrojildo trabalhou de preferência nos pequenos jornais anarquistas, começando com *A Vida*, em 1915, e *A Voz do Trabalhador* e *O Debate*, adiante, ao mesmo tempo que escrevia na revista cultural *ABC*. *O Debate* apareceu em 1918, ano em que Astrojildo fundou a *Crônica Subversiva* para, em 1919, criar, com José Oiticica, o jornal *Spártacus*. O irrompimento da Revolução Russa de fevereiro e, depois, a de outubro, importou em alteração essencial no desenvolvimento das lutas operárias no Brasil. Entre 1918 e 1921, conforme observado, processou-se a crise do anarquismo brasileiro.

Excelentes lutadores, tenazes, combativos, extrema e persistentemente devotados à causa que abraçaram, os anarquistas haviam conquistado prestígio nos meios operários. Apesar disso, deixavam claras as suas insuficiências. Infensos às formas de organização capazes de atividade continuada e estável, orientados por uma teoria que não abria perspectivas nos quadros da realidade, começaram a perder a ascendência de que antes desfrutavam. A Revolução de Outubro e seus reflexos no Brasil colocaram o problema da passagem a formas mais efetivas e operativas de ação política operária, capazes de organizar e coordenar os movimentos de massa,

---

[12] A greve de 1917 em São Paulo foi muito bem contada por Everardo Dias, *História das lutas sociais no Brasil* (São Paulo, Edaglit, 1962).

dotadas de teoria que permitisse a análise dos processos políticos, em seu desenvolvimento. Os acontecimentos da Rússia surgiam nesse horizonte confuso como uma promessa apta a fornecer elementos suscetíveis de ajuda ao proletariado. Repercutiram no Brasil como o despertar de uma nova etapa histórica[13].

Atento ao que se passava no mundo, Astrojildo evoluiu, gradativamente, para uma posição de simpatia pela teoria marxista e, em seguida, passou a esposar inteiramente a orientação comunista. Sua separação dos anarquistas foi um processo doloroso, pelo que haviam lutado juntos e pela estima que surgira dessa luta comum. Eles não perdoaram a Astrojildo a apostasia que os privava de um combatente ativo e lúcido. Apesar de tudo, e particularmente do tom da polêmica travada, então, entre comunistas e anarquistas. Astrojildo guardou sempre respeito e até admiração pelas mais destacadas figuras do anarquismo brasileiro. Mas o seu caminho era outro e não hesitou em segui-lo.

Organizador do grupo comunista do Rio de Janeiro, foi também organizador do I Congresso do Partido Comunista Brasileiro, em março de 1922, o congresso de fundação. Nele foi secretário-geral, a partir praticamente da fundação e até 1931, quando, no início do ano, se desligou do partido, depois de sofrer severa crítica do secretário do *bureau* sul--americano da Internacional Comunista, o lituano August Guralski, crítica que esteve na origem de seu afastamento da secretaria-geral. Entre esse afastamento e seu desligamento do partido mediou um intervalo em que seus companheiros o decepcionaram.

Nos seis anos em que Astrojildo Pereira foi secretário-geral, o PCB realizou três congressos. Nos meados de 1928, como surgissem divergências no partido, algumas colocadas até fora do âmbito partidário, o secretariado decidiu "examinar abertamente as críticas e divergências vindas a

---

[13] A repercussão dos acontecimentos de outubro de 1917 na Rússia foi excelentemente apresentada por Moniz Bandeira et al., *O ano vermelho: a Revolução Russa e seus reflexos no Brasil* (Rio de Janeiro, Civilização Brasileira, 1967).

público de maneira irregular", criando-se, para isso, "um órgão especial de discussão". Esse órgão tomou o nome de *Auto-Crítica*, saindo em forma de revista, tendo sido publicados oito números, seis saídos antes do III Congresso e dois após a realização deste. Astrojildo declararia, muito depois, que não lhe cabia responsabilidade alguma pelos números sete e oito da revista. Ele deixaria claro, também, que "o historiador do partido deverá um dia esclarecer ao abordar o período de 1924-1931 e seus desdobramentos em anos subsequentes, coisas ainda obscuras". Era justamente a época da crise do PCB, definida ainda na sucessão de pessoas na secretaria geral. Em agosto de 1935 — às vésperas da "intentona", portanto —, a nova direção do partido o atacaria como inimigo e se orgulharia, ela, direção, da "enérgica luta contra a pobre linha menchevista de seu antigo secretário-geral, o renegado Astrojildo Pereira".

A pausa na atividade partidária não importou em mudança de posição, para ele, em momento algum. Ainda em 1935, ele publicava, superando enormes dificuldades, em edição "fora do comércio", o livro *URSS Itália Brasil*, escrito entre 1929 e 1933, com informações interessantes sobre o Plano Quinquenal para o período entre 1923-1924 e 1927-1928, sobre o fascismo italiano e sobre o movimento integralista brasileiro. O intervalo de dez anos, entre o seu desligamento e a sua reinclusão no PCB, foi a fase mais rica de sua parca produção literária. Foi a fase em que escreveu os ensaios depois reunidos no volume *Interpretações*: o estudo magistral sobre Machado de Assis, a severa crítica à obra de Oliveira Viana, a aguda análise sobre Manoel Antônio de Almeida e sobre Lima Barreto, as inteligentes observações sobre livros de Graciliano Ramos, de Gastão Cruls e de Otávio Tarquínio de Sousa, sem falar na excelente introdução ao volume das obras de Rui Barbosa, que trazia o parecer deste sobre a emancipação dos escravos, quando da apresentação do projeto de Sousa Dantas.

Essas páginas, particularmente as que datam do período citado, de distanciamento do partido, são das melhores que a crítica de literatura produziu entre nós. Elas se referem, justamente, aos romancistas da cidade do Rio de Janeiro, cidade em que ele viveu quase toda a vida e que merecia dele grande carinho, conhecendo-a na variedade e riqueza de todos os seus aspectos, destacadamente aqueles gravados pela história. Essa passagem, de uma intensa atividade política a uma parca atividade literária, foi penosa para ele. Estava ligado à militância desde a época do anarquismo por um pendor natural e nítido, muito profundo. Era a sua maneira de ser. Suspender o trabalho preferido, a que se entregara de corpo e alma e por tantos anos, custou-lhe um esforço muito grande, tanto mais que tinha motivos justos de mágoa pelo tratamento que lhe havia sido imposto pela direção do partido, na singularíssima crise do obreirismo pelo qual passara, quando se definiu nele um anti-intelec-tualismo ingênuo, que causou algumas vítimas e proporcionou muitos prejuízos à luta política da época. O seu retorno ao cultivo das letras, mais de leitor que de escritor, coincidiu com o repúdio que o obreirismo manifestava pelos que não exerciam trabalho físico e importava em in-devida idealização do operário, tido como bom e como revolucionário por definição, isto é, tão somente por ser operário.

Astrojildo, que era culto e era tolerante por isso mesmo, poderia ter aceitado a substituição na secretaria geral e intentou permanecer como simples militante, mas o tratamento que culminaria na desairosa referên-cia ao "menchevista renegado" impossibilitou o seu esforço nesse sentido. Ainda quando de seu desligamento, entretanto, continuou a defender o partido e a estudar o marxismo. Foi essa, aliás, a sua fase de grandes estu-dos e até de revisão de valores, mais no plano das letras do que no plano da política. A cultura literária não diminuiu nele a dedicação partidária e a convicção de que o povo só no socialismo encontraria solução para os seus problemas. Fora de forma, continuou a combater pela convicção que adotara e à qual permaneceu fiel até a morte.

Astrojildo não gostava de se referir aos episódios ligados ao seu afastamento do partido e nunca ouvi dele referências ásperas àqueles responsáveis pelo problema. Sempre aceitara e até suportara críticas, no âmbito partidário, por vezes severas, nem sempre justas, no Brasil e

264 | Interpretações

fora do Brasil, em reuniões da IC. O limite estava, porém, ultrapassado, a partir de 1928. A vocação literária, que a militância entravara por tantos anos, salvou-o, na oportunidade, pois lhe permitiu voltar àquilo que estimava. Do problema partidário tratou, muito depois, em 1962, quando escreveu *Formação do PCB*. O livro é de um momento em que os amigos insistiam em que escrevesse a história do partido. Ninguém mais autorizado do que ele para isso. Resistira sempre e, na oportunidade, resistiu novamente. Mas escreveu a história do partido do seu tempo, isto é, do período preparatório e da fundação até o III Congresso, ou seja, o partido de que fora secretário-geral. Não há, pois, referência ao caso do seu afastamento. Ele deixa entrever que havia necessidade — ou haveria, no caso de se escrever a história do partido — de se estudar com atenção os acontecimentos da época em que ele ocorrera. Esse estudo já foi feito por diversos autores e há, ao que parece, unanimidade de juízos a respeito.

Como conhecia a refratariedade de Astrojildo à ideia de escrever a história do partido, jamais insisti com ele nesse sentido e respeitei sempre a sua esquivança em tratar do caso do seu afastamento da militância. Sabia também de sua posição com respeito ao episódio na agonia de Machado de Assis. Tais posições de recusa fundamentavam-se na singular modéstia, que foi um de seus traços mais evidentes. Astrojildo recusava-se a centrar os assuntos na sua própria figura e jamais ouvi dele referências restritivas a este ou aquele personagem. Ele pecava, no caso, por excesso de generosidade, levando sua benevolência a exagerados limites. Parecia que todos eram importantes, menos ele. E, no entanto, ele era muito importante, daí o largo prestígio de que sempre desfrutou em todos os meios, particularmente no meio intelectual. Jorge Medauar, por exemplo, em entrevista a propósito de *Literatura*, de que foi secretário, teve oportunidade de depor assim: "Claro, muitos intelectuais udenistas colaboraram conosco: Bandeira, Drummond, Otávio Tarquínio e Lúcia, que eram a flor e nata da UDN. Essa gente veio à revista pelo respeito que a figura de Astrojildo lhes inspirava. Inclusive os dirigentes do partido, um Mauricio

Grabois, Arruda Câmara, um Pedro Pomar, todos eles também confiavam em Astrojildo e não ousavam sugerir matérias"[14].

O único assunto em que insisti muito com Astrojildo foi o de um estudo biográfico e analítico sobre Lima Barreto. É que eu via razões para isso, razões particulares e imperiosas para essa insistência. Entre os injustiçados das letras brasileiras, ninguém o foi mais que Lima Barreto. Desde minha juventude, sentia quão séria e quão significativa era essa injustiça. Fui dos primeiros, numa época em que Lima Barreto era nome desconhecido entre nós, só referido, em conversas, pelos poucos que o haviam conhecido e lido, frisando nelas apenas os seus aspectos pessoais menos estimáveis. Na época, lembro-me de que só Agripino Grieco dava o valor merecido ao desafortunado romancista. A *Pequena história da literatura brasileira*, de Ronald de Carvalho, lançada na época e acolhida com aplausos, inclusive e naturalmente da Academia, celebrada por homens da inteligência de Medeiros de Albuquerque, timbrava em omitir-lhe o nome, o momento em que ele era já autor de dois romances importantes. Perto dos quais, aliás, a obra de Ronald de Carvalho carece de importância. Mas Ronald, no tempo, era um príncipe das letras, aparecia como "modernista", era mimado nos círculos oficiais da vida literária brasileira. O pobre Lima Barreto, mulato suburbano, era *persona non grata* para essa gente. Eu sabia que, quando esse silêncio fosse rompido, a tese a defender seria a de que Lima Barreto devia o seu talento ao alcoolismo e à doença. Ora, precisamente isso é que deveria ser evitado: ele foi um grande romancista apesar do alcoolismo, da doença e da pobreza. Suas posições não advinham de ressentimentos, advinham de uma visão serena da realidade. Ele não era um revoltado, assim, por ser individualmente vítima de uma escala de valor deformada. Era assim porque sabia ver a sociedade em que vivia, sociedade que não feria apenas os Lima Barreto, mas todo o nosso povo.

Ora, essa era a visão de Astrojildo, era o que ele me dizia, em conversas. Eu tinha certeza, por isso, de que ele saberia definir com precisão o

---

[14] Raul Antelo, *Literatura em revista*, cit., p. 302.

266 | Interpretações

valor de Lima Barreto e, portanto, fazer justiça ao seu pobre amigo. Além do que, naturalmente, tinha as qualificações para a tarefa, particularmente as de escritor e de crítico, as qualificações que poderiam ser exigidas de um escritor que fosse encarregado dessa revisão imprescindível e tardia. E por mais duas razões importantes: Astrojildo fora amigo de Lima Barreto e escrevera sobre a sua obra algumas páginas dignas de serem mais largamente conhecidas e ampliadas. Ninguém, pois, mais indicado do que esse mestre da crítica literária brasileira para a meritória tarefa de atenuar a dívida que os brasileiros tinham para com o menosprezado Lima Barreto.

Mas Astrojildo havia retornado à militância política e recusava-se a tomar a si essa reparação. Recusava-se rindo, esquivando-se, desculpando-se. Dizia que não gostava de escrever, gostava de ler. Como, realmente, escrevera sempre pouco e, agora, fazia apenas notas de crítica cuja importância derivava de sua autoridade, não havia como persistir na insistência. Muitas vezes chamei a sua atenção para a injustiça de que continuava vítima Lima Barreto e como essa injustiça teria vida longa com a sua recusa em assumir uma tarefa para a qual estava por assim dizer predestinado. Mas o certo é que há escritores sem sorte e isso se afirma mesmo depois que morrem. Dois deles foram objeto de críticas de Astrojildo e foram seus amigos: Lima Barreto e Graciliano Ramos. Astrojildo percebeu em Lima Barreto a modernidade, aquilo que um grupo festivo proclamaria, em 1922, no Theatro Municipal de São Paulo, como se fossem eles pioneiros. Lima Barreto foi, sem dúvida, o precursor do modernismo brasileiro, com a sua prosa clara, simples, direta, sem ênfase, sem curvas, sem artificialidades. Esse traço do romancista foi percebido e ressaltado pela crítica de Astrojildo e isso mostra como ele sabia ver o que era importante, sem cuidar dos aspectos secundários. Mas, apesar de tudo, o fato infeliz é que não aceitou escrever o livro que Lima Barreto merecia.

Astrojildo, no fim de contas, deixou uma obra reduzida, em que cada livro representou, para ele ou para os organizadores, o esforço em colecionar e compor coisas dispersas, geralmente antes divulgadas em jornais e revistas. *Interpretações*, de 1944, foi a primeira dessas coletâneas de trabalhos diversos, quando ele próprio se desculpa em curto prefácio pela heterogeneidade do livro. São páginas da fase intervalar, após o seu desligamento do PCB, e de fase posterior. As melhores são as primeiras. Três lustros depois, em 1959, apareceu o *Machado de Assis*, em que foi incluído o estudo antes aparecido em *Interpretações*, com novas páginas, mas já de fase posterior a 1945, isto é, do fim da guerra, quando ele voltou a circular livremente. *Formação do PCB*, de 1962, compõe-se de coisas escritas em datas diversas, algumas publicadas em jornais, que ele reuniu e a que deu novo acabamento, concatenando os assuntos, isto é, permitindo a sequência no tempo.

Crítica impura, de 1963, contém os seus trabalhos publicados em *Novos Rumos*, jornal do partido na época. Ele mesmo explica: "Como os demais livros do autor, compõe-se este de vários ensaios, artigos, notas de leitura, quase tudo publicado antes em revistas e jornais, em anos diferentes". Isso se devia — explica — ao seu gosto "possivelmente viciado por uma formação desordenada de autodidata". Em 1979, apareceu, em São Paulo, uma coletânea de trabalhos sob o título *Ensaios históricos e políticos* e, em 1985, foi reeditado, em reprodução fac-similar, o seu livro de estreia, *URSS Itália Brasil*, lançado meio século antes e agora com excelente prefácio de Heitor Ferreira Lima. Meia dúzia de volumes, pois, com a particularidade de alguns conterem matéria já divulgada em outros e, portanto, repetida. Obra pequena, modesta mesmo, de um escritor modesto, que jamais pensou, certamente, que seria, como foi, um grande escritor, dos maiores que o Brasil conheceu.

Despedida

Em 1963, quando apareceu *Crítica impura*, nenhum de nós poderia prever que, no ano seguinte, iríamos conhecer uma ditadura terrorista, que a todos premiaria com algum requinte de maldade e obscurantismo. Estávamos, longe disso, no turbilhão de uma fase de agitação política e de agitação intelectual, uma das melhores fases que o nosso país conheceu. A

268 | Interpretações

Editora Civilização Brasileira se constituía no centro das atividades culturais, no Rio de Janeiro. Desempenhava aquele papel que a de José Olímpio desempenhara antes, quando sucedera a Garnier e a Monteiro Lobato, destacando-se como lançadora de autores brasileiros, como tônica de suas atividades. Foi na Civilização Brasileira, depois da insistência dos amigos, que Astrojildo Pereira editou a *Crítica impura*. O subtítulo informava que o livro tratava de autores e de problemas. Era dedicado "A meu amigo argentino Norberto A. Frontini. A meu amigo tcheco Zdenek Hampejs. A meu amigo brasileiro Nelson Werneck Sodré". Para ele, escrevi uma nota que desejo aqui reproduzir, pois procurei nela definir o que representava para todos nós Astrojildo Pereira. Escrevi o que se segue:

> Em Astrojildo Pereira reuniram-se algumas das mais altas, puras e nobres características a que um escritor pode aspirar: a retidão e firmeza de caráter, a coerência exemplar de pensamento, a capacidade aguda de interpretação. Essa conjugação é raríssima e, por si só, daria a dimensão excepcional desse homem que, no Brasil, recebe o respeito consagrador de todos os que o conhecem. Como criatura humana, Astrojildo Pereira representa um tipo singular em cuja personalidade se harmonizam a tolerância e a intransigência, a grandeza e a modéstia, a extensão e a profundidade: tolerância ao erro humano e intransigência na defesa de princípios: grandeza na fidelidade às convicções e na capacidade de apreender a realidade, e modéstia na conduta e no entendimento com os outros; extensão de conhecimentos que não se desligou jamais da profundidade e lhe permitiu sempre distinguir com clareza o essencial do secundário.
>
> Em nenhum outro homem, também, foi possível a conjugação entre a prática social, oriunda de uma existência inteira dedicada ao serviço de princípios, e isso o tornou testemunha da história, e a teoria a que, muito cedo, se aferrou e cujo conhecimento soube sempre aprofundar. Nesse sentido, o seu exemplo é eloquente de como a prática enriquece o espírito e permite à teoria a sua mais ampla aplicação. Por todos esses títulos, é, certamente, Astrojildo Pereira uma das maiores figuras brasileiras do século, e não vai nisso o menor exagero. Aos que o conheceram será permitido, no futuro, ostentar esse dado como motivo de orgulho.

É claro que o escritor recebeu os benefícios dessa conjugação singular de características, destacando-se logo como dos mais eminentes: seus depoimentos representam fonte insubstituível para o conhecimento de todo um período da vida brasileira. Escritor parco, seguro, claro e profundo, Astrojildo Pereira escreveu poucos livros, todos eles indispensáveis, já incorporados ao patrimônio nacional no que este tem de melhor. A parcimônia no escrever se ligou sempre, nele, à modéstia e à segurança: só escreveu sobre o que sabia, e sabia muito. Nada mais distante de sua personalidade do que a ação gratuita, a leveza no trato de um tema, a pressa, a superficialidade, o apreço do instrumento acima do apreço dos objetivos; a arte da palavra foi sempre encarada por ele como um dos meios, e dos mais importantes, para atingir determinados fins.

Teve por ela, por isso mesmo, uma estima que raiou a devoção, permanecendo escritor, e dos maiores de seu tempo e de seu país, ao mesmo passo que revolucionário autêntico, e jamais aceitou separação entre uma e outra forma de atividade. O terreno em que, nos domínios da literatura, Astrojildo Pereira se especializou foi o da crítica, e ninguém elevou tanto, nem a dignificou, nem a aprimorou; suas páginas críticas atravessarão o tempo, como as mais perfeitas já escritas em nosso idioma neste século. A clareza e a profundidade se juntam, nelas, para a perfeição suprema da simplicidade, a mais difícil das perfeições. *Crítica impura* recolhe muitas dessas páginas: o leitor vai conhecer essa arte feita de esmero, de segurança, de profundidade e de clareza, resultado de uma vida inteira dedicada às letras, com a mais alta devoção e a compreensão mais exata.

Hoje, quase três décadas passadas sobre o lançamento do último livro de Astrojildo Pereira, nada tenho a acrescentar ao que então escrevi. Um ano depois do lançamento do livro, estávamos, Astrojildo, eu, o editor e muitos dos amigos do crítico às voltas com a polícia política, uns presos, outros exilados, terceiros foragidos. Uma tempestade passou sobre o país e quase arrasou tudo, particularmente tudo o que se referia à cultura. Astrojildo, posto em liberdade, concordara, finalmente, em escrever as suas memórias e delas nos deixou as primeiras páginas. Jamais conseguiria completar a tarefa. A memória dos brasileiros — e com destaque por força do arrasamento cultural — parece que foi apagada pelos vinte e tantos anos de ditadura e pelos que se seguiram, quando não conseguimos rearticular a estrutura democrática e menos ainda a atividade cultural. Para a reconstrução, a obra de Astrojildo Pereira é indispensável. E o exemplo de sua vida, como a melhor oferta que ele deixou.

Nelson Werneck Sodré
1990

SOBRE O AUTOR

Astrojildo Pereira Duarte Silva nasceu em Rio Bonito, no estado do Rio de Janeiro, no dia 8 de outubro de 1890. Filho de uma família de comerciantes e políticos locais, fez seus primeiros estudos no tradicional Colégio Anchieta, em Nova Friburgo, e no Colégio Abílio, em Niterói. Cultivou desde a juventude interesse pela literatura e especialmente por Machado de Assis (1839-1908). Em 1908, sabendo da gravidade do estado de saúde do Bruxo do Cosme Velho, o visitou em seu leito de morte. O encontro foi imortalizado pelo texto de Euclides da Cunha (1866-1909) "A última visita". No mesmo ano, Astrojildo abandonou a educação formal e assumiu-se ateu, antimilitarista, republicano e democrata radical. Participou, em 1910, da campanha civilista do presidenciável Rui Barbosa, enquanto trabalhava como tipógrafo na capital da República.

Desiludiu-se rapidamente com o projeto liberal radical e em 1911 fez uma viagem à Europa ocidental, onde travou contato com os ideais anarquistas. Retornou ao Rio de Janeiro convencido de que deveria se engajar nas lutas operárias. Nos anos seguintes, esteve plenamente vinculado ao movimento anarquista, escrevendo para jornais como *A Voz do Trabalhador*, *Guerra Social*, *Spártacus*, *Germinal* e *O Cosmopolita*. Contribuiu também para a construção do II Congresso Operário Brasileiro, realizado em 1913, e da Central Operária Brasileira (COB). A partir de 1917, tomou parte nas greves gerais que agitaram diversas capitais brasileiras. Escreveu em 1918 um panfleto para defender a Revolução Russa intitulado "A Revolução Russa e a imprensa", utilizando o pseudônimo Alex Pavel[1].

Entre 1919 e 1921, afastou-se do anarquismo e aproximou-se dos ideais comunistas, fascinado com a Revolução Russa. Estava plenamente convencido de que deveria criar um partido comunista no Brasil. Organizou e viabilizou a realização do congresso de fundação do Partido Comunista do Brasil (PCB) em março de 1922. Após a desistência de um companheiro de legenda, assumiu a posição de secretário-geral. Ao longo dos anos 1920, foi uma das principais lideranças do partido, juntamente com Octávio Brandão, Paulo de Lacerda e outros. Fez repetidas viagens à União das Repúblicas Socialistas Soviéticas (URSS) naquela década. Em 1927, foi para a Bolívia encontrar-se com Luiz Carlos Prestes (1898-1990), buscando trazer o tenente para o partido. Começou a ter sua liderança questionada em 1929, sendo expulso do partido no ano seguinte.

Casou-se com Inês Dias no princípio dos anos 1930, ao mesmo tempo que se engajava na luta contra o Integralismo. Publicou o seu primeiro livro, *URSS Itália Brasil*, no fim de 1935. Nessa obra, reuniu uma série de textos, lançados originalmente na imprensa entre 1929 e 1934, em que divulgara e defendera as ideias comunistas. Na segunda metade da década, permaneceu afastado da política. Sobreviveu como vendedor de bananas e concentrou-se nos seus estudos literários sobre Machado de Assis, Lima Barreto (1881-1922) e outros autores. Essas investigações resultaram em seu segundo livro, *Interpretações*, editado em 1944.

Prestigiado como crítico literário após a publicação de *Interpretações*, participou do I Congresso Brasileiro de Escritores em janeiro de 1945 como representante do Rio de Janeiro. O evento exigiu a retomada das liberdades democráticas no país, ao questionar a ditadura do Estado Novo (1937-1945). Com a legalização do Partido Comunista em maio de 1945,

---

[1] Publicado como apêndice no livro *Formação do PCB* da presente coleção (São Paulo/Brasília, Boitempo/Fundação Astrojildo Pereira, 2022).

Astrojildo solicitou o seu retorno à legenda. Foi aceito com a imposição de uma humilhante autocrítica pública. Retomou suas atividades políticas a partir desse ano. Em 1946, esteve presente na III Conferência Nacional do PCB, sendo indicado como membro suplente do Comitê Central. Candidatou-se sem sucesso a vereador pela capital carioca em 1947. Coordenou a revista *Literatura* entre 1946 e 1948 e escreveu regularmente para jornais comunistas como *A Classe Operária* e *Voz Operária*.

Na década de 1950, não ocupou nenhum cargo no Comitê Central, nem mesmo na suplência. Atuou no setor cultural, colaborando na imprensa. Coordenou de 1958 a 1964 a revista *Estudos Sociais*, publicação que ajudou a formar importantes intelectuais, como Carlos Nelson Coutinho (1943-2012) e Leandro Konder (1936-2014). Em 1959, lançou o seu terceiro livro, *Machado de Assis*, reunindo seus principais escritos sobre o fundador da Academia Brasileira de Letras (ABL).

Em 1962, publicou *Formação do PCB*. Escrita para as comemorações dos quarenta anos da fundação do partido, a obra reconstitui historicamente o processo de criação da legenda. No ano seguinte, lançou seu último livro, *Crítica impura*, com textos de crítica literária. Foi preso em outubro de 1964, cerca de seis meses após o golpe militar. Permaneceu encarcerado até janeiro de 1965, período em que sua saúde debilitou-se profundamente. Faleceu em 10 de novembro de 1965, aos 75 anos.

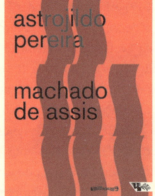

COLEÇÃO ASTROJILDO PEREIRA

Conselho editorial
Fernando Garcia de Faria, Ivana Jinkings,
Luccas Eduardo Maldonado e Martin Cezar Feijó

URSS Itália Brasil
Prefácio: Marly Vianna
Orelha: Dainis Karepovs

Interpretações
Prefácio: Flávio Aguiar
Orelha: Pedro Meira Monteiro
Anexos: Nelson Werneck Sodré e
Florestan Fernandes

Machado de Assis
Prefácio: José Paulo Netto
Orelha: Luccas Eduardo Maldonado
Anexos: Euclides da Cunha, Rui Facó,
Astrojildo Pereira e Otto Maria Carpeaux

Formação do PCB
Prefácio: José Antonio Segatto
Orelha: Fernando Garcia
Anexos: Alex Pavel (Astrojildo Pereira)

Crítica Impura
Prefácio: Joselia Aguiar
Orelha: Paulo Roberto Pires
Anexos: Leandro Konder

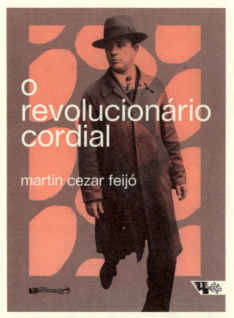

Capa da segunda edição, revista e ampliada, de *O revolucionário cordial*, biografia de Astrojildo Pereira escrita por Martin Cezar Feijó (Boitempo, 2022).

OUTRAS PUBLICAÇÕES DA BOITEMPO

Justiça interrompida
NANCY FRASER
Tradução de **Ana Claudia Lopes e Nathalie Bressiani**
Orelha de **Flávia Biroli**

Lacan e a democracia
CHRISTIAN DUNKER
Orelha de Vladimir Safatle
Quarta capa de **Maria Lívia Tourinho Moretto e Nelson da Silva Jr.**

Um dia esta noite acaba
ROBERTO ELISABETSKY
Orelha de **Irineu Franco Perpétuo**
Quarta capa de **Odilon Wagner**

A questão comunista
DOMENICO LOSURDO
Organização e introdução **Giorgio Grimaldi**
Tradução de **Rita Coitinho**
Orelha de **Marcos Aurélio da Silva**

ARSENAL LÊNIN
Conselho editorial Antonio Carlos Mazzeo, Antonio Rago,
Augusto Buonicore, Ivana Jinkings, Marcos Del Roio,
Marly Vianna, Milton Pinheiro e Slavoj Žižek

Imperialismo, estágio superior do capitalismo
VLADÍMIR ILITCH LÊNIN
Tradução de **Edições Avante! e Paula Vaz de Almeida**
Prefácio de **Marcelo Pereira Fernandes**
Orelha de **Edmilson Costa**
Quarta capa de György Lukács, István Mészáros
e **João Quartim de Moraes**

BIBLIOTECA LUKÁCS
Coordenação de José Paulo Netto e Ronaldo Vielmi Fortes

Goethe e seu tempo
GYÖRGY LUKÁCS
Tradução de **Nélio Schneider** com a colaboração de **Ronaldo Vielmi Fortes**
Revisão da tradução de **José Paulo Netto e Ronaldo Vielmi Fortes**
Orelha de **Ronaldo Vielmi Fortes**
Quarta capa de **Miguel Vedda**

ESCRITOS GRAMSCIANOS
Conselho editorial: Alvaro Bianchi, Daniela Mussi, Gianni Fresu,
Guido Liguori, Marcos del Roio e Virgínia Fontes

Homens ou máquinas?
escritos de 1916 a 1920
ANTONIO GRAMSCI
Seleção e apresenttação de **Gianni Fresu**
Tradução de **Carlos Nelson Coutinho e Rita Coitinho**
Orelha de **Marcos del Roio**

ESTADO DE SÍTIO
Coordenação de Paulo Arantes

Abundância e liberdade
PIERRE CHARBONNIER
Tradução e orelha de **Fabio Mascaro Querido**

MARX-ENGELS

Esboço para uma crítica da economia política
FRIEDRICH ENGELS
Organização e apresentação de **José Paulo Netto**
Tradução de **Nélio Schneider**
Orelha de **Felipe Cotrim**

MARXISMO E LITERATURA
Coordenação de Michael Löwy

A estrela da manhã
MICHAEL LÖWY
Tradução de **Eliana Aguiar**
Apresentação de **Leandro Konder**
Orelha de **Alex Januário**
Apéndice de **Sergio Lima**

MUNDO DO TRABALHO
Coordenação de Ricardo Antunes
Conselho editorial: Graça Druck, Luci Praun, Marco Aurélio Santana,
Murillo van der Laan, Ricardo Festi, Ruy Braga

Sub-humanos: o capitalismo e a metamorfose da escravidão
TIAGO MUNIZ CAVALCANTI
Prefácio de **Boaventura de Sousa Santos**
Orelha de **Ricardo Antunes**

PANDEMIA CAPITAL

Pandemia: covid-19 e a reinvenção do comunismo
SLAVOJ ŽIŽEK
Tradução de **Artur Renzo**
Prefácio de **Christian Ingo Lenz Dunker**

TINTA VERMELHA

Educação contra a barbárie
FERNANDO CÁSSIO (ORG.)
Com textos de Alessandro Mariano, Alexandre Linares, Ana Paula Corti, Aniely Silva, bell hooks, Bianca Correa, Bianca Santana, Carolina Catini, Catarina de Almeida Santos, Daniel Cara, Denise Botelho, Eudes Baima, Isabel Frade, José Marcelino de Rezende Pinto, Maria Carlotto, Marina Avelar, Matheus Pichonelli, Pedro Pontual, Rede Brasileira de História Pública, Rede Escola Pública e Universidade, Rodrigo Ratier, Rogério Junqueira, Rudá Ricci, Sérgio Haddad, Silvio Carneiro, Sonia Guajajara, Vera Jacob Chaves
Apresentação de Fernando Cássio
Prólogo de Fernando Haddad
Quarta capa de Mario Sergio Cortella

CLÁSSICOS BOITEMPO

O dinheiro
ÉMILE ZOLA
Tradução de Nair Fonseca e João Alexandre Peschanski
Orelha de Mario Sergio Conti

LITERATURA

Como poeira ao vento
LEONARDO PADURA
Tradução de Monica Stahel
Orelha de Sylvia Colombo

BARRICADA

Conselho editorial Gilberto Maringoni e Luiz Gê

Marx: uma biografia em quadrinhos
ANNE SIMON E CORINNE MAIER
Tradução de Mariana Echalar
Letras de Lilian Mitsunaga

BOITATÁ

O disco-pizza
MARIA RITA KEHL E LAERTE COUTINHO

Capa da primeira edição de *Interpretações* lançada pela editora CEB em 1944.

Publicado em março de 2022, cem anos após a fundação do Partido Comunista do Brasil (PCB), este livro foi composto em Adobe Garamond Pro, corpo 11/15,4, e impresso pela gráfica Rettec, para a Boitempo e para a Fundação Astrojildo Pereira, com tiragem de 2.500 exemplares.